山东省社科规划研究项目（14CTQJ03）阶段成果

基于CiteSpace的社会科学文献计量研究

罗润东　沈　君◎编著

知识产权出版社
全国百佳图书出版单位
—北京—

图书在版编目（CIP）数据

基于CiteSpace的社会科学文献计量研究/罗润东，沈君编著．—北京：知识产权出版社，2021.7（2025.7重印）

ISBN 978－7－5130－7553－4

Ⅰ.①基…　Ⅱ.①罗…　②沈…　Ⅲ.①社会科学—文献计量学　Ⅳ.①G257.33

中国版本图书馆CIP数据核字（2021）第110095号

内容提要

本书作者所在的研究团队多年来运用CiteSpace软件在社会科学领域开展了大量的文献计量研究。本书收录了经济与社会人口领域、方法探讨与学科借鉴领域、其他相关社会科学领域共18个基于CiteSpace的文献计量分析研究案例，这些研究案例代表了CiteSpace应用的国内较先进水平，对于CiteSpace的相关教学和科研均具有较高的参考价值。

责任编辑：韩　冰　李　瑾　　**责任校对**：谷　洋

封面设计：回归线（北京）文化传媒有限公司　　**责任印制**：孙婷婷

基于CiteSpace的社会科学文献计量研究

罗润东　沈　君　编著

出版发行：知识产权出版社有限责任公司　　**网　　址**：http：//www.ipph.cn

社　　址：北京市海淀区气象路50号院　　**邮　　编**：100081

责编电话：010－82000860转8126　　**责编邮箱**：hanbing@cnipr.com

发行电话：010－82000860转8101/8102　　**发行传真**：010－82000893/82005070/82000270

印　　刷：北京九州迅驰传媒文化有限公司　　**经　　销**：各大网上书店、新华书店及相关专业书店

开　　本：720mm×1000mm　1/16　　**印　　张**：15.5

版　　次：2021年7月第1版　　**印　　次**：2025年7月第3次印刷

字　　数：290千字　　**定　　价**：88.00元

ISBN 978－7－5130－7553－4

前　言

CiteSpace 软件由美国德雷塞尔大学信息科学与技术学院陈超美教授研发而成，它在自然科学与社会科学领域的文献计量中有着广泛的应用。本书作者在承担国家社会科学基金重点项目（20AZD115）和山东省社会科学基金项目“数字山东专项”（20CSDJ33）研究初期，为便于研究工作开展，将研究团队前期所做的 CiteSpace 文献计量研究成果进行整理编辑，本书中收录的文献的作者大部分为作者所在学校的教师和研究生。在编辑处理过程中，对所选的 18 篇 CSSCI 研究成果进行了文字方面的适当删减，以保持全书整体风格一致。

文献计量分析中蕴含着多种理论的基础和知识，要解读知识的继承与创造、知识的流动、知识网络等信息，首先就要从理论层面对知识图谱进行解读。知识计量学是文献计量的基础理论，知识计量学创建构想是由大连理工大学刘则渊教授在两届科学计量学与情报计量学国际研讨会上提出的。在 2002 年的《关于知识计量学研究的方法论思考》一文中，刘则渊和刘凤朝将知识计量学定义为：“知识计量学是以整个人类知识体系为对象，运用定量分析和计算技术对社会的知识能力和知识的社会关系进行综合研究的一门交叉学科。”用于文献计量分析的 CiteSpace 软件绘制出来的知识网络图谱，是由节点的集合以及节点之间的联系而构成的动态系统；是由知识单元、知识群落和知识链索构成的网络状知识体系，即以特定领域内的知识单元作为节点，以知识单元之间的关联作为边或者链而构成的网络。知识图谱属于科学计量学范畴，是以知识领域为对象，以知识网络形态展现知识的发展进程与结构关系的一种可视化知识图形与知识谱系。科学知识图谱的研究内容不仅包括科学知识演化过程、科学知识结构、科学知识前沿，以更好地理解科学知识的结构与发展，展示知识点、知识类、知识领域之间的相互关联和特征，揭示趋于融合或潜在的学科新领域或前沿，而且它还可以反映知识主体间、知识客体间的知识流动，具有“可视化的知识图形”和“序列化的知识谱”的双重性质与特征，显示出知识单元或知识群之间结构、互动、交叉、演化或衍生等诸多复杂关系。在知识与知识之间的知识图谱中，各个节点所代表的知识水平（知识存量）是不同的，从而在节点之间产生了知识势差。在知识流动过程中，知识水平高的节点成为知识源，而知识水平低的节点成为知识的接受者。知识与流体类似，从高水平节点向低水平节点流动。知识接受者并不表示他一定是知识需求者，其并不会无选择地吸收所有流向自身的知识，而是会根据自身的需要来决定是否吸收流过来的知识，以及是否有必要在此基础上进一步进行知识创新。在知识流动过程中，一个节点既可以是知识的供给者，也可以是知识的接受者。随着时间的推移，各个节点所拥有的知识水平也在不断地发生变化，在某一时段一个节点是另一个节点的知识需求者，在下一时段很可能这个节点就成为另一个节点的知识供给者。随着知识的流动，专有知识完成了向公共知识的转化，隐性知识完成了向显性知识的转化，因此知识流动是一个动态变化的过程。

在知识网络图谱中，知识单元是指在知识管理中用来处理知识的最小的、不可分割的、独立的基本单元。知识单元可以用主题、关键词、知识本体、知识概念等表示。知识单元是文献计量和科学计量分析的基础，是可以对关联知识进行独立、自由、有效识别、处理与组合的基本单位。知识单元不仅可以直接表述知识的内容，而且知识单元之间可以通过词频反映其在文献单元或一个领域中的重要程度，通过主题关联识别知识单元之间的学科关系、主题结构、关联程度，通过知识单元的不同组合发现新的知识单元。因此，基于知识单元的文献计量和科学计量分析的主要目的是揭示单篇文献中的知识单元与某领域知识结构的链接关系，识别知识单元与知识结构链接的普遍规律。因此，不仅要研究知识单元的自身特征，还要研究知识单元之间的相互关系，包括关系网、链式结构等。通过对科学文献中的知识单元进行可视化分析，以文献单元所包含的内容特征及其关系为基础，展示知识结构、知识发现和发展趋势等。

在本书编辑形成之际，由衷感谢大连理工大学王续琨教授、栾春娟教授给予的热情支持，同时也为山东大学（威海）研究团队师生的辛勤探索取得的成果倍感欣慰。希望本书为今后 CiteSpace 相关教学与科研提供一个新的开端，为师生进行学术研究提供有益的参考借鉴。

编　者

2021 年 4 月

目录 Contents

经济与社会人口领域

方法探讨与学科借鉴领域

其他相关社会科学领域

经济与社会人口领域

20 世纪以来国外政治经济学领域文献计量研究*

一、数据检索与共被引分析

研究数据来自 Web of Science 英文数据库，通过对经典政治经济学涉及领域的基本划分，确定了 10 个部分，并通过核心关键词进行文献检索。这 10 个部分分别涉及劳动价值论、资本制度、资本生产、资本积累、资本分配、垄断资本、资本运行、资本循环、资本周转和垄断资本运行。在高级检索内，科学构建主题检索式：TS =（Labor Theory of Value + Capital System + Capital Production + Capital Accumulation + Capital Allocation + Monopoly Capital + Capital Operation + Rotation of Capital + Capital Turnover + Monopoly Capital Operation），检索到 20 世纪以来百余年的文献数据，通过对文献初筛核定是否属于政治经济学的相关文献，将不属于该领域的文献进行数据标准化处理，经过标准化删除掉非经济学领域和非政治经济学领域的英文文献，获得有效文献数量为 4390 篇。

共被引分析主要运用 CiteSpace 软件生成重要节点的可视化知识网络图谱，将文献按照 3 年一个时段设定时间片段，分别选择共被引作者、共被引文献、共被引期刊 3 个重要节点生成知识网络图谱及矩阵，解读 3 个知识网络图谱及矩阵中的作者信息、文献信息和期刊信息。

（一）共被引作者分析

在共被引作者排名前 20 位的作者或机构中，排名首位的是马克思，马克

---

* 罗润东，沈君，刘晓晗. 20 世纪以来国外政治经济学领域文献计量研究［J］. 福建论坛（人文社会科学版），2020（5）：163－170. 有改动。

思在4390篇文献的被引用文献中与其他作者共被引频次高达621次；其次是普特南；共被引作者排名第3位的是卢卡斯。其他前10位高共被引作者分别为巴罗、布迪厄、经济合作与发展组织、世界银行、波特、阿西莫格鲁和哈维。

（二）共被引文献分析

1. 高被引文献的排序

在高被引频次排名前10位的文献中，排名第1位的是1992年曼昆、罗默、威尔共同发表在《经济学季刊》上的文献，篇名为《对经济增长实证研究的贡献》，共被引频次高达3063次。

2. 共被引文献可视化分析

在共被引文献排名前10位的文献中，排名第1位的是科尔曼于1988年发表在《美国社会学杂志》上的一篇名为《人力资本创造中的社会资本》的文献，共被引频次高达51次，表明该文献在4390篇文献的引文文献中与其他被引文献共同被引用了51次。排名前10位的共被引文献还有普特南、哈维、阿德勒、巴罗和科恩等人的文献。同时生成了447×447的共被引文献矩阵。

（三）共被引期刊分析

在共被引期刊排名前20位的期刊中，排名第1位的是《美国经济评论》，在《美国经济评论》刊发的文献中，1969年的文献共被引频次最高，高达1633次；其次是《政治经济学杂志》，在《政治经济学杂志》刊发的文献中，1967年的文献共被引频次为1343次；排名第3位的是《经济学季刊》，在《经济学季刊》刊发的文献中，1980年的文献共被引频次为1223次。其他共被引频次排名前10位的期刊还有《计量经济学杂志》《经济研究评论》《货币经济学杂志》《经济杂志》《经济学与统计学评论》《美国社会学杂志》《经济文献杂志》。

二、文献数据信息特征

（一）高共现频次研究主题

运用CiteSpace中的共现分析法，选择主题作为节点，对4390篇文献进行可视化分析，得到研究主题共现知识网络，在共现频次较高的前20个研究主题中，共现频次超过100次的有“人力资本”“社会资本”“资本积累”3个研究主题，分别共现于1991年、1997年和1991年，中介中心性分别为0.15、0.16和0.16。共现频次排名前10位的还有“经济增长”“人力资本积累”“物质资本”“经济发展”“社交网络”“公共资本”和“实证经验”。

中介中心性最高的3个研究主题分别是“经济增长”“物质资本”“公共资本”，中介中心性分别为0.23、0.22和0.18。

（二）高共现频次关键词

运用CiteSpace的共现分析法，选择关键词作为节点，对4390篇文献进行可视化分析，生成关键词共现知识网络图谱，其中共现频次超过300的关键词有3个，即“社会资本”“增长”“人力资本”，共现频次分别为404次、384次和336次。共现频次排名前10位的关键词还有“模型”“投资”“经济增长”“性能”“教育”“政策”“网络”。

（三）高发文量的国家或地区与机构

通过对4390篇文献进行梳理和统计，得出政治经济学研究领域的发文量居前的国家和地区。其中美国、中国和英国分列第1位、第2位和第3位，发文量分别为2303篇、660篇和654篇。排名前5位的研究机构分别是“哈佛大学”“加利福尼亚大学伯克利分校”“纽约大学”“多伦多大学”“伦敦大学”，共现频次分别为33次、29次、29次、28次和28次。共现频次排名前20位的研究机构中，中介中心性较高的研究机构分别是“世界银行”“多伦多大学”“伊利诺伊大学”“明尼苏达大学”“纽约大学”，中介中心性分别为0.16、0.12、0.08、0.07、0.06。在共现频次较高的研究机构中，多数是世界知名大学，也有少数国际组织，如世界银行、美国国民经济研究局、国际货币基金组织等。

（四）2000年后政治经济学领域研究的新变化

进入21世纪以来，政治经济学领域的研究与之前的研究相比呈现出较大的差别，这主要是因为全球社会发展和经济发展阶段差异，导致专家学者关注的热点问题发生了转移和变化。为了说明这一特征与趋势，进一步对2000—

2017 年的数据进行文献的共现分析，通过研究主题的共现和关键词的共现揭示 21 世纪以来新的研究热点问题。

1. 2000—2017 年高共现频次研究主题

运用 CiteSpace 中的共现分析法，得到 2000—2017 年研究主题共现知识网络。共现频次超过 100 次的有“社会资本”“人力资本”“资本积累”“人力资本积累”“经济增长”5 个研究主题，都是共现于 2000 年，中介中心性分别为 0. 05、0. 02、0. 02、0. 07 和 0. 12。共现频次排名前 10 位的还有“发展中国家”“资本配置”“经济发展”“政治经济学”“经验证据”。

中介中心性最高的 4 个研究主题分别是“经济增长”“社会资本理论”“人力资本积累”“增长率”，中介中心性分别为 0. 12、0. 08、0. 07 和 0. 07。

2. 2000—2017 年高共现频次关键词

运用 CiteSpace 的共现分析法，选择关键词作为节点，生成关键词共现知识网络图谱，共现频次超过 300 次的关键词有 4 个，即“社会资本”“人力资本”“增长”“资本积累”，共现频次分别为 607 次、592 次、349 次和 345 次。共现频次排名前 10 位的关键词还有“投资”“模型”“经济增长”“人力资本积累”“性能”“教育”。

通过计量结果比较，可以发现 2000 年以来研究热点的新变化。

一是高共现频次研究主题的变化。与 4390 篇文献的可视化分析相比，共现频次排名前 10 位的研究主题中，“发展中国家”“资本配置”“政治经济学”的被关注度有所提高，“物质资本”“社会网络”和“公有资本”的被关注度有所降低；共现频次排名前 20 位的研究主题中，增加了“社会资本理论”“人力资本投资”，减少了“内生增长模型”“金融市场”“负面效应”和“实证分析”。

二是高共现频次关键词的变化。与 4390 篇文献的可视化分析相比，共现频次超过 300 次的关键词增加了“资本积累”一个关键词；共现频次排名前 10 位的关键词中增加了“人力资本积累”这一关键词，“政策”和“网络”的被关注度有所降低；共现频次排名前 20 位的关键词中，减少了“美国”这一关键词，其他关键词没有变化，只是共现频次的排序有些前后的改变，这表明政治经济学研究领域所关注的问题具有相对稳定性。

三是新的主题和关键词的涌现。2000 年以后全球政治经济学领域的专家学者延续了经典政治经济学传统，与此同时，文献结果又体现出了一些新特征。例如2000年以后新出现的主题有4个，2000年出现的“长期”，2004年出现的“社会资本理论”，2006年出现的“人力资本投资”，2010年出现的“实际影响”。高共现频次的关键词变化不大，有19个关键词是相同的，2000年以后新出现的只有一个关键词，即“人力资本积累”。

三、结论

运用CiteSpace软件对20世纪以来全球范围内政治经济学领域的文献进行可视化分析和统计分析，对文献信息获得的基本判断与结论是：第一，从1900—2017年历年发文量分布情况来看，21世纪以前发文量有所增加，但文献量总体上增幅基本平稳；21世纪以来，该领域文献量增幅较大。第二，对文献的共被引分析显示，马克思作为文献作者其共被引作者频次最高，曼昆等1992年发表的文献共被引频次最高，科尔曼1988年发表的《人力资本创造中的社会资本》一文共被引频次最高。从共被引期刊排名情况看，《美国经济评论》的共被引频次最高。第三，在文献信息特征方面，分别计量了高共现频次主题、高共现频次关键词、发文量位居前列的国家或地区、高共现频次的研究机构等，获得了一系列关于20世纪以来政治经济学领域研究的文献特征分布信息。例如，“人力资本”“社会资本”“资本积累”是共现频次较高的研究主题，“社会资本”“增长”“人力资本”是共现频次较高的关键词。在发文量及地区分布上，美国、中国、英国等是发文量与共现频次较高的国家，哈佛大学是共现频次最高的研究机构。此外，还进一步分析了2000年以来政治经济学领域共现频次较高的研究主题和关键词并进行比较，发现与20世纪相比，2000年之后高共现频次研究主题增加了“人力资本积累”，高共现频次关键词增加了“资本积累”。共现频次排名前10位的关键词中增加了“人力资本积累”这一关键词，共现频次排名前20位的关键词中减少了“美国”这一关键词。与此同时，新的研究主题不断涌现，2000年以后新出现的研究主题有“长期”“社会资本理论”“人力资本投资”和“实际影响”。这些数据关键信息在文献层面上展示了20世纪及21世纪以来全球政治经济学领域研究的基本特征与未来趋向。

2000年以来人口学研究国际前沿解读

——基于 CiteSpace 的文献计量分析*

一、数据库的选择和数据统计

本文所使用的文献数据来自“Web of Science”英文期刊全文数据库（以下简称WOS），在“人口学”学科领域范围内，按照科学设置的检索式“WC =（Demography） and LA =（English） and DT =（Article）”，时间范围设置成2000—2018年，检索到该时间段内有关人口学领域的文献共计14388篇，更新时间为2019年11月3日。

1. 文献年度分布

对2000—2018年每年的人口学领域英文发文量以及变化情况进行整理，绘制出图1。从图1可以看出，自2000年以来，人口学领域的英文发文量总体上呈递增态势，2018年该领域的英文发文量约为2000年的3倍。从变化量上可以看出，2010年、2013年和2015年增幅较大，尤其明显的是2015年发文量相较2014年增加了250篇。其原因可能为以下两个方面：首先，2014—2015年经济不景气，全球负债上升、地缘政治不稳定、石油暴跌等因素导致经济持续不稳定，进而引发一系列的社会人口问题。其次，移民数量及难民数量的增加所导致的就业问题和社会融合问题加重，如2015年1月法国巴黎发生两起穆斯林移民参与制造的恐怖袭击案，随后巴黎进行大规模的反恐游行，激起了法国人民对移民尤其是穆斯林移民的排斥，也体现了欧美的反移民情绪开始高涨。从研究主题看，移民话题以及与经济相关的话题的论文数量较

---

* 罗润东，李琼琼，魏下海．2000年以来人口学研究国际前沿解读：基于CiteSpace的文献计量分析［J/OL］．人口与经济：1－27［2020－11－14］．http：//kns. cnki. net/kcms/detail/11. 1115. F. 20200728. 1457. 004. html．有改动。

2014 年有大幅度增加。

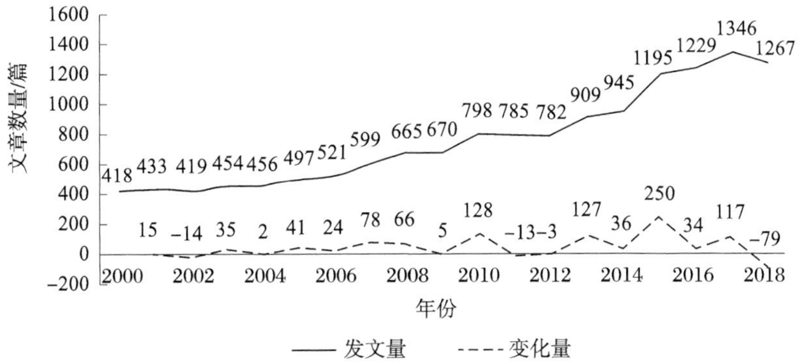

图 1　2000—2018 年 WOS 中人口学领域英文发文量及增量变化

2. 国际英文发文量居前的期刊

随着世界人口的增长以及人口变迁对社会影响的日益增强，人口学学科的研究已经成为当今国际学术界活跃的研究学科之一。国际期刊在一定时期内刊发的人口学科的论文，是反映这一学科最新研究成果的重要方面。载文量越多，涵盖学科的信息就越多。因此，刊登文献排名靠前的学术期刊在一定程度上可以呈现人口学领域最新的研究重心。文献计量结果显示，2000—2018 年人口学领域的英文文献十分丰富，共计 14388 篇，其中载文量达 100 篇及以上的刊物有 27 种，载文量达 400 篇以上的刊物有 12 种。

二、研究前沿与研究热点分析

1. 国际人口学领域研究前沿文献

被引频次较高文献的研究内容折射出当代人口学领域的研究热点，通过对这些研究主题进行分析，可以明晰该研究领域研究主题的动态变化。本文研究中使用 CiteSpace 软件对样本文献进行文献共被引分析，通过对 WOS 数据库、CNKI 数据库等收录的相关文献的研究，反映该研究领域的发展脉络。将软件的节点类型设为被引文献，阈值设为（5，5，10）、（5，5，15）、（10，10，15），时间分割为 1 年，用 pathfinder 修剪全局网络得出每年高频被引文献。2000—2018 年 WOS 中排名前 10 位的人口学领域被引文献中，有 7 篇期刊论文和 3 部著作，其中有 5 篇论文发表在《人口与发展评论》上，另外 2 篇分别发表在《国际移民评论》和《自然》上。根据 10 篇高被引文献的研究内容，可以初步概括出21世纪以来国际人口学研究的3个经典方向，即人口转变、国际移民、低生育率与生育行为。

（1）人口转变。人口转变是西方学者基于对西欧等发达国家的人口出生率、死亡率及其相互关系的观察，概括性地提出的一个重要概念。传统的人口转变被认为是人口再生产类型从前现代社会的高生育率、高死亡率转变为现代社会的低生育率和低死亡率，转变完成以后生育率将一直稳定在更替水平。然而，20世纪50年代之后，西欧国家开始出现生育率降到更替水平以下，且伴随着离婚率上升、初婚年龄增大、单身比例扩大，以及同居越来越普遍等现象。学者们深入探讨其背后原因时发现，人们开始追求非物质需求和自我价值的实现最终导致了家庭行为－生育模式的转变，并将这种转变定义为“第二次人口转变”。由此，19世纪到第二次世界大战前欧洲出现的出生率－死亡率的变化则被定义为“第一次人口转变”。值得注意的是，第二次人口转变不仅存在于西方国家，早在2000年世界上就有超过一半人口生活在低生育率水平的国家，结婚年龄增大、晚育以及对小规模家庭的偏好导致众多国家的总和生育率低于2.1，生育率全球趋同化的形势越来越明显。因此，人口转变成为人口学家研究关注的热点。图2展示了2000—2018年人口转变研究方向的主要

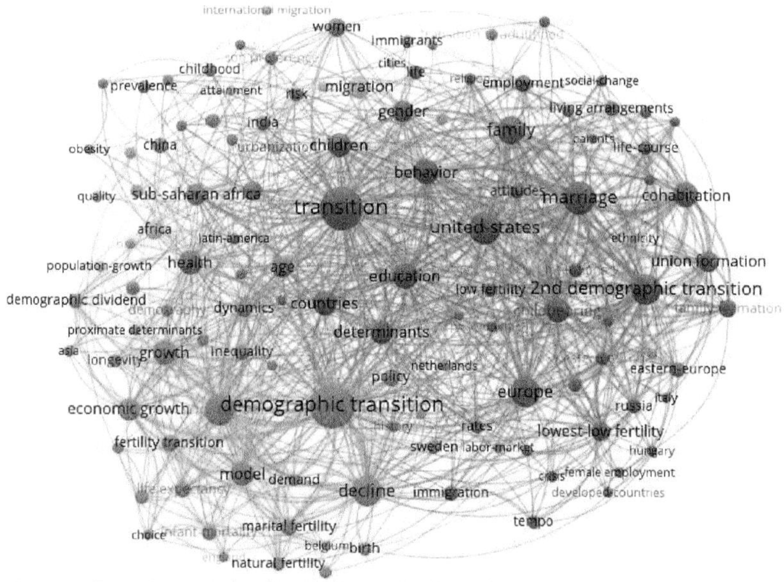

图2　2000—2018年“人口转变”主题的关键词共现知识图谱

高频关键词，包括“人口转变”“第二次人口转变”“美国”“欧洲”“家庭”“婚姻”“同居”“孩子”“教育”等。下面将具体围绕第二次人口转变进程中低生育率的驱动因素及作用机制，第二次人口转变背景下家庭行为与生活安排的变化及背后的作用机制，以及人口再生产模式的转变给社会和经济带来的影响与启示进行分析。

首先是第二次人口转变进程中低生育率的驱动因素及作用机制。第二次人口转变的一个典型特征为生育率低于替代率水平，探究低生育率背后的原因对于理解以及预测未来生育率具有重要意义。从社会文化的角度来看，由于需求的改变（从过去的生存、住房、物质和经济安全的基本需求上升为追求自由和自我实现的更高层次的需求），人们的价值观也随之发生了显著变化，更加接受家庭的多样性和个人选择，而不是教会、国家所奉行和传播的传统家庭观与生育观。因此，新发明的避孕药和节育方法得以广泛使用，以及女性拥有生育自主权且可以决定是否生育。以上变革直接导致了第一次生育年龄的推迟以及 OECD 国家生育率的普遍降低。从经济成本收益的角度来看，工业革命以来，劳动力的需求大大增加，也相应增加了对童工的需求，儿童能够为家庭带来的收益足以抵消家庭的育儿成本，因此普通家庭会选择生育更多的孩子。而随着健康状况的提升、教育水平的提高、物质期望的增长、社会流动机会的扩大以及女性参与正规劳动力市场的比例增加，一般模式的城市环境逐渐朝着少子化方向发展。此外，国家开始重视老年人的收入保障，加上强制性的儿童教育时间变长。对于父母来说，生育成本大幅上升，而子女对于父母年老时的保险作用却可以被私人保险和养老金所替代。通过比较抚养孩子的生活、教育成本、保健费用以及女性因生育放弃工作的机会成本与孩子给家庭带来的收益，可以发现对很多家庭来说少生的经济收益更大。受教育程度越高的女性通常无子化率更高或生育孩子个数更少，也可以从机会成本的负面影响超过了育儿带来的正面影响来进行解释。从微观心理角度看，幸福感也会决定着一个家庭的生育行为，有研究表明生育第一个孩子时会增加父母的幸福感，但随后几年其幸福感会降到生育孩子以前的水平，生育第二个和第三个孩子的幸福感十分有限或者不会增加幸福感，这从一定程度上也可以解释低生育率的原因。

其次是第二次人口转变背景下家庭行为与生活安排的变化及背后的作用机制。在欧美发达国家，同居逐渐从一种不正常的状态转变为一种可以被接受的婚姻替代方式。有学者认为性别角色、世俗化和经济不确定性或可以解释未婚同居率、结婚率、结婚年龄、离婚率等指标的变化：性别角色的弱化会使婚姻减少，因为女性在教育路径扩大和在经济地位提升后，离开婚姻的成本降低，加上经济活动增加和参与家庭活动的时间变少，受到婚姻带来的益处减少，因而，相较于过去婚姻的功能变弱；世俗化是指从传统的宗教教义摆脱出来得到自主的态度，世俗化降低了婚姻的象征价值，使信教人员不会因为宗教信仰而产生结婚的动机；经济不确定性降低了男性获得婚姻的可能性，男性经济状况不佳产生的经济压力可能会使婚姻陷入困境，导致离婚率增加。随着同居、单亲家庭、分居等其他家庭形式的日益普遍化，婚姻越来越成为一种选择性的生活安排，而不再是走向成年的必然过渡，这也被认为是个性化婚姻的持续转变。有学者指出，在美国，少数族裔和学历水平较低的女性还可能由于从小生活在单亲家庭，或者见证了婚姻家庭的不幸，对婚姻的依赖性减弱，从而出现家庭由制度化走向伴侣关系的“去制度化”的现象。也有学者认为，婚姻的高门槛是导致未婚同居现象增加的主要原因。从伴侣走向婚姻，需要建立在一系列的物质基础之上，包括稳定的工作、持续的收入来源以及长期维持经济水平稳定的能力，很多人无法迈入婚姻正是因为达不到这些要求。与西方国家相比，长期的未婚同居在亚洲尤其是东亚仍然处于社会边缘地位，没有得到社会的普遍认可，人们通常不会选择终身不婚，而是延迟结婚的年龄。大部分生育都是在婚姻家庭进行的，婚外生育仍然很少，这也是东亚国家出现低生育率现象的重要原因。在东亚，受教育程度高的女性通常比其他女性更晚结婚。学历高的女性既兼具经济独立又更有可能认识并避免传统的性别角色的负担，包括作为妻子、母亲和儿媳的责任，推迟结婚可以避免与性别不平等相关的社会风险。除了受教育程度这一重要因素，经济条件也是进入一段婚姻的必备条件。由中国的经验表明，男性经济条件对于结婚的正向影响随时间逐渐变强而女性经济条件的作用则随时间由负变正。

最后是人口再生产模式的转变给社会和经济带来的影响与启示。人口是促进和制约社会发展的关键因素，人口转变亦会直接或者间接影响社会和经济的发展方向。第二次人口转变过程中涉及诸多方面的经济社会话题，如人口年龄结构的改变，人口流动，家庭在教育、卫生和消费方面的投资扩大，以及成人健康、人均资本和人力资本质量变化等。从负面影响来看，首先，人口转变直接导致人口年龄结构的变化并引发社会广泛担忧。持续的低生育率状况导致人口老龄化，并通过养老金和健康保险制度对社会保障体系构成威胁。其次，人口转变完成很可能意味着“人口红利”的消失。人口转变与抚养比密切相关，有学者根据抚养比变化将人口变化分为3个阶段：第一个阶段，由于生育率增加导致幼儿抚养比上升从而使总的抚养比上升；第二个阶段，生育率开始下降使得幼儿抚养比下降导致总的抚养比下降；到了第三个阶段，生育率进一步降低以及寿命的延长导致老年抚养比上升；从而使总的抚养比上升。第二个阶段中的抚养比下降体现劳动人口占比增加，不仅为社会提供了充足的劳动力，同时也促进了人均产出和消费增加。许多亚洲国家和非洲国家都在人口转变的第二阶段享受了“人口红利”带来的巨大经济增长。当进入第三阶段以后，由劳动力数量引发的经济繁荣将无法维持。然而，经验表明生育率下降往往伴随着年轻人口受教育程度的普遍提升，人口转变对经济也会产生有利影响。有研究认为，一个国家或者家庭通常会将固定比例的劳动收入用于人力资本投资，儿童获得的投资便会与其个数成反比，因而生育率的下降会增加人力资本的质量、提升儿童受教育的质量。而教育的改善又会通过提高劳动生产力水平和更有效地利用新技术来推动经济增长，故生育率下降后年龄结构变化的有益影响也被称为“教育红利”。因此，“教育红利”很可能会替代逐步消失的“人口红利”，为经济增长继续提供动力。

（2）国际移民。21世纪以来，随着移民流动数量的增长以及新的流动方式的出现，国际移民成为不同国家和地区社会转型与经济发展的重要因素，也是全球化在人口维度上的重要体现。国际移民组织（IOM）发布的《2020年世界移民报告》显示，2019年全球约有2.72亿国际移民人口，相当于全球人口的3.5%，相较于2000年的1.74亿国际移民人口增长了约56.3%，高于全球人口的增长速度。从输出地区来看，全球排名前5位的移民输出国分别为印度（1800万人）、墨西哥（1200万人）、中国（1100万人）、俄罗斯（1000万人）和叙利亚（800万人）；从移民接收地区来看，美国接收了近5100万移民人口，约占移民总数19%，是世界上最大的移民输入国，其他主要移民接收国为德国、沙特阿拉伯、俄罗斯以及英国。虽然从全球范围来看，国际移民占全球人口的比例并不大，但国际移民为老龄化国家解决了劳动力短缺问题，为移民输出国缓解了就业压力和积累了资本，为移民家庭增加了收入和分散了家庭经济风险，同时也引发了一系列民族多样性问题和文化威胁问题，成为人口学学界关注的焦点。2000—2018年国际移民领域的关键词共现知识图谱如图3所示，高频关键词主要包括“国际移民”“性别”“同化”“融合”“收入”

“政策”“汇款”“难民”等。相关研究进展突出体现在劳工移民的原因、特点及其对发展中国家的影响，种族主义、文化威胁与移民治理趋势，移民融合、同化和代际研究等方面。

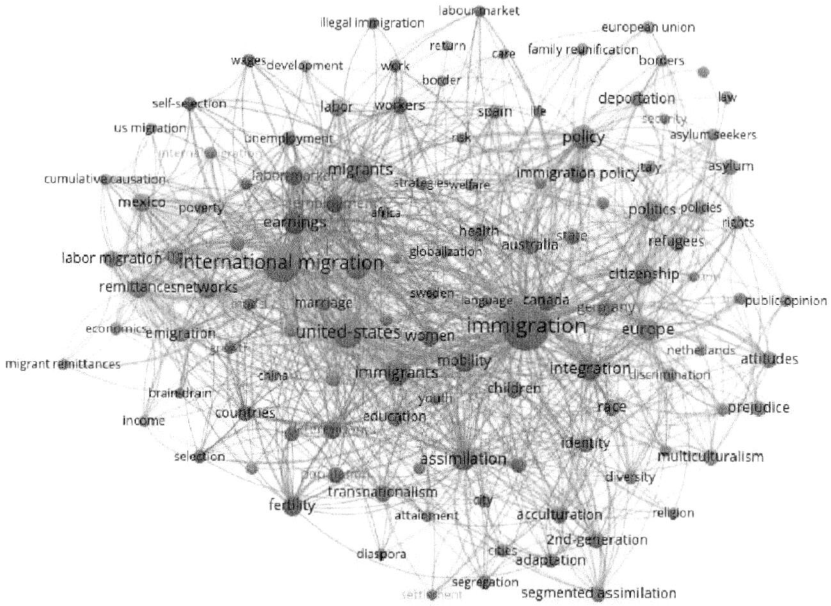

图 3　2000—2018 年“国际移民”主题的关键词共现知识图谱

首先是劳工移民的原因、特点及其对发展中国家的影响。劳工移民是国际移民的重要组成部分，国际劳工组织数据显示，2017 年移民劳工人数为 1.64 亿人，占当年全球移民人口的 59.2%。移民劳工数量的快速增长被认为是由经济、环境和社会 3 个因素共同推动的，具体为：输出地区和接收地区之间的实际工资差距较大，移民输出国经济不确定性大、经济安全感低，原居住地面临干旱、洪水、飓风、海平面上升等自然灾害造成的生计问题，移民（社会）网络提供了必要的移民及与就业相关的资源和信息等。总体来看，国外的宏观环境通过移民政策、劳动力需求和收入水平在很大程度上决定了移民机会的范围，这种机会结构影响移民的规模、性质和最初的选择，而国内的发展环境则决定了移民的愿望和能力。现代劳工移民的主要发展特点可以归结为两大方面：一是临时性，如亚太地区国际移民的主要方式是低技能工人的临时合同移民，而对工人技能要求较高的工业化国家则鼓励技术性临时移民；二是选择性，当前移民政策更加关注对移民的选择，重视技能、财富和其他阶级标志，并以此作为区分是否为想要的劳工移民的标准。第二次世界大战以后，许多剩余劳动力开始从发展中国家转移到发达国家，缓解了发展中国家劳动力市场的就业压力。劳工移民的基本动机之一是将一部分收入汇给原居住国，从而改善国内家庭的生活、促进后代的发展。有研究发现，移民汇款是向发展中国家转移资源的一个日益重要的渠道，继外国直接投资之后，成为发展中国家的第二大外部资金来源，并且与对宏观经济条件反应较大的私人资本流动相比，汇款对人口变量的反应更大。

其次是种族主义、文化威胁与移民治理趋势。在欧美发达国家，公众似乎普遍反对移民，认为移民抢走本地工人的工作、争夺政府资源和公共福利、破坏本国文化以及影响社会稳定。然而，当划分具体的种族群体时，人们对来自不同国家和不同种族移民的态度具有明显的异质性，人们愿意接受文化背景相近的白人群体，主要排斥非白人群体和寻求庇护的难民。这一偏见可能源于种族中心主义者将世界划分为内部群体和外部群体，重视一致性和同质性，认为不同种族的移民以及来自贫穷国家的移民对内部群体构成了威胁。这种因为移民民族和文化特征而非经济资源的竞争产生的威胁感也被定义为文化威胁或者象征威胁。同时学者们也认为，媒体对移民和寻求庇护者的负面报道会造成公众对移民产生负面态度和公众的反移民情绪。有研究以英国为例，基于语料库语言学方法，发现媒体对移民的描述与公众对移民的看法基本相符。随着移民流入数量不断增加，移民的背景和类型变得多样化，不仅导致流入国的法律和种族多样性备受争议，同时移民问题越来越倾向于政治化，给政府施以巨大的压力。例如自“9·11”事件以来，欧美各国政府为了安抚选民，采用高科技手段将移民治理变得越来越“数字化”和“安全化”，即越来越多地运用信息和通信技术，包括监视技术、生物测定、风险分析和反恐战略，重塑边界控制技术和加强边界管理。此外，移民执法也从边境扩展到内地，以美国为例，自1995年以来移民拘留和驱逐数量增加了5倍，大量非正常移民被驱逐出境，移民执法越来越严格。

最后是移民融合、同化和代际研究。对于融合，赫克曼（Heckman）曾做出过清晰的定义，他认为融合是指移民学习新文化、拥有权利、获得职位和地位、与当地社会成员建立个人关系以及对移民社会形成归属感和认同感的一种过程。与融合的概念稍有区别，同化是指少数移民族裔放弃原有文化习俗，并尽可能地适应发达国家的主流文化。融合与同化相比，存在不同族裔的社会和文化之间的互动过程，只是主流文化在其中拥有更大的权力和威望。不过越来越少的学者对这两个词进行严格区分，经常会在文章中将二者进行替换使用。同化是一个长期的过程，往往需要跨代才能完成，因此研究者不仅关注一代移民的生活情况，还将分析重点转向二代移民、三代移民的融入情况和社会流动状态。例如，大多数美国二代移民被发现会在父母原居住国与自己成长的东道国进行文化的平衡选择，不会完全放弃父母母国的文化。但到了第三代或第三代以后，同化现象愈加明显，如这些移民的后代基本上只说英语，语言上完全被同化。而且新的第三代人更有可能成长在父母受教育程度较高的家庭，生活的社会经济条件相较于前两代会更好，收入更高，更经常通婚，较少可能与大家庭成员一起生活，这些代际差异表明了一种线性同化模式。此外，教育被发现是影响移民社会流动性非常关键的因素。以法国的二代移民为例，虽然社会歧视会阻碍二代移民的社会流动，但教育可以帮助其突破阶层局限性，提升人力资本，获得成功的社会流动。

（3）低生育率与生育行为。20 世纪 90 年代，欧洲出现了总和生育率低于 1.3 的情况，科勒（Kohler）等人称之为“最低生育率”，反映了生完一胎之后再生育可能性的降低以及延迟生育的现象。科勒等人认为，人力资本回报的增加、年轻人面临经济不确定性、生育率测量偏差、社会互动和制度等因素导致了“最低生育率”现象的出现。进入 2000 年后，更多的国家如俄罗斯、日本、意大利和波兰等的总和生育率降到 1.3。持续低于更替水平的生育率引发了人们对人口老龄化和抚养比飙升的广泛担忧。然而，到 2008 年，最低生育率国家的数量显著减少，因此有学者认为“最低生育率”可能已接近尾声，并指出随着经济发展的刺激和政府政策的实行，许多国家的低生育率状态会发生变化。不过，虽然较多国家的生育率水平已经从最低点开始上升，但是生育状况是不均衡的，一些国家远未恢复到更替生育水平。而且从全球水平看，总和生育率从 1990 年的每名妇女平均生育 3.2 个孩子下降到 2019 年的 2.5 个孩子。总和生育率的急剧下降预示着全球大部分地区人口转变的结束，国际人口学学者也将重点放在研究低生育率和与低生育率相关的生育行为上。2000—2018 年低生育率与生育行为主题的关键词共现知识图谱如图 4 所示，高频关键词包括“生育”“育儿”“孩子”“家庭规模”“男孩偏好”“欧洲”“最低生育率”等。下面将从生育意愿、理想的家庭规模和实际生育行为之间的差距，性别偏好与生育行为相互作用的关系及影响趋势，家庭政策对生育的影响与作用机制进行展开分析。

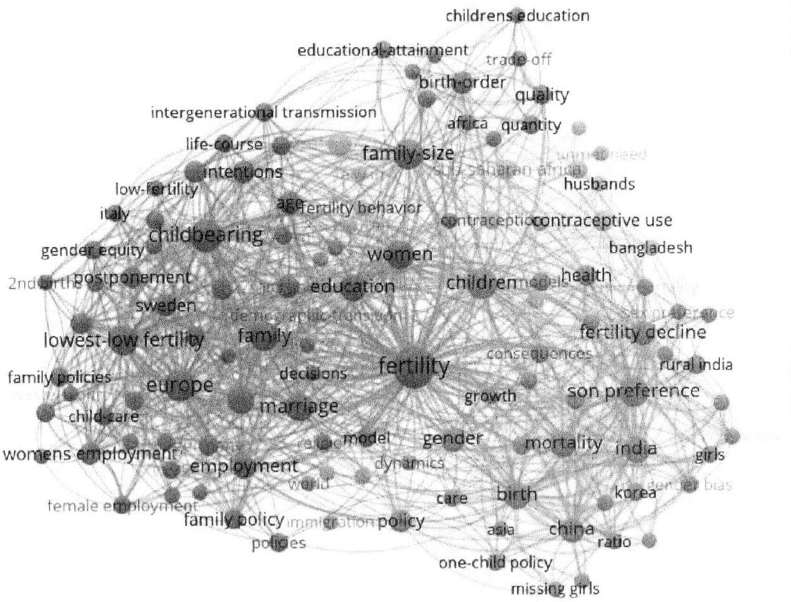

图 4　2000—2018 年“低生育率与生育行为”主题的关键词共现知识图谱

首先是生育意愿、理想的家庭规模和实际生育行为之间的差距。在低生育率环境下，人们有多少孩子在很大程度上取决于他们想要多少孩子，因此生育意图被认为是生育水平的重要预测因素。然而，大量研究发现实际生育水平往往低于生育意图，以及有很多因素导致最终行为和意图不一致，包括：继续接受教育和育儿在时间上的冲突，工作与家庭生活的矛盾，年轻人缺少父母在情感和物质上的支持，经济的不安全性以及就业的不稳定性，经济适用房的缺乏，等等。此外，生育状况（是否有孩子）、年龄、伴侣关系、生育意愿的强度、生育计划的时间安排等也导致了女性生育意愿和实际生育结果之间存在差异。同时，也有学者将生育意图和生育行为之间的差距视为子女需求未得到满足的证据，这种现象主要是由于生育年龄持续上升产生的结果。2016 年，低生育率国家的女性首次生育的平均年龄通常达到 28 ~ 30 岁，而在 20 世纪 70 年代初，在所有欧洲国家和美国，首次生育的平均年龄都在 25 岁以下。生育年龄的推迟导致了生理年龄无法满足生育意愿需求的问题以及晚生和晚育之间的不匹配问题，因此最新研究认为最终无子女人数的增加和家庭规模的减小并不一定反映接近生殖功能结束时女性的生育愿望。既然晚生会存在生理上以及生育意愿无法得到满足等诸多缺陷，那为什么越来越多的人选择推迟首次生育的年龄呢？除了上述分析的理由之外，还有比较重要的两点：一是结婚年龄延迟，尤其在单身水平较高的亚太地区；二是生育成本过高，包括育儿成本高、由高教育投资带来就业机会成本高、社会不鼓励年轻母亲导致的“文化”成本高。

其次是性别偏好与生育行为相互作用的关系及影响趋势。家庭的重男轻女行为一般有 3 种表现形式：在女儿身上投入更少的时间和资源，导致营养、医疗、幼儿死亡率、教育等方面的性别差异；通过流产等方式避免生女孩，性别选择性堕胎导致扭曲的性别比例，形成婚姻市场上男性过剩的现象；继续生育，直到拥有理想的男孩数量，也被称为“男孩偏好下的生育停止法则”，因此一胎为女孩时往往会生第二个孩子，导致家庭规模扩大。这些现象曾被学者证实存在于美国、越南、土耳其以及东南亚国家和地区。其中，东南亚地区的男孩生育偏好最为严重，一胎生女孩与继续生育有明显的正向关系，社会男女性别结构过高，即便移民到其他国家，这种偏好男孩的价值观也一直持续着。例如有研究发现，在加拿大的南亚移民，生了第一个女孩后，生二胎的可能性变大，而且第二胎男孩性别比高，两胎之间生育间隔较短，体现着较为强烈的想要生男孩的愿望。当代低生育率背景下的重男轻女观念和现代医疗技术相结合，如运用超声筛查和人工流产技术使产前性别选择成为可能，导致出生性别比上升的结果。在高生育率情形下，父母不需要为了确保儿子的出生提前进行性别选择，但是随着育儿成本压力的增大，平均子女数量变少，寻求儿子就会形成“生育挤压”。不过有学者认为低生育率的趋势可能会改变传统父权制家庭制度，在过去的家庭儿子承担着女儿不承担的基本责任和角色，如延续家庭关系、继承家庭财富和父母养老，随着无儿子家庭比例的增加，父权制将无法继续维持，儿子和女儿的角色与责任变得更加相似。此外，由于年轻女性变得稀缺，女性的议价能力增强，有助于更平等的性别规范。

最后是家庭政策对生育的影响与作用机制。公共政策对家庭有重要的影响，它规定了就业条件、享受福利的资格、父母的权利和责任，以及政府提供教育和保健服务等，因此决定了家庭生活的权利、责任、机会和限制。其中关于孩子的家庭政策，包括对有子女家庭的直接和间接现金转移、儿童福利、产假和育儿假福利、托儿设施以及相关补贴项目，更是直接影响育儿成本和收入进而影响家庭生育决策。新家庭经济学理论认为，生育孩子是经济合理（效用最大化）的决定，是由育儿经济成本和收益组成的函数的最优解，并且效用函数同时受到收入和个人偏好的限制。因此，育儿预期成本的减少或预期收入的增加将会增加对子女的需求。20 世纪 80 年代，许多西方国家的生育率下降到前所未有的水平，但是北欧国家的生育率却有所上涨并在 90 年代初期达到生育更替水平，北欧国家的福利政策也因此开始引起众多学者的关注。例如，1981 年，芬兰母亲的育儿假延长到 43 周，育儿期间享有收入补贴（最高时为正常收入的 80%）；从 1978 年父亲也开始享有育儿假的权利。有收入福利的育儿假的延长降低了因生育放弃有偿工作的成本，对于芬兰生育率的提高有积极影响。又如，地方政府资助的托儿中心一直是瑞典家庭政策的一个重要特征，除了照顾学龄前儿童外，地方政府还为 10 岁以下的儿童提供学前和课后的照顾补助，双职工父母可享有额外的育儿补贴。有研究证明，公共育儿服务以及为有子女的家庭提供经济支持有助于提高瑞典的生育水平。文献中，支持政策对生育的积极影响的另一个证据来自于欧洲女性劳动力就业和生育之间的正向关系，这种相关性在 20 世纪 70 年代是负的，但到了 90 年代变成了正的，表明女性劳动力参与率高的国家，其生育率也较高。这说明当女性由于生育导致的就业机会成本被特定的政策降低时，家庭责任和工作之间的不协调关系就会被缓解，并间接影响生育率。

2. 国际人口学领域研究主题与热点分布

下面运用 CiteSpace 软件对样本文献进行主题词[1]共词分析，将节点类型设为主题词，阈值设为 Top50，时间分割为 1 年，用 pathfinder 修剪全局网络得出每年的高频主题词。这些主题词在很大程度上代表文章的研究方向，如果这个主题词与其他主题词在若干篇文献中出现的频率较大，那么这个主题词代表了相似文献研究热点。因此可以通过建立主题词的共现矩阵，来了解国际人口学领域内的研究热点。

结合主题词之间的语义关系和语义类型划分规则，首先将重要主题词归纳为研究热点、研究区域和研究方法 3 类。研究热点主要集中在“受教育程度”

---

[1] 主题词（Term）表示文章的标引词，来源于文章的标题（Title）、关键词（Keyword）和摘要（Abstract）字段的词，相较于关键词更深入文本的内容，反映的文献信息更具代表性。

“已婚女性”“人口特征”“年轻女性”“年轻人”“生殖健康”“国际迁移”“家庭规模”“第一次生育”和“劳动力市场”等中心度较高的主题词上。在研究区域方面，重点对拉丁美洲、撒哈拉沙漠以南非洲、欧盟国家进行研究，并且对农村地区和发展中国家人口的探究要比对城市地区和发达国家的研究更为集中。在研究方面，大多数文献主要采用比值分析、多变量分析、逻辑回归分析、深度访谈法和生命历程分析等研究方法，利用全国性调查的数据和健康调查数据进行分析。

3. 国际人口学领域研究主题方向拓展分析

由于仅通过单个主题词无法识别具体的研究主题和研究内容，因此本文进一步利用文献共被引矩阵进行聚类分析。聚类分析是依据文献与文献之间的共被引强度，把一些共被引强度较大的文献聚集在一起形成一个个聚类。本文借鉴卡龙（Callon）构建技术子簇的方法，即在构建的一个子簇中最多只有 10 篇文献，将共被引矩阵中余弦指数最高的一对文献的研究方向作为该聚类的研究主题，来反映该聚类的核心内容。聚类生成之后，使用劳（Law）等人于 1988 年提出的战略坐标对各聚类进行分类，以便对人口学学科研究主题进行动态分析。以人口学领域研究主题的内联度指标为横轴，人口学领域研究主题的外联度指标为纵轴，建立人口学领域研究主题的战略坐标，展示整个研究领域的各方向主题的位置。其中内联度指标表示给定的聚类内部知识单元的紧密程度，外联度指标表示给定的知识群与其他知识群的关联关系。根据 4 个象限中各研究方向主题的分布情况，可以描述出人口学学科领域的研究现状，以及未来的发展趋势和变化。

位于第一象限的人口学领域研究主题的内联度和外联度均大于 0，表明这些研究方向的主题其内部连接程度和外部连接程度都较高，有较强的稳定性和向外扩散能力，是相对成熟的研究方向，也是整个人口学领域在 2000—2018 年的核心研究方向。第一象限共有 17 个研究主题聚类，包括聚类 5（代际研究）、聚类 16（女性雇佣和生育）、聚类 13（人口转变）、聚类 29（非洲艾滋病人口研究）、聚类 7（结婚与同居）、聚类 8（生育意图和生育行为）、聚类 15（移民健康）、聚类 17（跨国主义）、聚类 19（移民与宗教）、聚类 34（移民融合）等。第一象限的各个研究主题既是过去 20 年“核心人口学研究的方向”，也是未来人口学研究的重要方向。第二象限中，聚类外联度较高但是内联度较低，表明这类聚类内部连接比较松散，但是与其他研究方向的关联较为紧密。此象限的聚类容易游离、转变成其他相关方向的聚类。位于第二象限的聚类有27个，分别为聚类4（性行为教育）、聚类9（文化、家庭经验与生育率）、聚类12（迁移、性别平等与生育）、聚类23（家庭规模）、聚类30（家庭形成）、聚类32（家庭政策）、聚类35（教育、职业和婚姻的选择）、聚类42（移民社会流动性）、聚类64（跨国学生流动）等。第二象限聚类中的主题元素容易被游离到与其连接紧密的主题元素所在的人口学研究主题中，被称为“次级人口学研究主题方向”。位于第三象限的人口学领域研究主题的内联度和外联度均低于0，该象限聚类的内部连接程度和外部连接程度都比较弱。这些领域可能曾经是重要的研究主题，随着时间的推移，该领域主题已经不再是研究的重点方向，因此也被称为“边缘人口学研究主题方向”。有10个聚类位于第三象限，包括聚类37（人口死亡率）、聚类47（移民中介）、聚类51（计划生育）、聚类55（性行为与疾病传染）、聚类65（移民产业）等。位于第四象限的人口学领域研究主题的内联度较高，外联度较低，表明这些话题独立性较强，但外部连接相对较弱，被称为“独立人口学研究主题方向”。第四象限共有11个聚类，包括聚类1（家庭迁移）、聚类3（养育孩子与幸福感）、聚类10（人才跨国活动）、聚类24（艾滋病预防）、聚类25（独居与社会归属）和聚类56（福利改革与结婚率）等。虽然第四象限的聚类与其他主题联系较少，但是内部稳定性非常强，其战略地位也十分重要，很可能在未来演变成人口学领域新的核心研究主题。

三、人口学领域研究力量分析

1. 国家与地区分布

一个学科的发展往往具有一定的地域性，同一个国家或地区的学者交流频繁，信息流动大可以进一步带动这个国家或地区某个学科的发展。某个国家或地区某个领域的作者越多、发文量越大，则该国家或者地区在该领域研究实力越强。因此，可以通过统计每个国家的总发文量来了解该国在该领域的科研实力。

从数据统计结果来看，在发文量统计所涉及的129个国家中，发文量最多的国家是美国，发文数量为5785篇，约占文章总数量的40%，说明美国在人口学学科研究方面居于世界核心地位。英国是发文量超过1000篇的第二个国家，体现了英国学者对于人口学的研究也处于世界前列。德国、加拿大、荷兰、澳大利亚、意大利等国家的研究也较为活跃，发文总量均大于500篇。中国的发文量为341篇，排在第11位，说明中国的人口学学科研究水平已经开始向国际迈进，但是有待进一步提升，需要加强与国际的交流和合作，并注重在国际期刊的发文量。从国家研究力量分布来看，人口学研究的主要力量都集中在发达国家，发展中国家研究相对匮乏。发达国家深厚的人文社科知识底蕴、充足的科研经费以及语言种类（英语）为展开人口学的研究提供了很大的便利，在这种情况下，产出的科研成果就易于超出发展中国家。

2. 高产作者分布

WOS收录了2000年以来人口学领域发文量居前的作者，统计数据显示发文量达15篇的作者高达81人。高产作者信息显示了该群体对人口学领域进行过深入探索，在该领域已经取得丰富的成果，能对人口学领域问题有深入的研究和较全面的把握。为了更好地理解高产作者对于人口学领域关注和研究的重点方向，本文对高产作者已发表文章的研究内容进行了总结，具体结果见表1。

表1　2000—2018年WOS中人口学领域研究的高产作者

作者	发文量/篇	研究内容
辛格（Singh S.）	50	意外怀孕和人工流产情况，与流产有关的发病率，不安全流产的成本，堕胎在各国的合法性；避孕、性健康、青少年的性行为和性教育
阿加迪安（Agadjanian V.）	36	人口迁移来的相关社会问题，具体包括男性迁移对女性的生育、健康、婚姻情况和子女教育等的影响；宗教、社会稳定、女性工作、社交网络对生育决策以及避孕行为的影响
科勒（Kohler H. P.）	34	非洲国家的疾病感染和健康问题，包括艾滋病感染、成人死亡率、认知健康、抑郁和焦虑、移民的健康选择等；生育研究，包括育儿成本、性别平等、劳动力市场参与、社会互动与低生育率的关系
赫默（Hummer R. A.）	31	人口健康与人口死亡，包括吸烟、教育和学历及伴侣教育、婴儿体重、怀孕期间的保健与营养等因素对健康与死亡率的影响，美国居民寿命与健康状况的种族差异和性别差异
梅西（Massey D. S.）	29	国际迁移，包括暴力事件、社交网络、移民政策、男性的家庭主导地位、受教育程度、原籍国的社会保障情况等因素对于移民决策的影响，移民迁移的流动性和受歧视情况
比拉里（Billari F. C.）	28	生育和家庭形成，包括婚姻模式、生育意图、生活方式的偏好、女性工资、家庭抚养环境、社会福利制度对生育决策的影响；女性的工作与家庭轨迹；年轻人生活安排和生活轨迹

续表

作者	发文量/篇	研究内容
邦格特（Bongaarts J.）	28	死亡率与预期寿命的预测，发展中国家生育转型及出现停滞的原因分析，发展中国家生育偏好、出生性别比失衡问题、艾滋病毒流行趋势预测和计划生育政策
克莱兰德（Cleland J.）	28	女性研究，包括避孕措施、婚前生育率、婚姻对妇女的影响；非洲国家的人口变化及就业、生活情况
库鲁（Kulu H.）	28	人口流动与婚育研究，包括迁移人口的同异族结婚、生育、离婚模式，以及婚前同居、分居、婚姻期限、离婚、住房、生育及其存在相互关系；流动人口的健康状况和死亡率
摩根（Morgan S. P.）	27	生育行为和低生育率，包括生育意图与生育行为一致性，教育成本、宗教信仰、女性劳动力参与、儿童保育能力与生育的关系，东亚国家性别选择性堕胎，中国低生育率趋势

3. 研究机构分布

科研机构或者高等院校在人口学领域的发文量能够体现其在这一领域科研能力的强弱，根据文献计量的结果，2000—2018 年人口学领域发文量超过 100 篇的科研机构有 32 个，发文量排名前 20 位的科研机构或高等院校见表 2。

表 2　2000—2018 年 WOS 中人口学领域排名前 20 位的科研机构或高等院校

科研机构或高等院校	发文量/篇	科研机构或高等院校	发文量/篇
牛津大学	283	斯德哥尔摩大学	174
北卡罗来纳大学教堂山分校	249	南安普顿大学	169
马克斯·普朗克学会	239	加州大学伯克利分校	165
约翰霍普金斯大学	211	阿姆斯特丹大学	162
宾夕法尼亚大学	200	德国劳动研究所	161
宾夕法尼亚州立大学	193	伦敦政治经济学院	159
哈佛大学	190	澳大利亚国立大学	156
普林斯顿大学	182	得克萨斯大学奥斯汀分校	147
加州大学洛杉矶分校	178	杜克大学	128
威斯康星大学麦迪逊分校	177	人口理事会	128

其中发文量在 200 篇及以上的科研机构或高等院校有 5 所，牛津大学以 283 篇的发文量居于第 1 位，其次是北卡罗来纳大学教堂山分校（249 篇）、马

克斯·普朗克学会（239篇）、约翰霍普金斯大学（211篇）和宾夕法尼亚大学（200篇）。在前20位排名中，美国占据11位（含10所高校和1个国际非政府组织），英国占据4位，德国占据2位，瑞典、荷兰、澳大利亚各占1位。可见，在国际上人口学的研究机构主要集中在美国。从机构类型来看，对人口学的研究除了高校和研究所以外，还有非政府组织的参与；从科研单位隶属来看，大部分集中在世界著名高校；从机构所属国家来看，以上20所机构均来自发达国家，与前面研究力量国家分布相一致。

四、结论

通过对2000年以来英文国际期刊关于人口学研究的文献特征与趋势的分析，可以发现人口学研究呈现出上升的趋势，其中《种族与移民研究杂志》《人口学》和《人口统计学研究》为载文量最多的3个期刊，载文均超过1000篇。基于文献共被引分析，对共被引频次排名前10位的文献做重点分析，总结出2000年以来国际人口学3个核心的研究方向为人口转变、国际移民、低生育率和生育行为。通过对样本文献进行主题词共现分析，进一步聚焦提炼出国际人口学领域的研究热点，发现受教育程度、已婚女性、人口特征、年轻女性、年轻人、生殖健康、国际迁移、家庭规模、第一次生育和劳动力市场等是近20年来该领域的研究热点。在文献共被引分析的基础上，运用战略坐标法，对人口学研究前沿动态进行分析，概括出4种类型的研究主题，分别是稳定核心的研究主题、容易与其他方向或者学科交叉的研究主题、被边缘化的研究主题以及独立性较强研究主题。作为人口大国，我国在人口学国际英文期刊的发文量和被引用量相对较少，究其背后的原因，或与人文社科类学科的国际化有关，即大多数国内学者主要以我国人口问题为研究对象，对其他国家人口问题研究与关注相对较少，研究成果更偏向于发表在国内的期刊。另外，对比中国人口学研究，国际人口学的研究方向由于受到人口发展阶段以及全球人口问题多样性影响，在研究选择上表现出主题范围更加宽广等特征。毫无疑问，国际人口学文献的最新进展能够为当前中国人口学（包括人口经济学）研究提供有益参考。

2018 年中国经济学研究热点分析*

一、数据处理与实证分析结果

首先，根据 2010 年第五版《中国图书馆分类法》查找经济学的分类代码，构建文献检索式，涵盖《中国图书馆分类法》F（经济）大类中除管理类学科的所有经济学研究领域。其中，本文统计数据来自中国知网（CNKI）数据库，在经济与管理科学的 CSSCI 来源期刊范围内，依据检索式，时间范围设置为 2018—2018 年，并略去会议通知、会议综述、刊首语、新书评介、人物专访、期刊目录等非学术论文类文献，检索到该时期经济学文献共计 24771 条，更新时间为 2019 年 2 月 28 日。❶ 然后，本文利用关键词共现分析获得 2018 年我国经济学研究的关键词矩阵和关键词共现知识图谱，得到出现频次最高的 21 个关键词❷：“一带一路”（667 次）、经济增长（481 次）、乡村振兴（362 次）、精准扶贫（361 次）、供给侧改革（257 次）、技术创新（244 次）、城镇化（214 次）、全要素生产率（212 次）、制造业（212 次）、对外直接投资（202 次）、货币政策（197 次）、新时代（197 次）、改革开放（190 次）、全球价值链（178 次）、产业结构（174 次）、创新（168 次）、产业升级（161 次）、高质量发展（154 次）、人力资本（153 次）、R&D（143 次）、新型城镇化（143 次）。

---

* 罗润东，滕宽，李超．2018 年中国经济学研究热点分析［J］．经济学动态，2019（4）：80－98．有改动。

❶ 截至 2019 年 2 月 28 日，绝大多数 CSSCI 来源期刊的 2018 年文献数据在 CNKI 数据库中已更新完毕，个别期刊的文献数据略有缺失，但不影响本文的基本计量结果。

❷ 在关键词频次统计和聚类分析中，我们对同义词、缩写词进行了统一和规范，如将“‘一带一路’”“一带一路”和“‘一带一路’倡议”等统一为“一带一路”，将“新常态”和“经济新常态”统一为“新常态”，将“供给侧改革”和“供给侧结构性改革”统一为“供给侧改革”等。

此外，为分析高水平期刊的研究热点，本文根据中国社会科学评价研究院《中国人文社会科学期刊 AMI 综合评价报告（2018 年）》中获得经济学各子学科及相关学科的 19 种“顶级”和“权威”期刊，在 CNKI 数据库的经济与管理科学范围内检索这些期刊 2018 年刊发的论文，获得 2230 条有效数据。上述顶级和权威期刊中的高频关键词包括：经济增长（60 次）、全球价值链（28 次）、“一带一路”（27 次）、全要素生产率（21 次）、货币政策（21 次）、收入差距（20 次）、双重差分（19 次）、企业创新（18 次）、改革开放（18 次）、外商直接投资（17 次）、创新（15 次）、对外直接投资（15 次）、融资约束（15 次）、制造业（14 次）、产业升级（13 次）、乡村振兴（12 次）、供给侧改革（12 次）、溢出效应（12 次）、环境规制（12 次）、高质量发展（12 次）。这与总体文献数据的高频关键词高度吻合，说明二者的研究热点基本一致。

与 2015—2017 年相比，“乡村振兴”“新时代”“改革开放”“高质量发展”等关键词的出现频次增长最显著，首次进入前 20 位，这体现出 2018 年我国经济学研究的新热点和新趋势。与 2016 年和 2017 年一致，“一带一路”与“经济增长”仍是频次最高的两个关键词，“精准扶贫”“供给侧改革”“技术创新”“城镇化”“全要素生产率”“对外直接投资”等保持了较高的出现频次，这体现了我国经济学热点研究领域的稳定性和延续性。此外，本文利用 CiteSpace 的网络叠加方法，将高影响力期刊数据的关键词共现结果叠加到整个网络上，弧线连接的是高影响力期刊的高频关键词。结果显示，高影响力期刊与整体文献数据的关键词共现网络高度吻合，说明二者研究热点基本一致。

由于仅利用高频关键词个体无法识别具体研究领域和内容，因此本文进一步利用关键词共现矩阵进行聚类分析，根据每个聚类所包含的关键词，可以概括出聚类名称。进而，本文通过测算聚类的关注度，总结出关注度排名前 20 位的聚类（见表 1），即是 2018 年我国经济学的研究热点。与 2017 年一致，“一带一路”建设、新常态下的经济增长与经济发展仍然是关注度最高的两大研究领域。乡村振兴、习近平新时代中国特色社会主义经济思想方面的研究显著增多，跃升为关注度前 10 位的研究热点。2018 年恰逢改革开放 40 周年，理论界针对改革开放以来我国经济发展变迁、经济政策路径、经济理论创新等进行了系统总结、反思与展望，促使该领域的发文量跃升至第 11 位。经济体制改革、农村土地流转、收入分配的关注度有所下降，乡村振兴、供给侧改革、创新经济、产业转型升级、货币政策、区域经济等保持了较高的研究热度。

表 1　关注度排名前 20 位的聚类

序号	聚类名称	聚类成员
1	“一带一路”建设	“一带一路”、全球化、评价体系、基础设施、比较优势、风险、经济全球化、人类命运共同体、产业转移
2	新常态下的经济增长与经济发展	经济增长、高质量发展、溢出效应、经济发展、创新驱动、实体经济、新常态、共享经济、VAR 模型、自主创新
3	乡村振兴	乡村振兴、指标体系、三农、农村、农村金融、现代农业、新型农业经营主体、乡村治理
4	精准扶贫	精准扶贫、民族地区、脱贫攻坚、多维贫困、深度贫困、贫困治理、贫困户、扶贫开发、产业扶贫
5	供给侧改革	供给侧改革、结构性改革、供给侧、政府、农业供给侧结构性改革
6	创新经济	技术创新、创新、R&D、创新绩效、科技创新、企业创新、空间溢出、协同创新、创新效率、创新能力
7	城镇化	城镇化、新型城镇化、城市群、城市化、土地利用、特色小镇、工业化、空间效应、城市规模、城乡融合
8	产业转型升级	全要素生产率、制造业、产业结构、产业升级、技术进步、产业集聚、产业政策、互联网 +、技术效率、产能利用率
9	习近平新时代中国特色社会主义经济思想	新时代、习近平、现代化经济体系、中国特色社会主义、中国特色社会主义政治经济学、马克思、对外开放、新发展理念、马克思主义政治经济学
10	国际贸易与投资	对外直接投资、全球价值链、外商直接投资、美国、空间杜宾模型、引力模型、贸易摩擦、知识产权、特朗普
11	改革开放	改革开放、制度变迁、资源配置、改革开放 40 年、改革、制度创新、市场化、市场经济、营商环境、共同富裕
12	货币政策	货币政策、利率市场化、通货膨胀、DSGE 模型
13	环境经济与可持续发展	环境规制、门槛效应、绿色发展、可持续发展、碳排放、生态文明、绿色全要素生产率、气候变化
14	区域经济	长江经济带、京津冀、区域差异、区域经济、空间计量、驱动因素、协同发展、粤港澳大湾区、聚类分析

续表

序号	聚类名称	聚类成员
15	金融市场	金融发展、商业银行、金融风险、系统性风险、股票市场、金融创新、金融结构、影子银行
16	农民工问题	农民工、社会资本、社会网络、流动人口、市民化、农业转移人口、新生代农民工
17	互联网金融	互联网金融、金融科技、区块链
18	财税问题	演化博弈、财政分权、地方政府、政府补贴、PPP、土地财政、营改增、公共服务、增值税
19	公司治理	公司治理、制度环境、信息不对称、产权性质、信息披露、上市公司、政治关联、家族企业
20	经济体制改革	国有企业、混合所有制、国有企业改革、合作社、混合所有制改革

资料来源：作者制作整理。

二、2018 年中国经济学十大研究热点分析

通过聚类分析和量化测算聚类的关注度，我们获得了 2018 年中国经济学领域的研究热点。但由于每个关键词只能归入一个聚类，故未能充分展示出每个热点领域的具体研究方向，难以体现不同聚类之间的相互关系。为了更细致地探究 2018 年我国经济学领域的研究热点，我们针对关注度排名前 10 位的聚类，在 CNKI 数据库中分别检索以其聚类成员为关键词的 CSSCI 来源期刊文献，整理分析所获文献数据，利用 CiteSpace 软件展示其关键词共现知识图谱。

（一）“一带一路”建设

2015 年 3 月，为推进实施“一带一路”建设工作，中国政府制定并发布了《推动共建丝绸之路经济带和 21 世纪海上丝绸之路的愿景与行动》。截至 2018 年年底，中国已累计同 122 个国家、29 个国际组织签署了 170 份政府间合作文件，“一带一路”建设覆盖亚洲、非洲、欧洲、大洋洲、拉丁美洲；2013—2018 年，中国与“一带一路”沿线国家进出口总额高达 64691.9 亿美元，对外直接投资超过 800 亿美元，新签对外承包工程合同 5000 多亿美元。

“一带一路”建设作为我国当下的重要战略任务，也是经济学研究的热点问题，其关注度在最近两年有了大幅度提升，从 2015 年和 2016 年的第 9 位一跃成为 2017 年和 2018 年的首位。2015 年经济学界“一带一路”这一关键词出现频率仅有 272 次，而 2018 年这一关键词出现达 667 次。如图 1 所示，该领域内其他高频关键词由“丝绸之路经济带”“海上丝绸之路”“互联互通”等逐渐向“全球化”“人类命运共同体”“比较优势”等转变。近几年关于“一带一路”建设的研究主要围绕“‘一带一路’的性质、经济意义、理论创新，对我国产业格局、对外投资的影响，对世界经济的影响”等方面展开，2018 年相关研究主要围绕“一带一路”的内涵、“一带一路”为我国开放经济带来的机遇与挑战、“一带一路”对人民币国际化的影响、“一带一路”提出的国际意义 4 个方面展开。

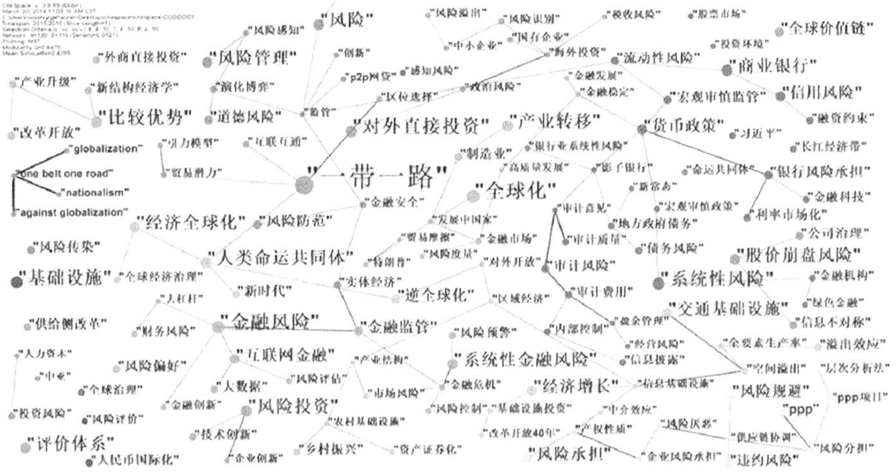

图 1　2018 年“一带一路”建设领域的关键词共现知识图谱

1. 对“一带一路”相关内涵的阐释

根据相关文献，“一带一路”是多元性、开放性、包容性的区域合作倡议，目标是通过加强网络、交通、能源等基础设施建设的互联互通，促进资源高效配置与市场深度融合，打造开放、包容、均衡、普惠的区域经济合作架构；推进“一带一路”建设的前提是参与各方认知相同，形成合力发展；“一带一路”倡议与可持续发展目标一致、原则吻合、内容相通、路径类似。“一带一路”倡议也是打造新时代中国对外援助的“金字招牌”，促使中国对外援助理念由“共同发展”逐步向“合作共赢”转变，对外援助体系由“碎片化”逐步向独立化、战略化方向转变，对外援助实践由领域失衡逐步向普惠平衡方向转变，为构建人类命运共同体、推动全球治理做出了重要贡献。

2. “一带一路”为我国的经济发展带来的机遇和挑战

如何抓住机遇、迎接挑战，是现阶段我国经济发展面临的重要战略任务。在产业发展方面，“一带一路”背景下中国产业发展面临着国内产业供给与需求不平衡、区域经济发展不平衡、区域对外贸易发展不平衡的挑战。因此，应当积极鼓励企业扩充资本，调整产能结构，实现产业转型，促进各区域产业协同发展，与“一带一路”沿线国家建立优势合作。此外，相关研究也发现中国企业对外投资环境存在安全隐患，“一带一路”沿线国家多为欠发达国家，经济发展程度相对落后，政治环境相对不稳定，法律体系不完善，所需的投资大多以铁路、公路、海港等大型基础设施建设为主，存在资金需求量大、投资回报周期长、投资回报率较低的问题。在发展机遇方面，“一带一路”沿线国家的贸易便利化水平的提升可以给中国带来巨大的贸易流量，但不同贸易便利化水平提升的效应存在异质性。

3. 关于“一带一路”对人民币国际化的影响研究

“一带一路”建设的稳步推进提升了我国在国际社会中的影响力，这一过程会如何影响人民币国际化也是备受学术界关注的热点问题。“一带一路”构想的提出开辟了我国对外投资新渠道，为人民币发挥锚效应提供了新平台，虽然人民币在“一带一路”区域的锚效应总体上远逊于美元和欧元，但随着“一带一路”倡议的推进，中国和沿线国家经贸联系加强，人民币锚效应将逐渐扩大。人民币国际化是中国政治经济发展的重要目标，我国可以通过完善国家治理体系，运用宏观调控政策和工具，落实“一带一路”倡议，通过中国金融业、丝路基金、亚投行、金砖开发银行等机构的运作，来实现人民币国际化的战略目标。关于人民币国际化的具体推进策略，可在富资源国、东南亚及中亚“一带一路”沿线国家力推原油与矿石等大宗商品的人民币直接计价和结算，进行更多的净收益超过国内水平的人民币境外直接投融资，协助建立和发展更多以人民币计价和结算的加工贸易产业园区，在中国境内加快培育和发展具有广度和深度的、安全性和流动性良好的国债和准国债市场，并适时有序地对外开放。

4. 关于“一带一路”提出的国际意义

“一带一路”倡议的提出为完善全球治理体系提供了中国方案，是构建人类命运共同体、实现共赢共享的具体实践。相关研究也指出，“一带一路”可以更好地服务于国际发展，包括促进世界经济回升向好，推进全球化转型升级、构建新型全球化，改进全球治理体系、为世界提供新的公共产品，创建国际合作新模式、促进区域一体化和全球一体化发展，构建人类命运共同体等。“一带一路”倡议还推进了全球化发展，促进了生产要素在全球范围内的自由流动，深化了国际分工，推动了国际贸易的迅速发展，为各国经济提供了广阔的发展空间。

（二）新常态下的经济增长与经济发展

2018 年我国经济再上新台阶，国内生产总值达到 900309 亿元，比 2017 年增长 6.6%，增速连续 16 个季度运行在 6.4% ~7.0% 区间，经济运行稳定性和韧性明显增强。新常态作为我国当前经济发展最重要的阶段性特征，在经济学领域的研究热度在 2015—2018 年连续 4 年稳居前两位，“经济增长”“经济发展”“新常态”一直是该领域的高频词汇，其中“经济增长”在经济学界出现的总频次逐渐有所下降但排名依旧高居前两位。2018 年有关“新常态”领域的主要关键词展示如图 2 所示，与前 3 年不同的是，“高质量发展”成为 2018 年该领域的新兴热点词汇，研究方向的变化也体现为更加重视实体经济

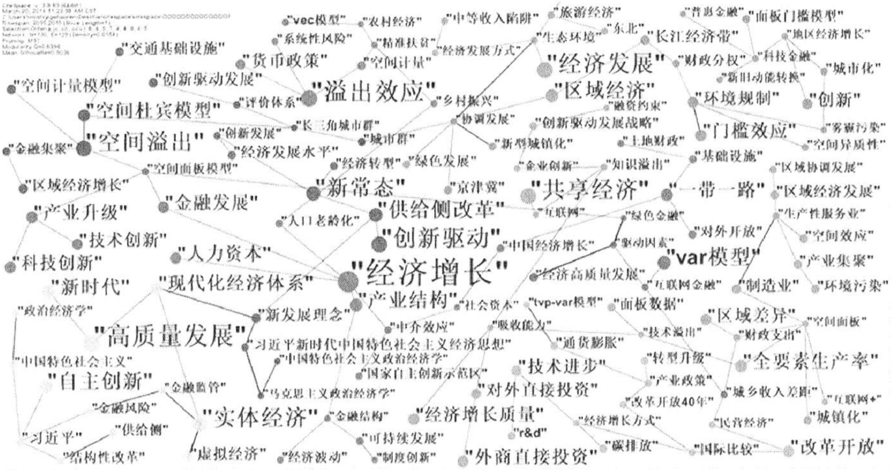

图 2　2018 年新常态下的经济增长与经济发展领域的关键词共现知识图谱

发展与产业转型升级两方面。2018 年围绕新常态展开研究的热点问题包括新常态下我国产业转型升级的新要求，实体经济发展的影响因素以及必要举措，政府和市场在新常态经济运行中所发挥的作用，区域经济发展的空间结构问题及其化解等。

1. 新常态下我国产业转型升级的新要求

相关研究显示，新常态下，我国的经济发展方式从速度型粗放式增长向质量效益型集约化增长方式转变，高质量发展是经济发展质量的高水平状态，新时代实现中国高质量发展应从科技创新、产业创新、制度创新、战略创新、促进人的全面发展等方面着手。从目前三大产业的增加值结构和就业结构上看，虽然我国已经完成了由传统结构向现代结构的转化，但与发达国家相比，在结构升级上还有很大的空间，可以通过不断的产业结构升级来推动经济增长和改善就业。另外还有研究表明，中国产业结构高度化面临许多结构性问题，产业结构高度化还处于低级发展阶段且落后于高收入水平国家，供给侧因素比需求侧因素对产业结构的高度化影响更为显著。因此，推进供给侧结构性改革是适用经济新常态、推进产业转型升级和高度化的战略选择。

2. 新常态下实体经济发展的影响因素以及必要举措

相关研究指出，经济新常态时期社会融资规模和广义货币供应量对实体经济的影响均发生了明显的结构性突变，前者对实体经济的正效应更强，因而在制定货币政策时应注重社会融资规模指标，并采取适度宽松的定向调控政策，拓宽企业融资渠道，助力实体经济发展。要把防止金融风险、精准扶贫、生态环境保护三大攻坚战作为底线，让“以破立降”为基本内容的结构性政策走到前台发挥更大作用，重点纠正实体经济与虚拟经济之间的重大结构失衡。在实体经济健康发展的必要条件中，金融稳定是促进实体经济发展的重要保障，信贷规模、信贷期限结构和信贷效率均对经济增长有促进作用，在保持信贷合理增长的同时，要注重信贷期限结构，提高信贷效率，利用结构性的货币政策工具，疏通货币政策信贷传导机制，促进金融资源更有效地服务实体经济。

3. 政府和市场在新常态经济运行中所发挥的作用

相关研究指出，“把握新常态、适应新常态、引领新常态”要求我们对中国经济发展的认识由短期视角变为长期视角，由此必须激发市场活力，由政府主导型转变为市场主导型经济，构建健康有序的市场经济体系；而政府和市场在资源配置中的边界是一个不断调整的动态过程，可以从经济运行机制、经济管理体制和经济制度3个层面理解市场在资源配置中的决定性作用，同时要更加把握好新时代政府在资源配置中的作用。经济进入新常态后，地方政府要更加关注“投资效益”，按照供给侧结构性改革的要求，重视本辖区的公共服务提供质量，着力培育良好的地区发展环境，让市场在资源配置中发挥决定性作用。当政府的政策工具是要素投入时，经济增长目标侵蚀经济发展质量，但当政策工具是技术进步时，二者可以同时提高，因此只有中央政府降低经济增长目标，地方政府将政策工具转向创新驱动发展，才能实现经济高质量和可持续发展。

4. 新常态下区域经济发展的空间结构问题

新常态背景下，经济的空间结构问题仍然是阻碍我国经济高质量发展的关键环节之一。相关研究发现，通过经济增长量的对比发展，我国省际经济增长质量水平存在较为明显的空间差异，东部地区经济增长质量水平领先于中部地区和西部地区，同时各省份经济增长质量水平与其规模水平存在不同程度的不一致现象。另外，中国上市公司效率的空间效应总体表现为负向溢出效应，东部地区和国有上市公司效率提升存在市场化、产业结构和利润率悖论，上市公司效率空间效应存在市场化空间耦合问题，国有、东部地区及全国上市公司效率空间效应与产业结构具有倒U形的空间耦合特征。

（三）乡村振兴

乡村振兴是党中央基于我国社会主要矛盾的变化和中国特色社会主义进入新时代而提出的重大战略举措，是决胜全面建成小康社会、全面建设社会主义现代化强国的一项重大战略任务。党的十九大报告首次提出，实施乡村振兴战略，农业农村农民问题是关系国计民生的根本性问题，必须始终把解决好“三农”问题作为全党工作重中之重。2018年2月，国务院公布了2018年中央一号文件，即《中共中央国务院关于实施乡村振兴战略的意见》，形成了乡村振兴战略的纲领性文件。乡村振兴战略作为我国新提出的一项助力经济建设的新任务受到了学者们的高度关注，发文量显著提升，成为2018年经济学领域新出现的热点问题，其关键词共现知识图谱如图3所示。该领域的关键词主要包括“乡村振兴”“指标体系”“三农”“农村金融”等，其中“乡村振兴”这一关键词的出现频率高达362次，在所有关键词中排名第3位。相关研究涉及的内容主要包括乡村振兴的主要内容、现实逻辑和实践创新，农村金融助力乡村振兴的现状与优化措施，乡村振兴的实现路径等。

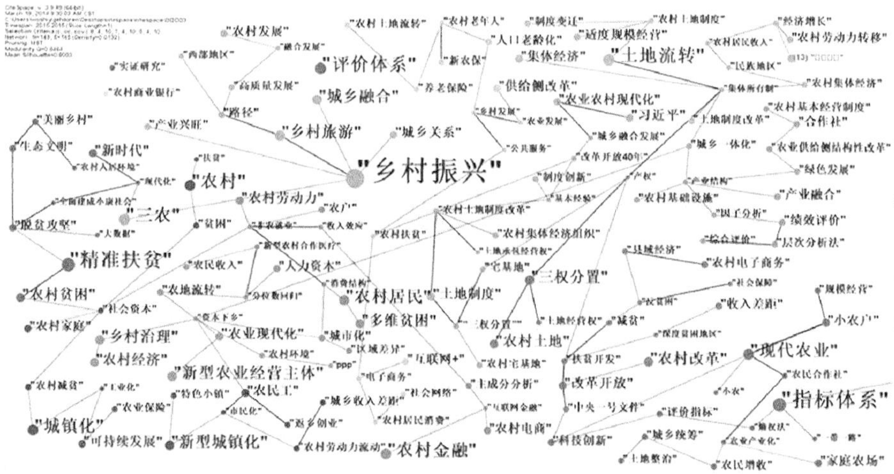

图 3　2018 年乡村振兴领域的关键词共现知识图谱

1. 乡村振兴的主要内容、现实逻辑和实践创新

乡村振兴战略是应对新时期社会主要矛盾的必然要求，相关研究指出，经济建设、文化建设、生态建设、福祉建设和政治建设，既是全面振兴乡村的重要内容，也是解决人民日益增长的美好生活需要与不平衡不充分发展之间矛盾的主要抓手之一。乡村振兴战略的提出，主要基于要素非农化、劳动力老龄化、农村空心化、环境超载化等深层矛盾，以及不均衡、短期化、虚假性等现实性严峻挑战，乡村振兴是全新战略理念下的创新型发展，必须重点解决农业和农村发展中的突出问题，补齐现实短板，破解重大难题。乡村振兴战略思想的创新主要包括：对新时代城乡关系进行科学定位，首次将“三农”工作放到优先位置，首次提出农业农村现代化，对农业农村产业发展提出更高要求，对农村自然环境提出新要求，首次提出“三治”乡村治理思想，以及强调农民的践行主体地位。

2. 农村金融助力乡村振兴的现状与优化措施

金融作为经济运行的血液，在助力乡村振兴中发挥着不可替代的作用。相关研究表明，农户储蓄存款、资本存量能显著促进农村经济的增长，但提高农村金融机构存贷比对经济贡献不大，农村资本存量发挥正效应要经历较长时滞，农村金融促进经济增长的力度受制于国家宏观政策。当前互联网进军农村金融市场，但其发展水平越高，农村金融机构的财务绩效越差，而市场竞争水平的上升将弱化互联网金融发展水平对机构财务绩效的影响。相关研究也发现，通过银保互联贷款模式可以缓解农户面临的需求方配给和来自供给方的数量配给不匹配问题，将农户的名义信贷需求转变为有效信贷需求，提高农户的信贷可得性，其完全数量配给和不完全数量配给都得到了缓解。

3. 乡村振兴的实现路径

相关研究认为，实施乡村振兴战略要加强顶层设计，积极稳健地推进可持续发展，推进乡村全面、有机和多样化、特色化振兴，推进广大农民有更多获得感，有效辨识乡村振兴的引领者、参与者和侵蚀者。此外，相关研究认为我国要积极借鉴国外乡村发展经验。例如，欧盟农业农村政策的演变对中国实施乡村振兴战略的启示为：注重建立城乡平等的发展合作伙伴关系，通过法律法规和规划体系框定农业农村发展的重点，自下而上激发各方参与农业农村发展的积极性，提高政策实施效率。借鉴日本的经验，中国实施乡村振兴战略应立足国情，统筹乡村振兴与现代农业发展，通过顶层设计，逐步完善法律体系，以此调整相关的体制机制。

（四）精准扶贫

党的十八大以来，党中央站在全面建成小康社会，实现中华民族伟大复兴的战略高度，对精准扶贫工作展开了重要战略部署。党的十九大报告指出，我国目前发展不平衡不充分的一些突出问题尚未解决；民生领域还有不少短板，脱贫攻坚任务艰巨，城乡区域发展和收入分配差距依然较大，群众在就业、教育、医疗、居住、养老等方面面临不少难题。近两年我国扶贫工作取得了阶段性进展，精准扶贫问题自 2017 年也受到了新的关注，在学术界热点问题中跻身前 5 位。2018 年“精准扶贫”问题的热度与 2017 年基本持平，研究内容也主要集中在扶贫工作的开展历程、现状、主要特征、政策研究等方面，主要关键词如图 4 所示。相较于 2017 年，2018 年的突出特点是学术界加深了对多维贫困问题的探讨。总体而言，2018 年的主要研究进展包括：我国扶贫工作的开展历程、政策变迁，多维贫困的内容、空间分布特点、缓解方案，扶贫工作取得的阶段性成就、面临的困境以及未来扶贫的主要方向等。

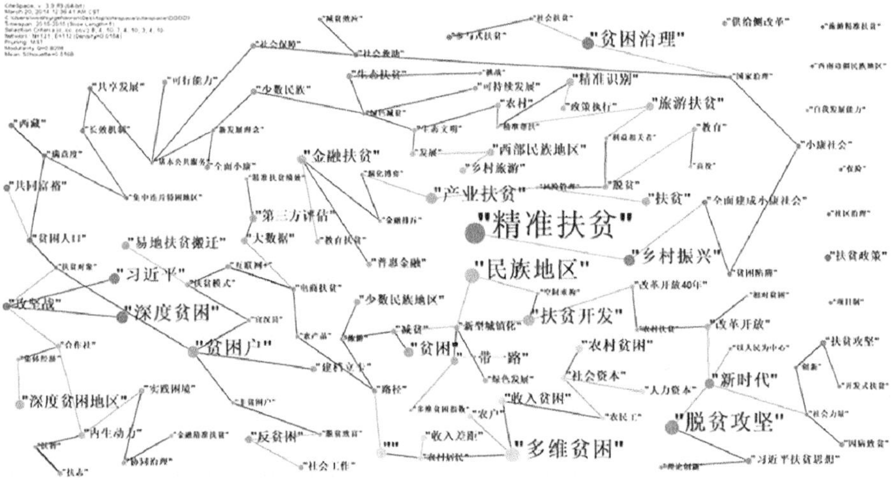

图 4　2018 年精准扶贫领域的关键词共现知识图谱

1. 扶贫工作的开展历程和政策变迁

消除贫困、改善民生是社会主义的本质要求。相关研究指出，我国的扶贫工作始于新中国成立，目前为止，我国的扶贫工作经历了救济式扶贫、发展推动式扶贫、开发式扶贫、综合式扶贫、精准扶贫 5 个阶段。在政策上，我国经历了从区域扶贫开发到精准扶贫的政策演变，并取得了巨大成就，特别是精准扶贫方略实施后的脱贫成效。相关研究认为，针对深度贫困地区和特殊类型贫困人口特征，需要采用超常规手段和创新机制，短期内重点解决贫困人口生活问题，长期则需要重点解决发展动力和能力不足问题，并实施兜底政策。总体来看，中国的扶贫工作呈现出扶贫对象越来越精准、扶贫标准越来越高、扶贫对象条件越来越差、扶贫成本越来越高的特点。新时代精准扶贫方略体现的是方法论，不仅要求将“精准”体现到贫困人口识别、措施管理、考核等扶贫工作的各个环节中，而且对精准扶贫的制度安排也提出了更明确的要求。

2. 多维贫困的内容、空间分布特点、缓解方案

较多研究对多维贫困问题进行广泛调研与科学评估发现，多维贫困农户面临的困境主要来自健康和医疗。老年人、教育程度低、居住在西部地区和贫困县的居民贫困程度更高，说明多维贫困集中分布于弱势群体和经济发展程度低的区域，这些群体是政策的着力点。关于农民工群体的贫困问题，教育维度贫困是造成进城农民工家庭多维贫困的最主要因素，健康维度贫困是导致东北地

区进城农民工家庭多维贫困的最主要因素，生活方面的卫生厕所、沐浴设施、炊用能源以及资产数量等维度的弱势情况最严重。不同政策对解决不同类型贫困的作用不同。例如，对于医疗贫困等公共服务上的贫困，其改善路径主要依赖政府财政支出和当地经济水平的发展；而对于收入贫困和教育贫困，农村金融发展不仅具有直接的减贫作用，还可通过空间溢出效应对邻近省份发挥间接减贫作用，并且这种溢出效应带来的减贫效果比直接效应更为显著。

3. 扶贫工作取得的阶段性成就、面临的困境以及未来扶贫的主要方向

精准切入、因村因户因问题施策是更有效率地开展扶贫工作的关键。相关研究认为，在农村实行的产业扶贫政策在帮助贫困户增收、脱贫方面效果良好，贫困户在该政策引导下将时间更多地分配给农业种植、畜禽养殖活动，同时减少了外出务工的时间，即促进了生计模式向农业转移。来自政府、企业以及居民间的转移性救助资金具有较好的“精准扶贫”效果，政府性救助效果相对最好，居民间救助次之。但是，制度构建的不完整、救助水平的低下、救助范围的狭窄、地区发展的不平衡以及基层经办管理能力的薄弱都制约着其减贫功能的充分发挥。所以，优化制度设计、加强资源整合、提高救助水平、缩小地区差距、健全管理体制是未来进一步增强社会救助减贫作用的努力方向。

（五）供给侧改革

2018 年我国供给侧结构性改革取得新成果，经济结构进一步优化，全年第三产业增加值占国内生产总值的比重为 52.2%，对经济增长的贡献率为 59.7%，比第二产业高 23.6 个百分点；消费基础性作用进一步增强，最终消费支出对经济增长的贡献率为 76.2%；投资结构持续优化，全年民间投资和制造业投资增速分别比 2017 年加快 2.7 个和 4.7 个百分点。2018 年 12 月中央经济工作会议认为，供给侧改革仍然是我国经济运行的主要矛盾，必须坚持“改革”主线不动摇，继续“巩固、增强、提升、畅通”。有关供给侧改革问题的关注度在 2016 年、2017 年和 2018 年呈现小幅度“先升后降”的趋势，2017 年排名第 3 位，达到最高；2016 年和 2018 年分别排名第 7 位和第 5 位。其中，“结构性改革”“农业供给侧”3 年来一直是供给侧改革领域的高频关键词和重点研究内容，如图 5 所示，相关研究视角也主要从理论层面和实践层面两方面切入。2018 年，相关研究主要围绕供给侧改革的深层次内涵和理论

价值、供给侧主要的结构性问题和改革路径、农业供给侧改革的必要性以及优化方案展开。

图 5　2018 年供给侧改革领域的关键词共现知识图谱

1. 关于供给侧改革的深层次内涵和理论价值

供给侧结构性改革的提出完善了习近平新时代中国特色社会主义经济思想的内在逻辑，促使学界深入探讨了供给侧改革的深层次内涵和理论价值。采用马克思关于经济周期的制度分析方法解析供给侧结构性改革任务的深层含义发现，由于资本主义生产不断扩张，固定资产投资不断增加，社会总供给会超过市场需求，只有从制度层面入手，调整和改善生产关系，供给与需求的平衡才会得到长久的维持。习近平总书记关于供给侧结构性改革的重要论述不仅开拓了马克思主义政治经济学新境界，极大丰富了中国特色社会主义政治经济学，并且为进一步深化供给侧结构性改革、加快建设现代化经济体系提供了理论指导。而宏观调控则要坚持问题导向，针对不同时期面临的突出风险和问题，理性综合选择“供给管理”与“需求管理”组合，给出具体措施，并在实践中检验、调整。所以，从本质上看，宏观调控是中国社会主义市场经济建设实践的理论升华，供给侧结构性改革模型则是宏观调控模型在限定条件下的特殊情形。

2. 供给侧主要的结构性问题和改革路径

中国经济目前暴露出以“产能过剩”和“供给缺口”并存为主要特征的结构性问题，虽然去产能工作目前取得了一定成效，但去产能行业更多集中于上游行业、重工业、国有企业，而其他行业更多集中于下游行业、轻工业、非国有企业。这不但对资源配置产生扭曲影响，而且一旦外需扩张中断或出现逆转，则去产能的可持续性将面临问题。只有坚定地诱导产业自主创新，持续改进生产技术，才能实现“提高产品质量、有效填补‘供给缺口’，促进消费升级”的目标。此外，供给侧结构性改革不但是对经济结构进行调整、优化和升级，更重要的是通过进一步市场化改革和政府改革重构政府与市场关系。市场风险加剧了企业退出与进入的难度，并“放大”了相应成本，对此，政府的产业政策应随市场情况而定，与市场协同发挥作用。当市场风险较大时，政府通过短期调节市场风险更为有效。而在长期，调节退出与进入成本以及调整企业淘汰率相对更加有效。

3. *农业供给侧改革的必要性以及优化方案*

作为供给侧改革的重要方面，农业供给侧存在问题的主要原因是政府对市场过度干预，对市场失灵解决力度不大，农业公共物品供给不足，农业供给侧结构性改革的关键是市场改革和政府职能的转变；政府负责完善市场价格形成机制，解决食品安全、食物安全、资源安全等问题，促进农业生产力的提升和发挥农业比较优势，是农业供给侧改革的重点。具体到各产业，农业供给侧改革的优化方案包括：适度调减活动物、肉类、奶类、食糖和动植物油产业的产能；在具有出口潜力的产业部门，可以适当调增蔬菜和温带水果、粳稻和其他作物的产能；通过调整结构趋利避害来应对冲击，主动实施农业供给侧结构调整等。在农业供给侧结构性改革中，农业机械化促进了一二三产业融合发展，推进了城镇化进程，有助于提高农产品质量，推动优势农产品区域布局、农业生产经营方式转变，提升农业供给水平。但继续推进农业机械化需要解决好农地连片作业条件、与农艺结合、农机补贴等问题。

（六）创新经济

创新是引领发展的第一动力。习近平总书记在党的十九大报告中提出，要深化科技体制改革，建立以企业为主体、市场为导向、产学研深度融合的技术创新体系，加强对中小企业创新的支持，促进科技成果转化。2018 年，我国科技创新成果丰硕，创新投入力度继续加大。例如，2018 年全国研究与开发（R&D）经费支出比 2017 年增长 11.6%，占国内生产总值的比重为 2.18%，比 2017 年提高 0.03 个百分点；全年境内外专利申请比 2017 年增长 16.9%，授予专利权增长 33.3%。创新发展的现实需要和不断深化的创新发展战略促使创新经济研究一直保持了较高的研究热度，2015—2018 年关注度排名依次为第 10 位、第 3 位、第 6 位、第 6 位，总体关注度呈现出上升并趋于稳定的态势，该领域的高频关键词主要包括“技术创新”“创新驱动”“创新绩效”“科技创新”等。图 6 显示了 2018 年该领域的主要关键词。2018 年有关企业创新影响因素和效应的探究成为该领域的主流，学界主要从知识产权保护、金融市场发展、宏观政策环境、企业内部管理等方面深入考察了创新的影响因素，并提出了创新发展的优化路径。

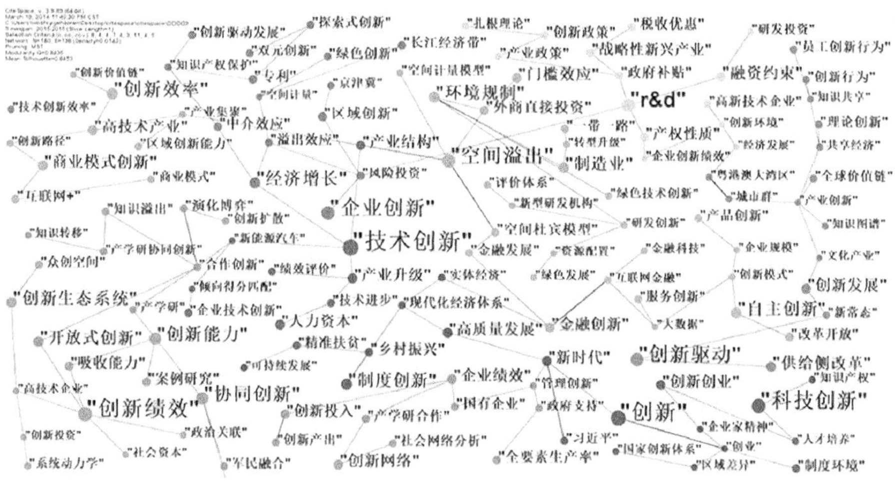

图 6　2018 年创新经济领域的关键词共现知识图谱

1. 知识产权保护对创新的影响效应与优化路径

相关文献从企业创新的角度探究了知识产权保护的价值。相关研究表明，知识产权保护水平提高能够显著提升民营企业、专利密集型行业企业以及出口企业的进口规模、进口产品种类、进口产品质量，进而促进创新，中国正处在实施创新驱动发展战略的重要阶段，应重视并充分发挥知识产权保护与进口贸易对我国企业创新的促进作用。从法治的角度来看，专利诉讼经历能够有效激励涉诉企业进行研发投入、持有更多有效专利，并促使企业建立专门的知识产权管理机构，投入更多资金进行专利管理运营。在中国经济发展的攻坚期和深水区，加强知识产权“有法必依”的司法保护、整合司法与行政“双轨制”保护，有助于激励企业的研发创新。

2. 金融市场对创新的影响效应与优化路径

金融市场的发展对企业创新质量和效率的影响因企业特征、区域金融发展水平、经济周期波动而不同。银行关联企业比非银行关联企业的创新能力更强，同时对民营企业、金融发展水平较低地区的企业、代理成本较低的企业而言，银行关联更加有助于提升其创新能力。在繁荣阶段，金融市场对高密度创新行业技术投入的推动作用更为显著；在紧缩阶段，金融市场对高密度创新行业技术投入的紧缩效应更为剧烈。此外，企业参股金融业会抑制企业创新，并且这种抑制作用对发明专利申请和实用新型专利申请更为显著，对面临融资约束、管理层业绩压力较大的企业更明显。因此，有必要抑制实体企业金融化，鼓励实体企业提高实业投资，实现“脱虚向实”。

3. 宏观政策环境对创新的影响效应与优化路径

相关文献通过考察行政审批制度改革对企业创新活动的影响发现，行政审批中心的建立显著提升了企业创新水平，具体表现为实用新型专利和外观设计专利、内资企业、接近国际技术前沿行业、低融资约束行业以及非专利密集型行业企业从制度改革中获益更大。政府的创新补助也会显著促进企业研发投入和实质性创新产出的增加，其关键在于政府应提高对创新补助项目的技术审查能力及监管效率，在创新政策制定时要坚持以市场机制为基础、以企业为主导，重在发挥政府支持有限社会资源向企业科技创新配置的引导作用。此外，经济政策不确定性对上市公司 R&D 投入和专利申请量的影响受政府补贴、金融约束、企业所有权性质、行业特征等因素影响，这些发现与经济政策不确定性对企业创新产生的选择效应和激励效应相吻合。

4. 公司治理对企业创新的影响效应与优化路径

相关研究主要着眼于企业管理层结构体系、高管的资历及其管理能力、劳动力成本等因素，关注企业内部管理因素对创新的影响效应。中国上市公司控股股东侵犯其他股东权益的案例层出不穷，相关研究发现非控股股东投票率与企业研发投入和专利申请数量均呈显著的正相关关系。此外，相关研究表明，企业管理层能力越强，企业创新水平和效率也越高。发明家高管能显著提升企业的创新水平，其能够通过提供专业知识、提高管理层多元化、减轻管理层短视、向企业内部个体发明家传递激励信号等途径促进企业创新。基于高管薪酬黏性角度的研究发现，高管薪酬黏性与企业创新投资水平显著正相关，但只有当业绩下降时对高管进行轻罚或适当奖励，薪酬黏性才能显著提升企业创新投资水平。因此，业绩下降时适当地奖励高管有助于提升创新投资转化为专利产出的效率。

（七）城镇化

新常态条件下，城镇化是我国经济新的增长点。党的十九大报告指出，要以城市群为主体构建大中小城市和小城镇协调发展的城镇格局，加快农业转移人口市民化。2018 年，我国新型城镇化持续推进，年末常住人口城镇化率为 59.58%，比 2017 年年末提高 1.06 个百分点；户籍人口城镇化率为 43.37%，比 2017 年提高 1.02 个百分点。城镇化的迅速发展、政策关注与城镇化进程中的突出矛盾促使其一直是我国经济学的热点研究领域。2016 年“城镇化”问题的关注度排名第 2 位，达到最高，相较 2015 年该领域 CSSCI 来源期刊文献 1229 篇，2016 年发文量高达 2005 篇。2017 年“城镇化”出现频次为 287 次，关注度排名第 5 位；2018 年有小幅度下降，出现频次为 214 次，关注度排名第 7 位。该领域的高频关键词近几年基本没有太大变化，图 7 展示了 2018 年城镇化领域的关键词共现知识图谱，“城镇化”“新型城镇化”“城市化”“城市群”等依旧是该领域研究的高频关键词。2018 年学术界在城镇化发展的驱动因素、农村土地利用对城镇化发展的影响与改进措施、城镇化对现阶段我国经济发展的效应与意义等方面取得了一系列研究进展。

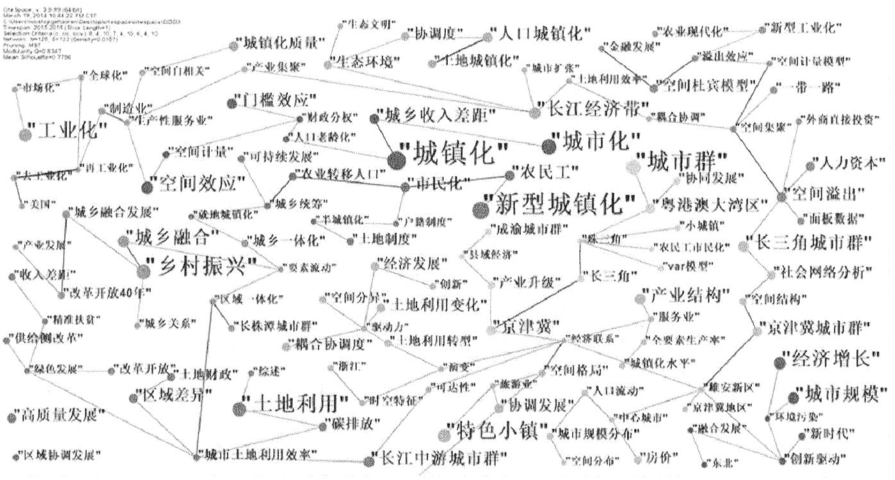

图 7　2018 年城镇化领域的关键词共现知识图谱

1. 关于城镇化发展驱动因素的探讨

我国区域间城镇化发展不平衡问题与城镇化发展的动力密切相关。相关研究发现，银行机构、平台公司、债券市场三大融资渠道及二三产业、进出口两个内生变量对城镇化提升有着显著的促进作用，因此，在地方财政权责失衡、土地融资难以为继、平台融资受阻、银行贷款受控的多重压力下，需要通过地方政府债券进行融资路径的转换，实现外生型城镇化的内生化发展。此外，我国新型城镇化建设的市场动力大于外部动力，政府动力和内源动力相当。应以市场动力促进新型城镇化建设，以政府动力提高居民生活质量，以外向动力提升区位优势，以内源动力优化城镇发展格局。关于效率与公平因素如何影响城镇化发展，相关研究表明，关注收入分配公平的省市其城镇化水平更高，究其原因在于，收入分配公平一方面促进了道路基础设施建设，从而减少了移民成本；另一方面带来了工业贷款的增加，从而通过工业化增加了移民的就业机会。

2. 农村土地利用对城镇化发展的影响与改进措施

当下的农地制度改革主张巩固个体地权，希望农民以地权换取理想的财产性收入，与土地耕种者的诉求有所背离，这种不一致性最终凝结成高质量城市化的反作用力。因此“耕者有其田”的农地制度是保障农村人口有序且高质量向城市转移，进而保障快速变迁社会总体稳定的关键。另外，土地供给干预显著扩大了城乡收入差距，居住用地地价与工业用地地价比值越高，城乡收入差距越大。由此表明，推进土地供给市场化改革，优化工业用地和居住用地供给结构，是缩小城乡收入差距、推进乡村城市化的重要途径。针对目前土地城镇化和产业城镇化之间的非协调状况，应注重将抑制城市空间无序扩张、粗放利用与加快产业体系优化升级结合，切实提升城镇化建设质量。

3. 关于城镇化对现阶段我国经济发展的效应与意义

城镇化的推进能够在农村产业结构调整、平衡区域经济发展、宏观经济包容性增长等方面为我国经济发展带来契机。相关研究发现，城镇化对乡村发展水平的整体效应为正，其正向影响主要体现在产业非农化方面，城镇化主要通过经济促进效应、组织治理效应、公共服务滞后效应和宜居条件改善效应对乡村综合发展产生影响。城镇化与农村贫困呈现出 U 形关系：在城镇化发展前期，城镇化有利于农村贫困的减少；在城镇化发展后期，城镇化不利于农村贫困的减少；城镇化对农村减贫的收入效应要大于转移效应。而由城镇化引起的城乡非收入差距扩大对包容性增长具有显著的负面直接影响，城乡收入差距和非收入差距的缩小对包容性增长具有促进效应。

（八）产业转型升级

产业转型升级是新时代推进供给侧结构性改革、落实创新驱动发展战略、推动中国经济实现高质量发展的必经之路，党的十九大报告对我国产业转型升级这一重要战略做出了明确指示，强调支持传统产业优化升级，加快发展现代服务业，瞄准国际标准提高水平，促进我国产业迈向全球价值链中高端，培育若干世界级先进制造业集群。2015 年产业转型升级领域的发文量高达 1918 篇，关注度排名第 2 位，2016 年和 2017 年关注度小幅度下降，到 2018 年关注度排名下降至第 8 位。虽然近年来有关“产业转型升级”这一话题的热度有所下降，但该领域依然是我国经济学界关注度排名前 10 位的领域之一。其中，2018 年相较于前 3 年研究方向的新突破在于，“互联网 +”成为该领域的新兴热点内容，该领域高频出现的关键词主要包括“产业升级”“全要素生产率”“制造业”“产业结构”“技术进步”“互联网 +”“产业政策”等，如图 8 所示。中国各区域产业转型升级的进展评估、产业转型升级的国际比较优势与政府角色、产业转型升级与收入分配的互因效应与机制等是 2018 年该领域的主要研究方向。

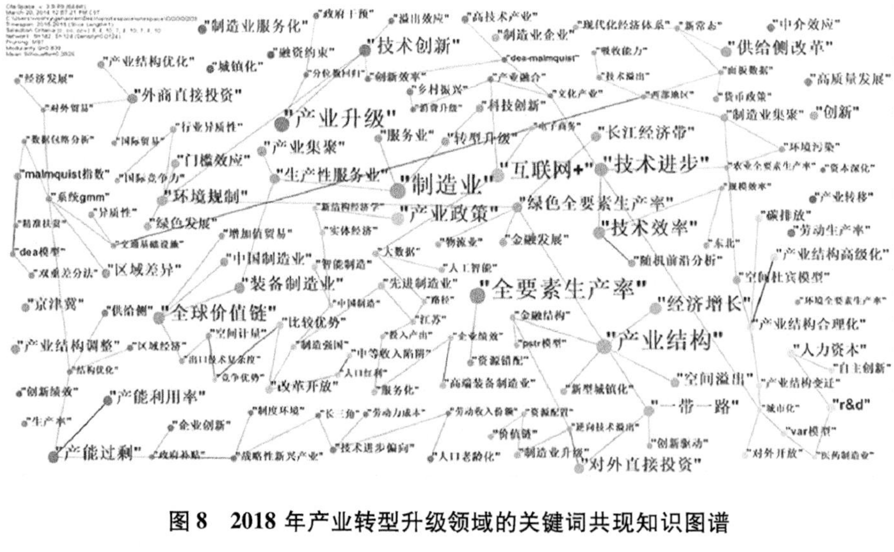

图 8　2018 年产业转型升级领域的关键词共现知识图谱

1. 中国各区域产业转型升级的进展评估

产业转型升级的空间非均衡性已经成为我国产业转型升级亟待解决的问题之一。相关研究发现，中国的产业结构优化升级呈现显著的空间非均衡性，地区间差距是总体差距的主要来源。东部地区的要素生产率、劳动力配置效率、全要素生产率协调度高于中部地区和西部地区，而中部地区和西部地区的资本配置效率、全要素配置效率、资本生产率协调度、劳动力生产率协调度都高于东部地区。国家高新区建设对产业结构高度化与产业结构合理化的影响也存在显著区域差异，对东部发达城市的影响并不显著，对中西部欠发达城市的产业结构高度化具有显著促进作用，但对产业结构合理化产生了显著抑制作用。

2. 产业转型升级的国际比较优势与政府角色

与先发国家和经济发展水平更低的国家相比，我国在产业转型升级方面有一定的比较优势。国别比较研究发现，中国和印度能够合理研判要素增量结构和制度环境变迁，选择资本偏向型技术进步，通过提高技术进步率和资源配置效率对全要素生产率形成正向影响；但是印度尼西亚、南非和墨西哥未能预见要素市场有效供给的变化，没有适时调整技术进步的偏向和强度，非适宜性技术进步引致技术进步率和资源配置效率下降。我国政府在产业转型升级过程中也扮演着不可或缺的角色。更多的财政收支权及经济自主权会大大激活地方政府发展经济的活力，对产业结构升级产生显著的正向推动作用。除此之外，地方政府税收竞争、产业结构的工业化直接对本地绿色发展有负面影响，因此，规范地方政府税收竞争行为、合理引导地方产业结构有效升级，对新时代中国区域经济高质量增长、地区之间绿色协调发展具有重要意义。

3. 产业转型升级与收入分配的互因效应与机制

相关研究表明，产业转型升级与要素收入分配格局相辅相成，双向互动。一方面，产业升级显著提升了劳动收入份额。增强对高技能劳动即人力资本的需求和依赖，将提高高技能劳动者的相对工资、从业人数比重及劳动收入，进而提升他们的劳动报酬总和在增加值中所占的份额。产业内技术进步偏向性会非对称地影响要素边际产出，改变要素收入分配格局；产业间技术进步方向变化会诱致要素跨部门流动和重新配置，推动产业结构变迁，进而形成对劳动收入份额的影响。另一方面，收入不平等与产业升级的程度之间呈倒 U 形关系，因为收入过度平等会促使具有足够高的市场需求的产品种类减少，而收入过于不平等会导致只有较少的富人产生对高档商品的有效需求。

（九）习近平新时代中国特色社会主义经济思想

2017 年 12 月中央经济工作会议首次提出“习近平新时代中国特色社会主义经济思想”这一命题，它是习近平新时代中国特色社会主义思想的重要组成部分。2018 年是全面建成小康社会的关键一年，是贯彻党的十九大精神的开局之年，习近平新时代中国特色社会主义经济思想理论创新及其对我国经济学研究和实践的重要指导意义成为经济学界关注的新兴热点问题。该领域的“新时代”“改革开放”两个关键词出现频次分别为 197 次、190 次，排名分别居第 13 位、第 14 位，其他高频关键词详见图 9。其主要研究方向包括：对习近平新时代中国特色社会主义经济思想的解读，习近平新时代中国特色社会主义经济思想对马克思主义政治经济学的传承与创新，中国经济改革实践对习近平新时代中国特色社会主义经济思想的丰富。

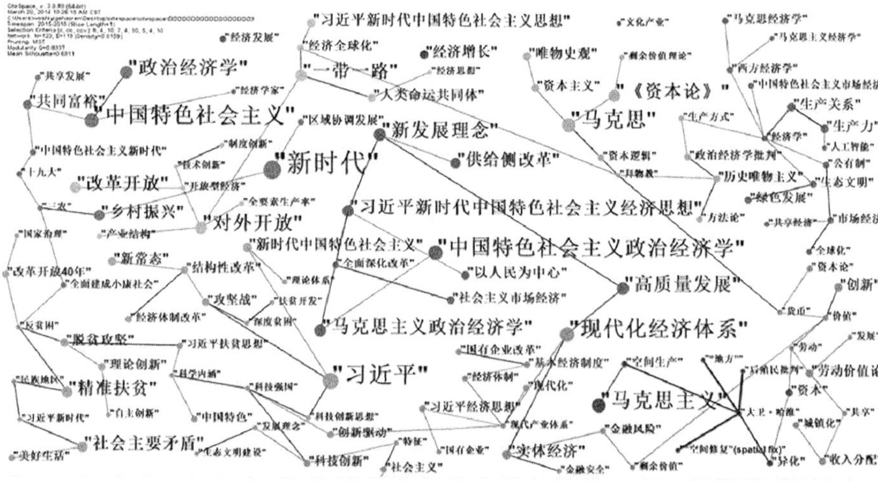

图 9　2018 年习近平新时代中国特色社会主义经济思想领域的关键词共现知识图谱

1\. 关于习近平新时代中国特色社会主义经济思想的深入解读

相关研究深入阐释了习近平新时代中国特色社会主义经济思想的内在逻辑、经济全球化科学论述的精神内涵，并对习近平新时代对外开放思想进行了深入的经济学分析。相关研究认为，习近平新时代中国特色社会主义经济思想是历史与思想、理论与实践逻辑的有机统一：从时代提出的发展命题出发，到提出破解这一命题的新发展理念及相关的“五位一体”总布局，再到贯彻新发展理念和实现“五位一体”的基本方略——建设现代化经济体系；从如何推进现代化经济体系，深化供给侧结构性改革，到怎样推进供给侧结构性改革；从为建设现代化经济体系深化供给侧结构性改革需要创造怎样的宏观经济环境，到为此需要怎样的制度和秩序创新——“四个全面”战略布局和社会主义核心价值观培育；最后回答为什么发展——中国特色社会主义社会发展最终是以人民为中心的发展。在对习近平经济全球化科学论述的总结与研究方面，学界指出，经济全球化进入了转型调整新阶段，经济全球化过程总会出现暂时性的停滞甚至倒退，但是其总趋势是不断深化的，中国需要用历史和全球的眼光来看待经济全球化，在应对经济全球化时应由被动参与到主动引领。习近平对外开放思想是符合历史要求的时代产物，为中国开放型经济与开放型世界经济的内外联动提供了中国方案；阐发了互利共赢、多边机制汇聚利益共同点和谋求最大公约数的政治经济学新观点；揭示了实现中国梦的发展道路必须与人类命运共同体紧密相连的历史必然性。

2. 习近平新时代中国特色社会主义经济思想对马克思主义政治经济学的传承与创新

习近平新时代中国特色社会主义经济思想是马克思主义中国化的重大成果，其构建过程围绕四个维度进行了思考：中国道路与世界历史辩证统一；唯物史观与问题导向有机结合；阐发政治经济学核心范畴的时代内涵；发掘中国特色社会主义市场经济成功实践的思想资源。相关研究认为，坚持马克思主义为指导，总结好当代中国经济建设和改革开放的实践经验，坚持问题导向，加强对时代和实践发展提出的重大课题研究，吸收中国传统文化中的优秀经济思想，学习和借鉴世界各国文明成果，是构建中国特色社会主义政治经济学的根本途径。而在当前错综复杂的国际经济局势下，马克思主义市场理论揭示了世界市场形成的基础、条件、原因、规律与作用，运用马克思主义世界市场理论反思“逆全球化”现象中存在的问题，才能揭开“逆全球化”谜团，为推进全球化发展和进一步增强中国在世界市场发展中的影响力提供正确指引。

3. 中国经济改革对习近平新时代中国特色社会主义经济思想的践行

中国经济改革呈现出明显的 1 个中周期和 3 个短周期，改革的周期性变化规律对新时代全面深化改革具有重要的理论价值与实践意义：经济面临下行压力，恰是改革最佳窗口期；改革进入新周期，才能孕育经济运行新周期；激发人民的改革激情与活力，才能推动改革周期性运动；加强顶层设计，才能推动改革全面深化。改革开放促使我国的国家创新体系建设不断完善和发展，现已成为我国“引领发展的第一动力”和“建设现代化经济体系的战略支撑”。技术创新则是建设现代化经济体系的必然要求，也是新时代推动绿色发展和建设社会主义现代化强国的需要。对于金融体系改革，则要从关注“规模”转向关注“质量”，金融功能要由传统的“动员储蓄、便利交易、资源配置”拓展为“公司治理、信息揭示、风险管理”，金融治理要与国家治理体系的其他治理更加密切地融合，以适应新时代高质量发展、更好地服务实体经济的需求。

（十）国际贸易与投资

对外开放是党中央在十一届三中全会后遵循实事求是的思想路线，总结国际、国内的历史经验基础上做出的重大战略决策。40 年来，我国坚持对外开放的基本国策不动摇，贸易伙伴已由 1978 年的几十个发展到目前的 200 多个，全面参与经济全球化和国际合作竞争，国际地位和国际竞争力不断提升。2018 年，在错综复杂的国际政治经济环境下，在巨大的逆全球化压力下，我国对外直接投资接近 8600 亿元人民币，同比增长 2. 1%。其中，我国境内投资者共对全球 161 个国家和地区的 5735 家境外企业进行了非金融类直接投资。国际贸易与投资领域自 2015 年来一直是学界重点关注的话题之一，关注度排名基本稳定，2016 年的热点中心词为“全球价值链”，2017 年的新兴热点内容为“逆全球化”，2018 年“贸易摩擦”成为新出现的高频词汇，高频关键词的变化体现了该领域研究内容的转向。2018 年国际贸易与投资领域的关键词共现知识图谱如图 10 所示，相关研究进展主要体现为以下 3 个方面。

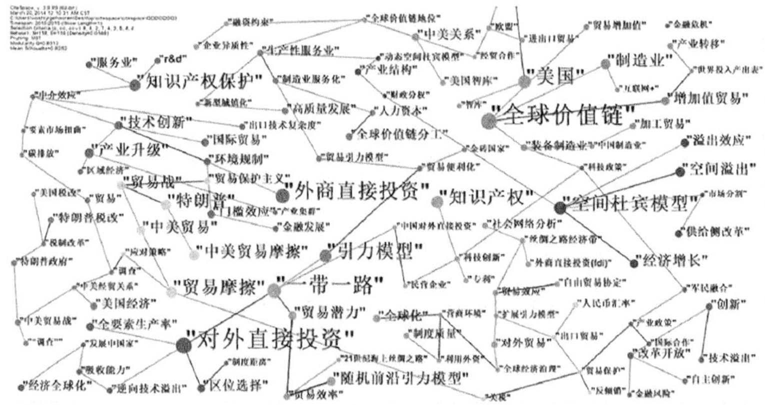

图 10　2018 年国际贸易与投资领域的关键词共现知识图谱

1. 中美贸易摩擦的多边效应、演化趋势及其政策启示

当下中美贸易摩擦对中国、美国以及其他国家都产生了不可忽视的影响，相关研究从实际 GDP、居民福利、贸易条件和进出口贸易等视角发现，贸易摩擦将产生双输的结果，但中国受损程度相对更高，贸易摩擦会带来明显的贸易转移效应，中美两国间的直接贸易会减少，但间接贸易会明显增加。中美贸易摩擦将导致与中美存在价值链联系的所有经济体的出口贸易均遭受到不同程度的损失。相关研究也指出，随着中国制造业在全球价值链上的赶超与攀升，中美贸易摩擦的加剧有着内在的必然性，并且将呈现常态化、长期化、复杂化的趋势。但是中美贸易摩擦是不符合双方经济利益的选择，美国的贸易保护主义和“逆全球化”政策缺乏存在的经济基础，双方合作共赢才是长期内的最优抉择。

2. 全球价值链参与对我国贸易发展的影响机理与效应

全球价值链的形成是经济全球化的必然结果，随着我国国际地位的提升，全球价值链的参与度逐渐提高。全球价值链分工模式改变了传统分工条件下贸易对经济增长的作用机制，价值链投入－产出关联效应会放大贸易对经济增长的作用。对我国而言，未来较长一段时期内国际贸易的重要性不仅不会渐减反而会渐增。全球价值链分工演进的阶段性变化对贸易增速也具有深刻影响，在当前全球经济处于深度调整的特殊时期，中国的外贸失速除了受到价值链分工深化趋势减缓的影响之外，还与自身的价值链升级有关。因此，面临全球贸易增速下降的压力，中国外贸发展亟待转型升级，充分发挥稳定全球贸易增长的应有作用。

3. 国际贸易对现阶段我国国内经济与产业发展的作用评估

相关研究深入探讨了引资和投资在创业创新、企业进出口、产业结构等方面对我国经济的促进作用。在引资方面，外商直接投资与东道国制度环境均对东道国国际创业具有促进作用，且正向调节东道国制度环境与东道国国际创业的关系，这种调节效应在发达国家（地区）主要通过降低创业失败惧怕率和提高东道国吸收能力实现。另外，虽然外资进入的水平溢出渠道降低了本土企业出口附加值，但通过前、后向关联渠道提高了本土企业出口附加值，外资进入总体上促进了本土企业的出口升级。而且，地区制度环境强化了外资进入对本土企业出口附加值的提升作用。外资进入总体上促进了本土企业的出口升级。在投资方面，对外直接投资显著促进了产业结构升级且具有滞后效应，前

期产业结构的改善会进一步促进当期产业结构的优化；对外直接投资在促进本地区产业结构升级的同时，对其邻接区域的产业结构升级也具有显著的促进作用。

三、结论

本文采用共词分析、聚类分析和可视化分析相结合的文献计量方法，对2018年CSSCI来源期刊的经济学文献数据进行计量、分类排序，探究了该年度我国经济学的研究现状、研究热点和主要研究进展。结果显示，总体文献数据与顶级、权威期刊中的研究热点基本一致，关注度较高的是"一带一路"建设、新常态下的经济增长与经济发展、乡村振兴、精准扶贫、供给侧改革、创新经济、城镇化、产业转型升级、习近平新时代中国特色社会主义经济思想、国际贸易与投资、改革开放、货币政策、环境经济与可持续发展、区域经济、金融市场、农民工问题、互联网金融、财税问题、公司治理、经济体制改革等。

2018年我国经济学研究一方面呈现出热点领域的稳定性和延续性，如"一带一路"建设、新常态下的经济增长与经济发展仍然是关注度最高的两大研究领域，供给侧改革、创新经济、产业转型升级、货币政策、区域经济等保持了较高的研究热度。另一方面，随着经济运行特征转变和经济理论发展，新的高频关键词涌现，乡村振兴、习近平新时代中国特色社会主义经济思想方面的研究显著增多，跃升为关注度排名前10位的研究热点；而经济体制改革、农村土地流转、收入分配的关注度有所下降。同时，2018年恰逢改革开放40周年，理论界针对改革开放以来我国经济发展变迁、经济政策路径、经济理论创新等进行了系统总结、反思与展望，促使该领域的发文量显著提高。

2017年中国经济学研究热点分析*

一、数据处理与实证分析结果

首先，根据2010年第五版《中国图书馆分类法》查找经济学的分类代码，构建出文献检索式，涵盖《中国图书馆分类法》F（经济）大类中除管理类学科的所有经济学研究领域。然后，依据以上检索式，在CNKI的经济与管理科学和CSSCI来源期刊范围内检索文献，时间范围设置为2017—2017年，略去会议通知、会议综述、刊首语、新书评介、人物专访、期刊目录等非学术论文类文章，检索到该时期经济学论文文献共计24779条，更新时间为2018年2月4日。[1] 此外，为分析高影响因子期刊的研究热点，根据《中国学术期刊影响因子年报（人文社会科学）》（2017）发布的期刊影响力指数CI值，并参考《中文核心期刊要目总览》（2014年版）、《中国人文社会科学期刊评价报告（2014年）》和《中文社会科学引文索引（CSSCI）来源期刊和收录集刊（2017—2018）目录》，获得经济学各子学科及相关学科的15本高影响力期刊，在CNKI数据库的经济与管理科学范围内检索这些高影响力期刊2017年刊发的论文，获得1934条有效数据。

在此基础上，本文利用关键词共现分析获得2017年我国经济学研究的关键词矩阵和关键词共现知识图谱。矩阵中共有435个高频次关键词，出现频次最高的前20个关键词依次是："一带一路"（798次）、经济增长（592次）、供给侧改革（406次）、精准扶贫（375次）、城镇化（287次）、技术创新

---

* 罗润东，李超. 2017年中国经济学研究热点分析［J］. 经济学动态，2018（4）：103－121. 有改动。

[1] 截至2018年2月4日，绝大部分CSSCI来源期刊的2017年文献数据在CNKI数据库中已更新完毕，个别期刊的文献数据缺失一到两期，但不影响本文的基本计量结果。

（225次）、新型城镇化（220次）、对外直接投资（219次）、全要素生产率（217次）、货币政策（212次）、新常态（202次）、创新（187次）、产业结构（185次）、京津冀（183次）、制造业（176次）、产业升级（162次）、全球价值链（154次）、人力资本（151次）、创新绩效（146次）、长江经济带（137次）。与2015年和2016年相比，“一带一路”关键词的出现频次首次超过“经济增长”，跃升至首位；“精准扶贫”关键词的出现频次由2016年的125次增长为375次，跃升至第4位；“京津冀”“长江经济带”等区域经济研究领域的关键词频次增长显著；“经济增长”“供给侧改革”“城镇化”“技术创新”“新型城镇化”“对外直接投资”“全要素生产率”“新常态”“产业结构”等关键词保持了较高的出现频次。此外，本文利用CiteSpace的网络叠加方法把高影响力期刊数据的关键词共现结果叠加到整个网络上，弧线连接的是高影响力期刊的高频关键词，结果显示高影响力期刊与整体文献数据的关键词共现网络高度吻合，说明二者的研究热点基本一致。

由于利用高频关键词个体无法识别具体研究领域和内容，因此本文进一步利用关键词共现矩阵进行了聚类分析，由此将435个关键词划分为71个聚类。其中，有些聚类只有两个聚类成员，这些聚类不能准确反映其所代表的研究内容，因此不把其作为分析对象并删除，最后形成59个有效聚类。根据每个聚类所包含的关键词，可以概括出聚类名称。进而，通过测算聚类的关注度，本文总结出关注度排名前20位的聚类（见表1），即2017年我国经济学的研究热点。与2015年和2016年相比，2017年我国经济学研究呈现诸多新趋势和新特点：“一带一路”建设超过经济增长成为关注度最高的热点研究领域；精准扶贫、中国特色社会主义政治经济学和区域经济发展跃升为关注度排名前10位的研究热点；供给侧改革、农村土地流转与三农领域的发文量显著提高；货币政策、金融市场、经济体制改革的关注度有所下降；经济增长与经济发展、城镇化、创新经济、产业转型升级、国际贸易与投资等保持了较高的研究热度。

表1　关注度排名前20位的聚类

序号	聚类名称	聚类成员
1	“一带一路”建设	“一带一路”、丝绸之路经济带、全球治理、引力模型、产能合作、基础设施、海上丝绸之路、全球经济治理、互联互通

续表

序号	聚类名称	聚类成员
2	新常态下的经济增长与经济发展	经济增长、新常态、技术进步、经济发展、创新发展、宏观经济、中等收入陷阱、经济波动、经济周期、经济转型
3	供给侧改革	供给侧改革、供给侧、农业供给侧改革、结构性改革
4	精准扶贫	精准扶贫、社会资本、农户、民族地区、多维贫困、贫困户、贫困、农民收入、反贫困
5	城镇化	城镇化、新型城镇化、城市化、城市群、工业化、城乡一体化、城市规模
6	创新经济	技术创新、创新、创新绩效、R&D、科技创新、协同创新、创新驱动、企业创新、税收优惠、知识产权
7	产业转型升级	全要素生产率、产业结构、制造业、产业升级、全球价值链、产能过剩、转型升级、产业政策、新结构经济学
8	国际贸易与投资	外商直接投资、经济全球化、服务贸易、特朗普、国际贸易、出口、逆全球化
9	中国特色社会主义政治经济学	政治经济学、习近平、《资本论》、马克思、中国特色社会主义、中国特色社会主义政治经济学、马克思主义政治经济学、马克思主义、资本、市场经济
10	区域经济发展	京津冀、长江经济带、区域差异、区域经济、协调发展、协同发展、区域创新、地区差异、区域经济增长、雄安新区
11	货币政策	货币政策、利率市场化、DSGE 模型、通货膨胀
12	金融市场	互联网金融、商业银行、金融发展、融资约束、实体经济、金融风险、金融创新、影子银行、金融集聚
13	经济体制改革	国有企业、制度环境、政治关联、改革、政府干预、混合所有制、国有企业改革、国企改革
14	绿色经济与环境规制	环境规制、碳排放、绿色发展、可持续发展、生态文明、环境污染、能源消费、新能源汽车、生态补偿
15	收入分配	收入差距、收入分配、城乡收入差距、基尼系数、个人所得税、泰尔指数
16	公司治理	企业绩效、企业社会责任、公司治理、企业、企业管理、家族企业、风险投资、上市公司、企业价值

续表

序号	聚类名称	聚类成员
17	互联网经济与电子商务	互联网+、电子商务、互联网、大数据、商业模式、共享经济
18	财税问题	PPP、财政分权、地方政府、营改增、财政政策、土地财政、税制改革、财政支出、地方政府债务、房地产税
19	农村土地流转与三农问题	农业、农地流转、粮食安全、农村、土地利用、三农、三权分置、农业现代化、土地流转、农民专业合作社
20	人口老龄化与社会保障	人口老龄化、社会保障、养老保险、人口结构、延迟退休

二、中国经济学十大研究热点分析

通过聚类分析和量化测算聚类的关注度，我们获得了 2017 年中国经济学领域的研究热点。但由于每个关键词只能归入一个聚类，故它们并不能充分展示每个热点领域的具体研究方向，难以体现不同聚类之间的相互关系。所以，为了更细致地探究 2017 年我国经济学领域的研究热点，针对关注度排名前 10 位的聚类，在 CNKI 数据库中分别检索以其聚类成员为关键词的 CSSCI 来源期刊文献，整理分析所获文献数据，利用 CiteSpace 软件展示其关键词共现知识图谱。

（一）“一带一路”建设

2017 年 5 月，首届“一带一路”国际合作高峰论坛在北京举办，取得了 5 大类、76 大项、270 多项的合作成果，推动“一带一路”建设取得巨大进展。党的十九大报告强调，要以“一带一路”建设为重点，坚持引进来和走出去并重，遵循共商共建共享原则，加强创新能力开放合作，形成陆海内外联动、东西双向互济的开放格局。党的十九大关于《中国共产党章程（修正案）》的决议提出将“一带一路”建设写入党章，体现了我国坚定推进“一带一路”国际合作的决心和信心。2017 年，我国与“一带一路”沿线国家贸易额达到 7.4 万亿元，增长 17.8%，增速高于全国外贸增速 3.6 个百分点，我国企业对沿线国家直接投资 144 亿美元，在沿线国家新签承包工程合同额 1443 亿美元，增长 14.5%。随着“一带一路”建设稳步推进，相关领域的经济学研究文献显著增长，关注度排名从 2016 年的第 9 位跃升至首位。图 1 所示为 2017 年“一带一路”建设领域的关键词共现知识图谱。相关成果主要围绕“一带一路”的性质、价值与经济意义、“一带一路”为我国国际贸易与投资带来的机遇、“一带一路”对我国经济发展与产业格局的影响、“一带一路”经济学理论创新 4 个方面展开。

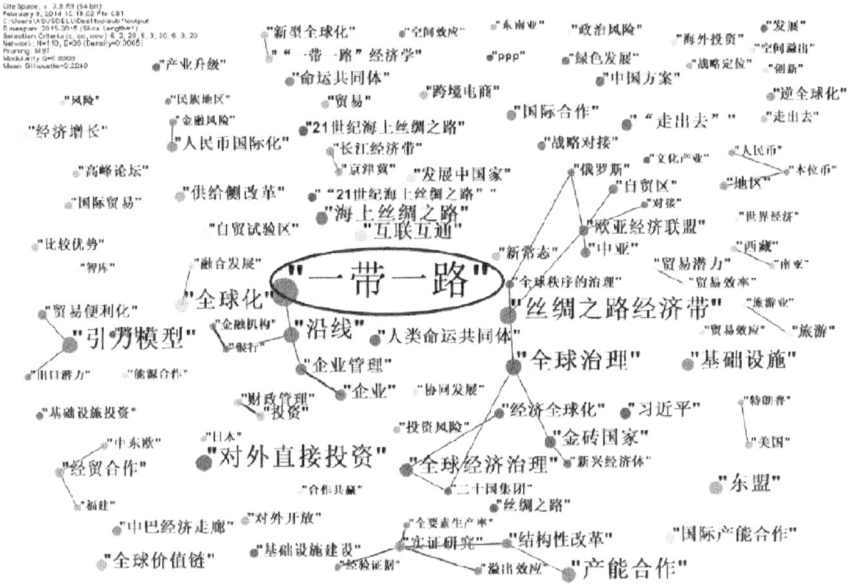

图 1　2017 年“一带一路”建设领域的关键词共现知识图谱

1. 对“一带一路”的性质、价值与经济意义的阐释

“一带一路”是我国新时期平等、互利、共赢的包容性开放发展倡议，但冷战思维和地缘竞争等因素使得西方舆论对此存在一些误解和质疑，因此亟须学术界深入研究和系统阐释“一带一路”的性质、价值和经济意义。相关文献重点基于马克思主义政治经济学、国际贸易理论、价值链理论等理论渊源，从历史和现实双重视角对“一带一路”建设的历史定位、时代价值与经济意义进行了系统研究。关于“一带一路”的性质，王生升、李帮喜（2017）将马克思的社会总资本矛盾运动理论引入关于世界体系历史变迁的分析，并且指出，它是对资本主义体系积累周期的历史性超越，真正致力于实现平等、互利、共赢的包容性发展。关于“一带一路”的时代价值，辜胜阻等（2017）分析了其作为全球化升级的载体为新型全球化带来革新、联通、共赢、善治

的战略意义，认为“一带一路”为新型全球化在打造国际合作新平台、构建互联互通网络、形成命运共同体、优化全球治理等方面提供了新机遇。关于“一带一路”的经济意义，张辉等（2017）研究表明，中国处于全球经济承上启下的位置，通过与发展中经济体、发达经济体的贸易分工，带动了更大区域的资源优化配置，为全球经济特别是发展中经济体的发展带来了新的动力。

2. “一带一路”为我国国际贸易与投资带来的机遇研究

“一带一路”为我国国际贸易与投资开创了新局面，如何充分利用“一带一路”建设提升我国经济的国际竞争力、开创对外开放新格局，是学术界关注的重点。关于“一带一路”建设中我国的地缘经济定位，安虎森、栾秋琳（2017）认为，东亚雁行分工体系面临瓦解，“一带一路”构建了以中国为“雁首”、沿线国家为“雁身”的新型分工体系，以互联互通的方式引领沿线国家实现共同发展，为东亚经济再起飞和世界经济复苏创造了有利条件。关于如何积极利用“一带一路”建设来优化我国对外直接投资布局，张述存（2017）认为，应本着适度分散和差异化的原则，一方面继续加强对欧美地区的学习型、技术导向型投资，另一方面充分借势“一带一路”展开对沿线国家的战略型、资源合作型投资，通过对外直接投资空间流向的调整，实现中国对外直接投资在全球范围内的布局优化。关于我国与“一带一路”沿线地区的贸易现状与潜力，张会清（2017）研究表明，我国与“一带一路”沿线地区的贸易效率波动较大，国际金融危机导致近年来的贸易效率趋于下降，对进口贸易的影响更加严重；中国与中亚及独联体地区的贸易效率相对较低，但贸易潜力相对较大。

3. “一带一路”对我国经济发展与产业格局的影响研究

“一带一路”建设对化解产能过剩、提高我国产业在全球价值链中的地位具有重要的战略意义，相关研究从国际产能合作、企业国际化等方面探讨了“一带一路”对我国国内经济发展与产业格局的影响。吴福象、段巍（2017）关注了“一带一路”在化解产能过剩和开展国际产能合作方面的价值，研究指出，需要国际产能合作和负面清单管理双管齐下，实现资本流动的溢出效应与资本积累的增长效应在空间上的功能互补，通过再造以我为主的国际生产体系，强化中国在“一带一路”价值链中的龙头地位。关于“一带一路”建设的主要参与行业和企业，胡鞍钢等（2017）研究发现，从对沿线国家的投资角度来看，中国对沿线国家的投资建设主要来自央企，集中在中国周边地区的交通和能源两大战略性行业。关于“一带一路”的参与方式，蒋冠宏（2017）研究指出，生产率较高、资本较密集和规模较大的企业选择合资或并购，出口多的企业倾向于绿地新建；中国企业倾向于以合资或并购形式进入技术和研发资源密集的沿线国家，以获取沿线国家的“可转移”资源，“不可转移优势”明显的企业通过合资或并购进入技术和研发资源密集的沿线国家的概率较高。

4. 对“一带一路”经济学的初步探索和理论创新

“一带一路”研究涉及马克思主义、哲学、经济学、政治学、法学等多个一级学科，就经济学而言，又需要政治经济学、世界经济、区域经济学、金融学、产业经济学、国际贸易学的多学科基础理论，是典型的跨学科研究领域。现有“一带一路”研究多基于单一学科知识，在理论提升和学科交叉方面尚存在提升空间。基于此，一些学者从“一带一路”的理论基础、理论创新与学科定位等方面尝试对“一带一路”经济学进行理论创新。白永秀、王泽润（2017）提出，“一带一路”经济学是一门新兴综合学科，是在推动新型全球化的背景下提出的，其以“一带一路”实践中沿线国家形成的新型国际分工合作关系为研究对象，以基于互联互通的“一带一路”协同发展为研究主线，主要研究内容包括“一带一路”经济学的理论基础、“一带一路”互联互通、“一带一路”协同发展、“一带一路”与新型全球化等几个方面。陈伟光等（2017）认为，“一带一路”建设体现的地缘经济属性和经济合作行动，是创立“一带一路”经济学的基础和依据，综合运用经济学的原理和方法提炼的“一带一路”经济学是中国特色社会主义政治经济学的重要组成部分。

（二）新常态下的经济增长与经济发展

2017 年，我国国内生产总值达到 827122 亿元，增长 6.9%，人均国民生产总值达到 59660 元，我国步入中高收入国家行列的同时也处于跨越中等收入陷阱的中间区域。党的十九大报告对我国社会面临的主要矛盾做了新的界定，指出中国特色社会主义进入新时代，我国社会主要矛盾已经转化为人民日益增长的美好生活需要和不平衡不充分的发展之间的矛盾。从经济增长和经济发展角度，新的主要矛盾意味着我国既需要维持经济中高速增长又需要提高发展质量，提升经济总量的同时也亟须优化经济结构，以推动更为平衡和充分的发展。这决定了在过去和未来较长时期，经济增长和经济发展一直是我国经济学研究中最受关注的领域之一。新常态是我国当前经济运行的最重要特征，适应、把握、引领新常态不仅是我国经济工作的重心，也是我国经济增长与经济发展领域研究的主题。图2所示为2017年新常态下的经济增长与经济发展领域的关键词共现知识图谱。2017年经济增长与经济发展方面的文献深入探究了新常态下经济增长的特征与趋势、经济运行的突出矛盾及其化解方法、经济增长的结构优化、经济增长的目标与预期管理等问题。

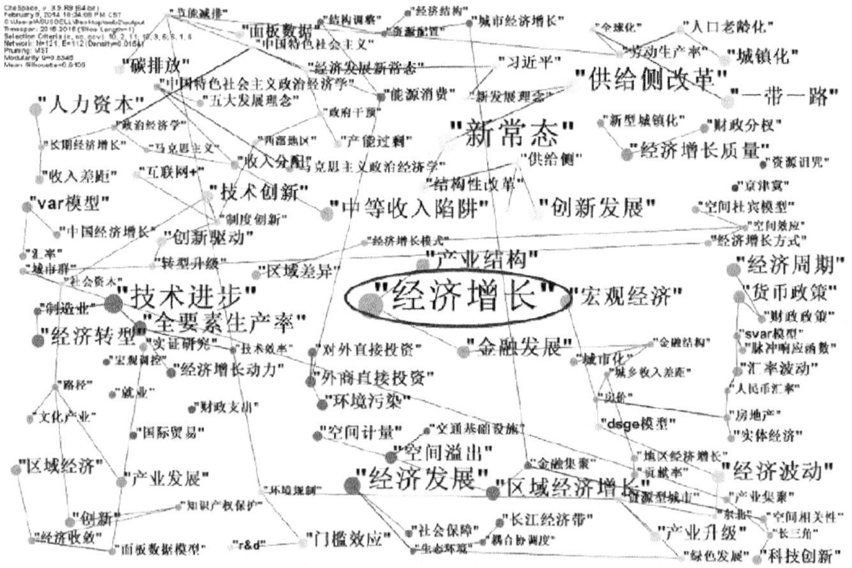

图2　2017年新常态下的经济增长与经济发展领域的关键词共现知识图谱

1. 对新常态下经济增长特征与趋势的分析与评估

新常态意味着我国经济增长进入新阶段，关于新常态下我国经济增长的潜力、特征和趋势，经济学界仍存有分歧，因此这一问题是近些年经济增长领域关注的重点。王少平、杨洋（2017）根据长期趋势演变和GDP分布推断出经济新常态的数量特征，研究发现，我国GDP增速服从截尾正态分布，由此计算GDP的长期趋势为分布于5.5%～7.5%区间，GDP增速具有较大概率稳定在6%～7.5%的区间，意味着我国GDP增速的持续下滑将止于6%，这是经济新常态的主要特征。袁志刚（2017）基于供给与需求相统一的分析框架，讨论了决定经济长期增长和短期波动的基本力量，分析了潜在产出与实际产出在我国变化的特殊性，并指出2008年以来我国经济的供给和需求环境发生了很大的变化，传统动能虽然能够继续维持经济的增长，但结构性矛盾日益暴露、金融风险不断积聚。

2. 新常态下经济运行的突出矛盾及其化解方法研究

新常态下随着经济增速下降，不同于高速增长阶段的诸多新问题和新矛盾凸显，如金融发展脱离实体经济、地方政府债务高企、经济发展的交易费用有待降低等，从理论层面厘清这些矛盾的根源是提出有针对性的政策建议的前提，因此新常态下经济运行的突出矛盾是我国经济学研究的热点。针对我国经济的“脱实向虚”特征，黄群慧（2017）提出了一个关于实体经济分类的分层框架，研究表明，我国实体经济取得了巨大成就，但存在严重的结构失衡问题，表现为制造业结构性供需失衡、服务业和工业发展失衡、实体经济和虚拟经济的结构失衡。李扬（2017）主张要围绕金融的基本功能来审视“金融服务实体经济”命题，要降低流通成本、提高金融的中介效率和分配效率，进一步理顺利率、汇率和无风险收益率曲线等媒介资源配置的市场基准，建立稳定的筹集长期资金和权益类资本的机制，大力发展普惠金融，建立市场化风险处置机制以及完善金融监管框架。针对新常态下经济增长的体制矛盾，周其仁（2017）认为，近些年税费和其他法定缴纳、寻租以及贪腐和奢靡开销过快提升，导致我国在应对全球竞争格局新变化时承受了新的压力，亟须通过结构性改革大幅度降低体制成本，实现持续增长。

3. 新常态下经济增长的结构优化研究

新常态意味着我国经济结构调整要从增量扩能为主转向调整存量、做优增量并举，发展动力要从主要依靠资源和低成本劳动力等要素投入转向创新驱动。关于新常态下我国经济增长的结构优化，袁富华、张平（2017）认为，我国经济现阶段的发展特征意味着在向发达阶段收敛的过程中，面临着建构内生动力和摆脱国际分工中外围地位的艰巨任务，需要把已经偏离了线性雁阵模型的增长方式拉回到可持续的理想路径，在城市化接替工业化逐渐成为增长主导力量的过程中，重视服务业的知识和人力资本创造功能。华民（2017）认为，我国最近十多年来按照再平衡、产业升级、全面赶超的结构理论，通过产业规划和产业政策扭曲了资源配置，导致现有的资源禀赋结构与经济发展阶段不相匹配，造成经济增长下行、全要素生产率和全要素就业双下降，为了保证我国经济的可持续增长，必须进行“结构调整”，适度放弃现有的一些结构调整政策，让市场而不是政策在资源配置中发挥决定性的作用。

4. 新常态下经济增长的目标与预期管理研究

新常态的首要含义是经济增长速度从高速转向中高速，意味着我国宏观经济管理需要适应新常态特征而调整经济增长目标，学术界针对我国经济增长目标管理特征及其与经济增长的关系进行了深入探索。徐现祥、刘毓芸（2017）从理论和实证两个方面考察了经济增长目标管理对经济增长的影响，实证分析发现，在经济增长目标管理期间，增长目标变动一个百分点，实际经济增长速度也将变动一个百分点，经济增长目标对资本积累有显著影响，对技术进步有微弱影响，对就业和人力资本影响不显著。余泳泽、杨晓章（2017）利用地市数据分析了我国官员任期、官员特征与经济增长目标的关系，研究发现，市委书记的年龄越大，其越倾向于制定较低的经济增长目标，中西部地区和三、四、五线城市市委书记任期的变动对经济目标的制定和完成情况的影响更强，东部地区和一、二线城市市长任期的变动对经济增长目标及完成情况的影响更明显。

（三）供给侧改革

我国经济目前处于由高速增长向高质量发展的转型期，促进经济增长动力转换、优化经济结构的核心是通过供给侧改革，优化存量资源配置，扩大优质增量供给，实现供需动态平衡。党的十九大报告指出，必须坚持质量第一、效益优先，以供给侧结构性改革为主线，推动经济发展质量变革、效率变革、动力变革，提高全要素生产率。2017 年，我国供给侧结构性改革深入推进，钢铁、煤炭年度去产能任务圆满完成，产能利用率稳步提高，商品房库存水平持续下降，短板投资加快，新动能继续较快增长。这些因素促使我国经济结构继续优化，全年第三产业增加值对国内生产总值增长的贡献率为 58.8%，比 2016 年提高 1.3 个百分点；消费成为经济增长主动力，最终消费支出对国内生产总值增长的贡献率为 58.8%，高于资本形成总额 26.7 个百分点；绿色发展扎实推进，万元国内生产总值能耗比 2016 年下降 3.7%。图 3 给出了 2017 年供给侧改革领域的关键词共现知识图谱。从学理和实践层面对我国供给侧改革的科学性与推进路径进行系统分析，是当前我国经济学界研究的重点，这促使近些年供给侧改革的关注度持续提高，2017 年的关注度排名上升至第 3 位，相关研究主要围绕供给侧改革的学理基础、推进路径、重点领域等方面展开。

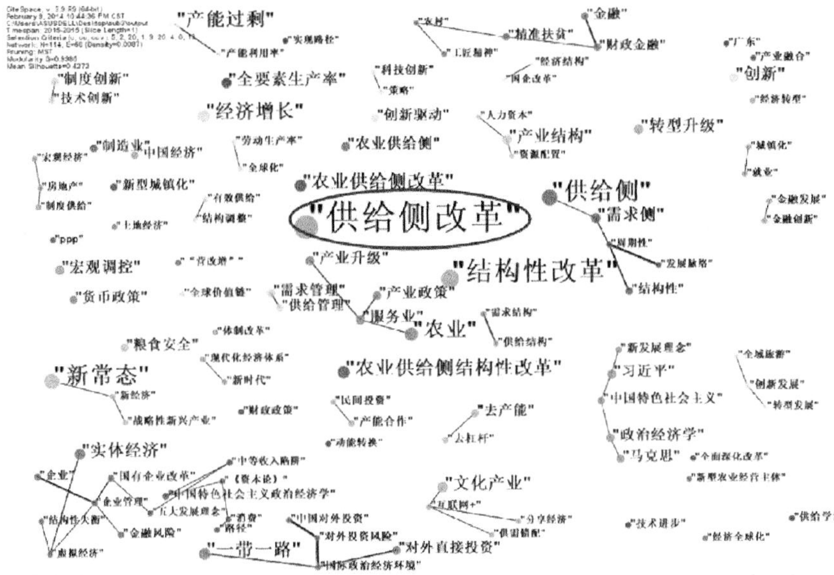

图 3　2017 年供给侧改革领域的关键词共现知识图谱

1. 对供给侧改革的学理基础的深入挖掘

相关研究从经济思想史角度展开，不仅基于西方供给经济学挖掘供给侧改革的理论渊源，也越来越重视利用马克思主义政治经济学分析和阐释供给侧改革的科学价值，并在此基础上明确了供给侧改革的必要性。关于供给侧改革的理论渊源，方福前（2017）认为，供给侧改革的理论源头是重视供给的英法古典经济学，而非否认会出现经济危机的萨伊定律；马克思深化了供给理论，认为生产（供给）结构和产品（收入）分配结构取决于生产关系的性质和结构；美国供给学派的可借鉴之处主要是供给改革和供给管理的一些政策主张；我国的供给侧结构性改革则需要构建中国特色的社会主义供给理论。金碚（2017）认为，供给侧是提供效用的实质供给、提供有用产品的实际供给、提供以使用价值为前提而以货币单位计量的交换价值的名义供给，以及以信用货币标示的无使用价值之物的虚拟供给；一旦供给体系尤其是实质供给问题凸显，需求侧政策效率递减，不得不从实质供给与实际有效供给上寻找出路，这就是中国进行供给侧结构性改革的根本缘由。关于供给侧改革的必要性，丁任重、李标（2017）基于马克思主义视角分析了供给和需求的同一性，结论认为，我国当前经济既存在总需求不足与需求转移外溢并存的供需间不对称，也存在有效供给不足与相对过剩并存的供需内部不对称，因此需要树立正确的宏观调控思路，通过需求与供给两侧同时发力来优化经济结构。

2. 供给侧改革的推进路径研究

我国供给侧改革既不同于长期以来以财政政策和货币政策为主的凯恩斯主义政策，也不是西方供给学派和新自由主义经济学的翻版，而是通过增强供给结构对需求变化的适应性和灵活性，让新的需求催生新的供给，让新的供给创造新的需求，实现供求两侧良性互动、平衡发展。关于如何切实有效实现供给侧改革目标，学术界进行了深入探索。郑新业等（2017）从供给侧结构性改革和宏观调控的关系出发，提出要对供给侧改革和宏观调控进行分工与互补，宏观调控侧重稳增长，供给侧结构性改革负责调结构、提质量、增效益，通过二者的协调互补以确保经济稳中有进、稳中提质。关于供给侧改革中的政府定位，刘志彪（2017）认为，政府要从具体干预企业的现状转向为企业和市场提供高质量的制度供给，以制度创新为核心进行职能改革，调整管理方式和提高调控能力，更好地发挥政府作用。王东京（2017）从供给侧改革的操作层面提出，供给侧改革的近期目标是去产能、去库存、去杠杆、降成本、补短板，去产能、去库存的关键是发挥价格机制的作用，去杠杆应在管控投资杠杆的同时重点管控消费杠杆，在降成本方面应考虑让折旧不摊入企业成本，在补短板方面政府在市场失灵领域应发挥主导性作用。

3. 对供给侧改革重点领域的系统研究

着眼于去产能、去库存、去杠杆、降成本、补短板的供给侧改革目标，结合我国经济运行的结构性矛盾，学术界重点考察了不同领域中供给侧改革的重点。关于供给侧改革中的产业政策，闫振坤、袁易明（2017）实证剖析了当前供给侧改革背景下产业政策调整的基本方向，研究指出，从产业政策调整的目的性维度来看，当前的产业政策仍是以“挑选赢家实现赶超”为主体的产业政策，未来应加快向“建构市场机制”转换。关于农业供给侧改革，魏后凯（2017）分析了当前我国农业发展面临的结构性矛盾，研究发现，农业国际竞争力不强、生产效益不高、农民增收难、农产品质量和安全问题凸显等长期困扰我国农业发展，必须以提高质量和效率为核心目标，围绕降成本、提质量、增效益，采取供给侧结构性改革方式和组合式政策，从根本上有效破解农业结构性矛盾。黄建忠、赵玲（2017）从开放经济视角探究供给侧改革的重点，研究指出，要通过对外直接投资实现国际产能合作和输出部分过剩的生产能力，通过对外签订自由贸易协定和“大通关”改革，不断提高货物贸易便利化水平，提高人民币互换和离岸人民币数量，保持人民币汇率在适度弹性和灵活波动基础上的微弱、渐进式升值，优化财政和金融政策的扶持及其政策组合。

（四）精准扶贫

2013 年 11 月，习近平总书记在湖南湘西考察时首次提出了精准扶贫理念，此后党和政府对精准扶贫工作进行了顶层设计和精细部署。党的十八大报告正式提出了全面建成小康社会的宏伟目标，2017 年 6 月 23 日习近平总书记在深度贫困地区脱贫攻坚座谈会上指出，全面建成小康社会最艰巨的任务是脱贫攻坚，这是一个最大的短板，也是一个标志性指标。在全面建成小康社会和精准脱贫的战略目标引导下，学术界对脱贫、减贫问题进行了深入的经济学分析，促使精准扶贫的关注度排名跃升至前 10 位。图 4 所示为 2017 年精准扶贫领域的关键词共现知识图谱。2017 年，相关研究主要在精准扶贫的思想与理论、我国贫困问题的现状与特征、精准扶贫的路径与政策等方面取得一系列成果。

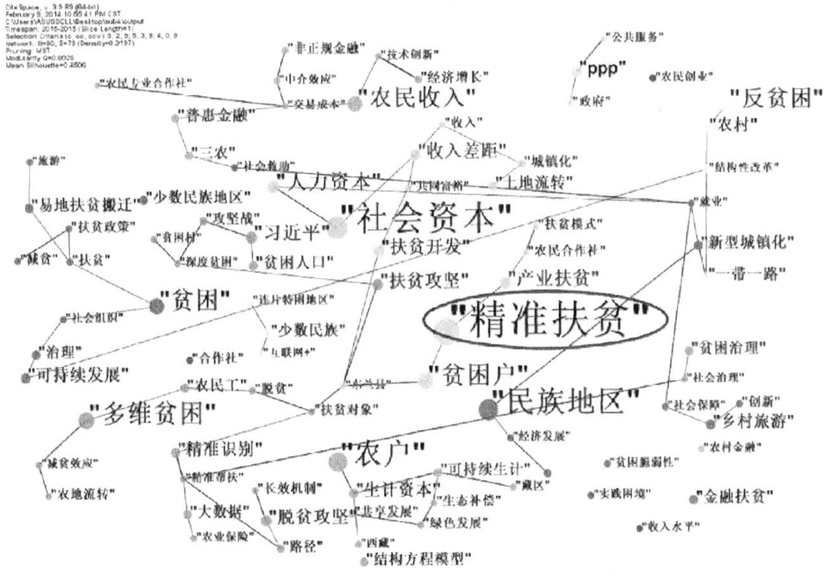

图 4　2017 年精准扶贫领域的关键词共现知识图谱

1. 对精准扶贫思想的理论阐释与拓展

精准扶贫着眼于我国区域与城乡发展不均衡、收入分配差距较大的结构性矛盾，呼应了社会主义经济建设共同富裕的价值追求和全面建成小康社会的宏伟目标，有着深刻的思想内涵。相关研究基于政治经济学、发展经济学、收入分配理论等深入挖掘了精准扶贫的理论渊源，在此基础上进行了科学阐释与理论拓展。范从来等（2017）从经济增长和共享发展的角度探究了精准扶贫的理论内涵，结论认为，共享发展是社会主义本质要求，共享发展理念要求"做蛋糕"和"分蛋糕"应统一于现代化过程中的每个阶段，由此一方面要通过益贫式增长消除绝对贫困，另一方面通过优化收入分配为经济增长构建有效的激励机制，兼顾公平与效率。檀学文、李静（2017）认为，精准扶贫思想由精准扶贫、精准脱贫、脱贫攻坚等方面组成，致力于克服识别不准、到户困难、机制不顺等问题，包括单一标准统一识别、划分脱贫和兜底机制、树立贫困户脱贫责任主体意识、完善基层脱贫责任制、赋予基层扶贫主体更大权限、打造真正扶贫大数据云平台等主要内容。

2. 对我国贫困问题现状与特征的量化评估

精准扶贫的前提是对我国贫困人口的规模和结构进行科学评估，在厘清贫困现状与特征的基础上精准确定贫困人口的区域、城乡、教育、行业与家庭特征。王美昌、高云虹（2017）研究表明，过去一段时期我国贫困人口规模显著减少，但西部地区和中部地区贫困发生率依然高于全国平均水平，东部地区的减贫效应十分明显，但贫困人口内部收入差距拉大问题较为突出。总体而言，我国经济增长的脱贫效应较为显著，但增长的亲贫性有待提高，城乡、地区和贫困人口内部的居民收入差距逐渐拉大，并成为反贫困的严重障碍。周玉龙等（2017）研究发现，2002—2012 年我国的贫困程度虽然有所起伏，但整体大幅缓解，尤其是2007—2009 年的贫困程度降低了 50%，到 2012 年我国农村贫困率为 14.8%，城镇贫困率为 3.8%，全国仍然有 1.02 亿贫困人口；农村低保覆盖率的提高显著降低了农村的贫困广度，中西部地区仍然需要依靠经济总体增长来进一步摆脱贫困。蒋南平、郑万军（2017）关注了我国农民工的多维返贫问题，研究发现，返贫是目前农民工发生贫困的重要原因，新一代农民工返贫指数低于老一代农民工，但二者差距在缩小，健康、融入城市等维度对新老农民工多维返贫的贡献不同。

3. 精准扶贫的路径与政策研究

精准扶贫是一个复杂的系统工程，相关研究从贫困识别、产业政策、转移支付、社会福利、教育、医疗等多方面考察了切实有效的减贫方案。朱梦冰、李实（2017）指出，脱贫攻坚的关键在于精准识别贫困人口，为逐步实现农村扶贫标准和农村低保标准的“两线合一”，低保户识别标准需从单一收入标准向多维贫困标准转变，形成统一的低保标准。周强、张全红（2017）关注了教育在精准扶贫中的作用，研究发现，教育是长期多维贫困的主要贡献因素，其贡献度随着贫困持续时间的增加而增加，教育水平不同导致教育回报率差异，进而影响贫困家庭的贫困剥夺深度和贫困持续时间差异，并且高中及以上学历的教育回报率呈明显递增趋势。黄林、卫兴华（2017）关注了社会组织在精准扶贫中的作用，研究指出，社会组织参与扶贫不仅可以克服市场的选择偏好，而且在一定程度上能够弥补政府配置扶贫资源过于强调宏观手段导致的效率不高问题。黄薇（2017）对城镇居民基本医疗保险制度的扶贫效果进行了综合评估，研究发现，城居保政策对低收入城镇家庭具有明显的扶贫效果，尤其是对受到大病风险冲击的困难家庭，但其扶贫效果对不同收入家庭具有明显的异质性特征，对中高收入参保家庭的影响更大，扶贫的精准性与预期仍有差距。

（五）城镇化

2017 年，我国城镇化建设稳步推进，人口城镇化率进一步提高，城镇人口占总人口比重增至58.52%，同比增长1.17个百分点；但城镇化率仍远低于发达国家80%的平均水平，表明城镇化建设存在较大潜力，能够继续为新常态下的经济增长提供重要动力。城镇化是现代化的必由之路，对我国进一步释放内需、提高劳动生产率、破解城乡二元结构、全面建成小康社会具有重要意义，这决定了城镇化长期以来都是我国经济学的热点研究领域。《2017 年国务院政府工作报告》指出，当前城镇化工作的重点在于扎实推进新型城镇化，深化户籍制度改革，支持中小城市和特色小城镇发展，推动一批具备条件的县和特大镇有序设市，发挥城市群的辐射带动作用，推进建筑业改革发展和海绵城市建设。这促使“新型城镇化”“城市化”“城市群”“工业化”“城乡一体化”“城市规模”等成为经济学研究的高频关键词，如图 5 所示。2017 年城镇化领域保持了较高的研究热度，学术界在最优城市规模与城市布局、人口城镇化与城乡一体化、城镇化进程中的工业化与产城融合等方面取得较多成果。

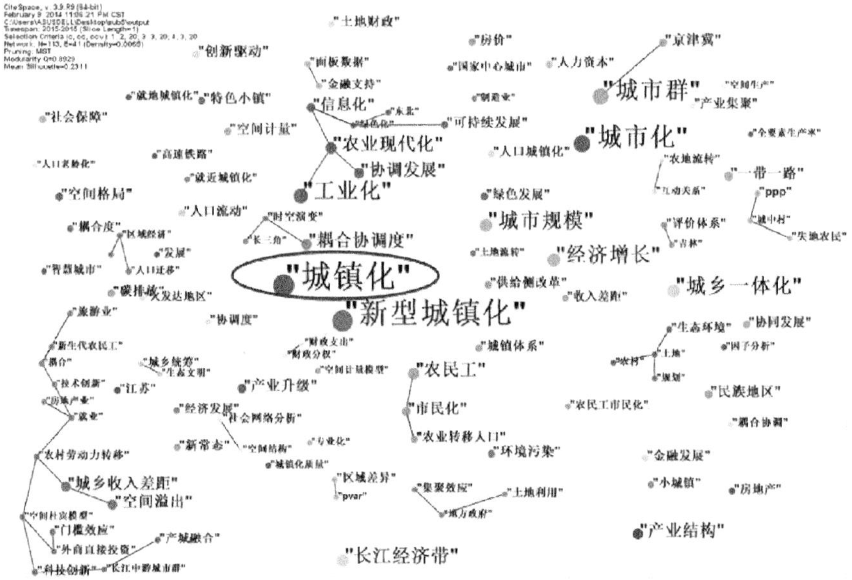

图 5　2017 年城镇化领域的关键词共现知识图谱

1. 关于最优城市规模与城市布局的探讨

《国家新型城镇化规划（2014—2020 年）》指出，要优化城市空间结构和管理格局，统筹中心城区改造和新城新区建设，提高城市空间利用效率。针对城市规模的决定因素、城市扩张的成本与收益、老城区与新城区发展的关系、如何科学规划城市边界和城市布局等一系列问题，学术界进行了一系列深入研究。刘修岩、李松林（2017）考察了决定城市规模分布的关键因素，研究发现，较高的效率和舒适度会促使城市规模增加，但相伴而生的高房价和迁移摩擦等集聚的负外部性会抑制大城市规模的进一步扩张。关于城市规模与生产率的关系，张国峰等（2017）考察了企业"群分效应"对大城市生产率优势的影响，研究发现，大城市集聚了大量中等效率企业，而高效率企业与低效率企业会选择小城市，大城市的发展能够为企业提供更好的创业环境。关于城市规模对劳动者尤其是流入人口福利的影响，杨曦（2017）研究发现，城镇化提升了实际 GDP 和城乡劳动力实际工资，且影响弹性与城市规模正相关，在人口 100 万 ~300 万人的城市中，农村劳动力福利的变动弹性最高，市民化发生在人口 300 万人以下的城市时，实际 GDP 和城乡劳动力实际工资下降，城市劳动力的福利降低。针对目前我国广泛存在的城市无序扩张与地方政府债务问题，常晨、陆铭（2017）实证检验了新城建设对城市规模与政府债务的影响，研究发现，我国大规模超标低效的新城建设增加了地方政府负债率，而高城市密度有利于降低地方政府负债率，离主城区更近的新城能够逐年降低地方政府负债率。

2. 人口城镇化与城乡一体化研究

城镇化对经济增长的促进作用不是自发形成的，只有通过使更多农民转移就业、提高收入，不断扩大城镇消费群体，才会带来城市基础设施、公共服务设施和住宅建设等巨大投资需求，为经济发展提供持续的动力。我国目前人口城镇化滞后于土地城镇化，导致城镇化对农村发展的带动作用偏弱，因此人口城镇化与城乡一体化是目前我国城镇化建设的突出问题，引发较多研究。周文等（2017）分析了土地制度和户籍制度改革对城市化和居民福利的影响，研究结果表明，在严格的土地控制和户籍限制下，只有拥有较高人力资本的农村劳动力会迁往城市，无论是允许土地流转还是户籍制度松绑，都将促进城市劳动力产出增加、农村劳动力福利大幅改善和城市化率提高。陈锡文（2017）研究指出，推进城乡统筹发展、消除城乡二元结构、实现城乡一体化是一个历史过程，要逐步解决人口城镇化中的突出问题，推进农村土地制度改革，缩小脱贫攻坚的地区差距，以新型城镇化和新农村建设双轮推进我国“三农”发展。

3. 城镇化进程中的工业化与产城融合研究

城镇化的本质是工业化带来的经济集聚，城镇化与工业化、城市发展与产业成长紧密相关，我国新型城镇化建设需要统筹布局城市与产业两大格局、推动产城融合发展。2017 年围绕城镇化进程中的工业化与产城融合取得了一系列研究进展。关于我国产城融合的现状，谭清美、夏后学（2017）利用耦合协调度模型实证考察了新型城镇化与产业集聚互动发挥的积极效应，研究结果表明，我国产业集聚指数与新型城镇化发展指数并未实现协调一致，二者互动水平偏低。关于城镇化与产业发展之间的互因机制，丛海彬等（2017）研究发现，产城融合程度越高，资本偏向的补贴支出越能提高产业集聚效率；只有在产城融合水平达到一定的阈值时，偏向产业的土地政策才能提升本地的产业集聚效率；旨在优化区位条件的“先城后产”路径相较于“先产后城”路径更有利于提升城镇居民福利。汪川（2017）从理论与实证两个方面分析了工业化、城镇化与经济增长的逻辑关系，研究发现，三者在不同类型国家呈现出不同的特征：在 OECD 国家，城镇化进入相对饱和阶段，经济增长、工业化都不对其构成显著影响；在发展中国家，三者关系更为紧密，呈现出工业化带动经济增长、经济增长加速城镇化的特征。

（六）创新经济

创新是引领发展的第一动力，是建设现代化经济体系的战略支撑。随着我国经济持续发展、研发投入不断提高，与发达国家的技术差距不断缩小，可供利用的后发优势越来越少，加强自主创新、构建国家创新体系建设、强化战略科技力量的重要性不断提高（李煜鑫，2017）。党的十九大报告指出，要深化科技体制改革，建立以企业为主体、市场为导向、产学研深度融合的技术创新体系，加强对中小企业创新的支持，促进科技成果转化。经济发展的现实需求与国家创新发展战略共同促使创新经济成为我国经济学的研究热点。图 6 所示为 2017 年创新经济领域的关键词共现知识图谱。2017 年，学术界既从理论层面深入探究了创新经济的理论基础和内涵，也从实证层面检验了创新对经济和产业发展的影响机制和效应，更多研究则基于微观视角分析了企业创新投入规模与绩效的影响因素，在此基础上相关学者评估了我国创新经济的发展现状，提出了建设创新型国家的路径选择。

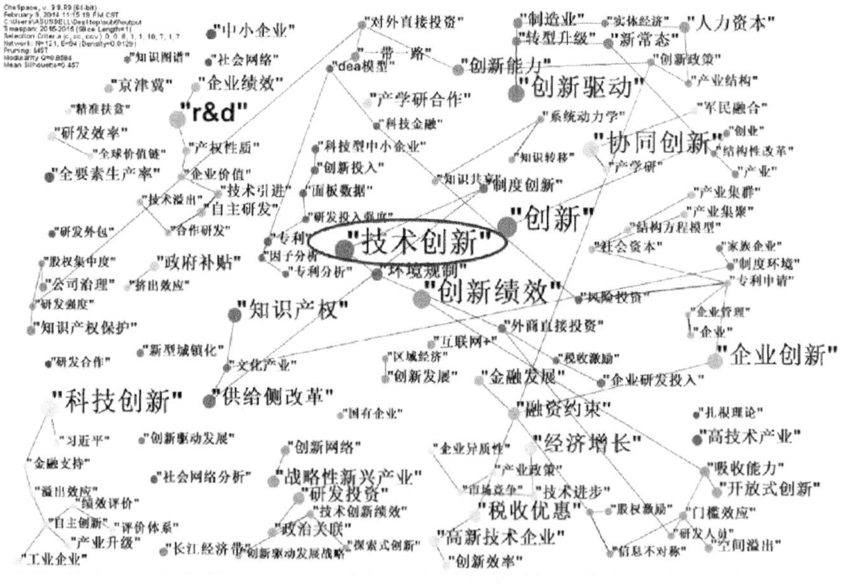

图 6　2017 年创新经济领域的关键词共现知识图谱

1. 创新经济的理论基础与内涵研究

创新经济具有许多不同于传统经济的新特点，从理论层面深入理解创新经济发展的本质、特征和规律，是科学构建创新经济体系的基础。洪银兴（2017）提出了创新价值链的概念，基于此对创新过程进行了价值分析，深化了创新经济的理论内涵。作者指出，创新全过程包括上游的知识创新环节、中游的新技术孵化环节和下游的创新价值实现环节，最终进入高新技术产业化阶段，在不同阶段，发挥关键作用的分别是知识资本、风险资本和企业家人力资本，创新全过程的目标是使创新成果价值最大化。关于创新经济的本质和特征，张车伟（2017）认为，只有当熊彼特意义上的个体创新行为上升到产业层面行为时，创新活动才会成为创新经济；创新经济有着不同于传统经济的特征，计划和市场的关系在创新经济中有了新的诠释，标准化和差异化的矛盾在创新经济中也可以找到折中的办法，生产和消费在创新经济中可以是一个统一的过程。

2. 创新影响经济发展的机制与效应研究

创新对经济发展的重要性已达成共识，但其作用机制和实际效应如何，尤其是关于创新能否有效提升我国产业附加值、推动产业转型升级，尚需理论探讨和实证检验，2017 年，经济学界对这一问题进行了系统研究，但结论并不完全一致。李后建、张剑（2017）就企业创新能否成为有效的战略手段以化解产能过剩矛盾进行了检验，结果显示，企业创新能够有效地提高企业的产能利用率，不仅以产品差异化为目的的产品创新有助于提高产能利用率，而且以降低产品成本为目的的大部分工艺创新也能有效地提高产能利用率。李政、杨思莹（2017）实证分析了我国科技创新、产业升级与经济增长的互动关系和区域差异性，结果表明，整体来看我国产业升级对经济增长的拉动作用并不显著，东部地区科技创新、产业升级与经济增长三者之间形成了一种相互促进、相互依赖的良性循环，而中西部地区经济增长并不能够有效促进产业升级，产业升级对经济增长甚至具有显著的抑制作用。

3. 创新投入与创新绩效影响因素的微观实证研究

创新经济领域的关键词共现知识图谱显示，“创新绩效”“科技创新”“企业创新”等是创新经济研究的高频关键词，体现出大量文献探讨了创新投入与创新绩效的影响因素。2017 年，相关文献重点从微观企业视角实证检验了公司治理、企业文化、行政体制、税收负担、融资约束、风险投资、市场结构、全球价值链参与、房价等诸多因素对企业创新投入和创新绩效的影响。例如，针对公司治理结构与企业创新的关系，石晓军、王骜然（2017）研究发现，双股制对企业创新有显著的促进作用，但这在新兴国家与发达国家有显著差异，在外部制衡机制不完善的新兴国家中采用双股制而且创始人任 CEO 或董事长反而会减少创新投入。关于文化多样性对企业创新的影响，潘越等（2017）研究结果显示，在文化越多样的地区，民营高科技企业会获得更多的创新产出；当公司所在城市不同方言之间的差异性越大、人口流入较多、包容性更好及知识产权保护水平越高时，文化多样性对创新的影响越显著。资本市场与融资约束是影响企业研发投入的重要因素，陈思等（2017）研究发现，风险资本能够促进被投企业创新，具体表现为：专利申请数量的显著增长，外资背景的风险资本和多家联合投资对被投企业创新活动的促进作用更强，并且投资期限越长对创新的促进作用越强。

4. 我国创新经济发展的现状评估与路径选择

关于当前我国创新经济的发展现状，仲为国等（2017）研究显示，当前我国企业创新动向指数呈上升态势，企业已持续进入创新活跃期，主要表现在企业家创新投入意愿不断增强、企业创新在提高产出质量等方面取得了较为明显的成效等；同时我国企业创新仍存在诸多问题，其中包括：企业创新动向指数的增幅较小，外部环境亟须进一步改善，企业创新战略水平仍处于相对较低水平，创新投入带来的创新效果仍有待提高等。徐晓萍等（2017）探究了民营企业和国有企业在创新方面的差异，研究发现，民营企业会更加激进地开展创新活动，国有企业则相对保守；国有企业的创新弱势在低竞争下主要源自经理人观念，而在高竞争下源自政治观。关于构建创新型经济和国家创新体系的路径，沈坤荣、曹扬（2017）研究指出，以创新驱动提升经济增长质量，一方面要推动科技创新，另一方面要推动科技成果转化为现实生产力的制度创新，以制度创新消除制度性障碍，改善资源配置效率，以制度创新推动科技创新。

（七）产业转型升级

长期粗放式的经济增长方式导致我国积累了大量高能耗、高污染、低质量、低效益的落后产能和僵尸企业，高附加值的新兴产业和现代服务业发展不足，大量关键装备、核心技术、高端产品依赖进口，促使产业转型升级成为当前我国宏观调控的重点。化解过剩的落后产能、推动新兴产业发展是我国优化产业结构、实现经济增长动能转换的关键，我国需要积极利用供给侧改革推动产业价值增值从低技术水平、低附加值向高新技术水平、高附加值演化，提升价值增值过程中的数量和质量（宁光杰、董中青，2017）。这决定了产业转型升级成为我国经济学界的热点研究领域。2017 年，该领域保持了较高的研究热度，相关研究主要围绕“产业结构”“产业升级”“转型升级”“产能过剩”“全球价值链”“产业政策”等高频关键词展开（见图 7），集中分析了我国产能过剩的现状与对策、我国产业在全球价值链中的升级机制、产业政策与政府职能定位等问题。

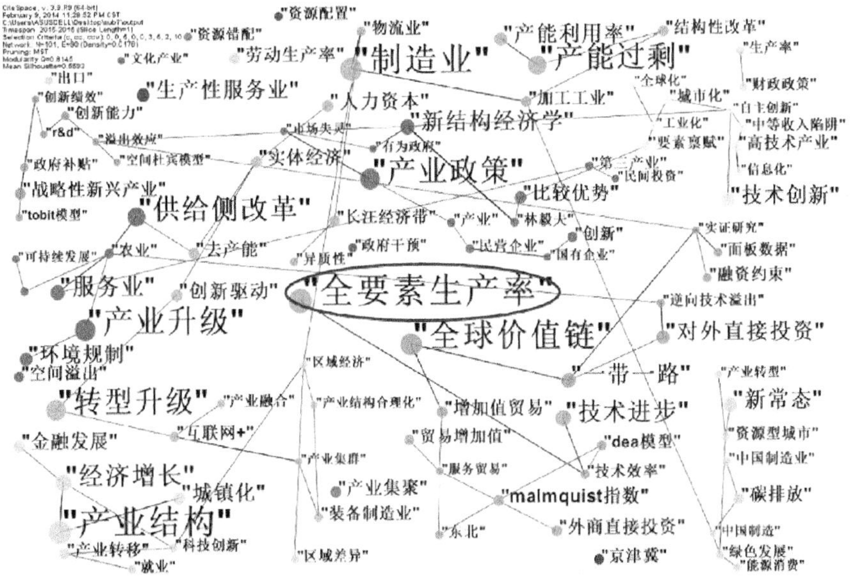

图 7　2017 年产业转型升级领域的关键词共现知识图谱

1. 产能过剩的现状与对策研究

产业转型升级的重要方面是淘汰、化解落后产能，这是为新产能“腾笼换鸟”的前提，因此相关文献针对我国产能过剩现状、原因与治理路径进行了系统研究。关于我国产能过剩的现状，樊茂清（2017）研究了我国 33 个产业部门中各类要素价格、投资以及技术进步对产能利用率的影响，结果表明，多数产业部门的能源和劳动价格对产能利用率的影响为正，技术进步对产能利用率的影响不确定，资本使用成本较低的部门产能利用率也较低、产能过剩现象更为明显。针对我国产能过剩的原因，周密、刘秉镰（2017）研究认为，我国产能过剩是商品和住房二元市场叠加的饱和需求式过剩，普通商品市场的饱和需求陷阱和住房市场的投资偏好陷阱是关键制约点，这使得需求刺激政策在饱和需求式过剩中失灵。关于我国产能过剩的治理，白雪洁、闫文凯（2017）基于光伏产业案例分析指出，为了化解产能过剩，需要重塑中央政府、地方政府、企业间关系，合理选择原始创新与集成创新的创新模式，以贸易多元化策略缓释来自欧美市场的贸易争端压力，以并购重组挤压落后产能等多种策略组合。

2. 我国产业在全球价值链中的升级机制研究

随着全球分工不断深化，全球价值链成为世界经济一体化条件下产业价值的组织形态，也是全球化背景下分析产业升级的主要视角，较多文献基于全球价值链视角分析了我国产业转型升级、提高国际竞争力的理论机制与实现路径。关于全球价值链参与是否能够促进我国产业转型升级，苏杭等（2017）实证研究发现，我国制造业企业融入全球价值链分工有利于发挥“干中学”效应，推动我国制造业的产业升级。吕越等（2017）关注了全球价值链中的制造业服务化对中国企业生产率的影响，研究发现，制造业服务化水平有利于提高企业的全要素生产率，电信业的服务投入对高价值链嵌入企业的全要素生产率影响最大，金融业次之，不同类型企业制造业服务化的生产率效应存在较大的异质性。关于全球价值链体系下我国产业升级的路径，魏龙、王磊（2017）研究指出，转型升级方向的选择对产业发展前景以及国际竞争力构成重要影响，在规划制造业升级方向时，不应盲目照搬或推广某一产业的升级经验，应结合产业特征，在识别价值链内主导环节的基础上，将其作为产业升级的风向标。

3. 关于产业政策与政府职能的学术讨论

近年来，林毅夫提出了不同于第一代结构主义和第二代华盛顿共识的第三代发展经济理论——新结构经济学，引发了关于产业政策与政府职能的广泛讨论，以林毅夫、文一等为代表主张“有为政府”的学者和以田国强、张维迎等为代表主张“有限政府”的学者进行了持久论争，吸引了学术界和社会舆论的广泛关注。林毅夫（2017）进一步阐释和梳理了新结构经济学及其产业政策的理论基础、经验检验、研究方向与创新之处，研究指出，新结构经济学提供了一种新的发展思路，目的在于指导发展中国家充分利用现有要素禀赋和比较优势，发挥政府因势利导作用，在市场经济体系中协助私营企业遵循本国的比较优势发展，利用后发优势并将其转变为竞争优势。针对产业政策之争，贺俊（2017）认为，中国的产业政策研究亟须超越“产业政策是否有效”的形而上讨论，应针对中国产业发展和产业政策实践中出现的重大问题，开展更具建设性和特定性的研究，提出“设计得当”的产业政策。佟家栋、刘程（2017）提出了与对外贸易政策相连接的产业政策，认为应弱化特定部门的产业政策而突出激励技术创新，主要政策工具应由提供货币性的补贴转向提供高质量的科技服务。

（八）国际贸易与投资

我国长期坚持对外开放的基本国策，支持多边贸易体制，促进自由贸易区建设，推动建设开放型世界经济。2017 年，我国进出口总额达到 27.79 万亿元，增长 14.2%，出口和进口分别增长 10.8% 和 18.7%，扭转了连续两年负增长的局面，增速好于世界主要经济体；贸易结构不断优化，国际市场更加多元，对“金砖国家”和“一带一路”沿线国家出口实现快速增长，并且出口商品结构进一步升级。在国际投资方面，我国长期快速的经济增长积累了较为雄厚的物质资本，企业提升国际竞争力和“走出去”的愿望不断增强，对外直接投资增长迅速，2016 年我国成为资本净输出国。但由于我国企业在国际投资中的管理经验不足、风险意识偏弱，存在较多盲目投资，在国家宏观调控引导下，2017 年对外投资规模下降 32%，非理性投资得到有效遏制。此外，国际经济环境方面，由于 2008 年金融危机以来世界经济复苏艰难，全球化带来的利益分配不均，贸易保护主义和逆全球化势力抬头，世界经济格局不确定因素增加，西方发达国家为转移国内矛盾纷纷采取与自由贸易背道而驰的逆全球化政策，英国脱欧、欧洲多国右翼政党执政、特朗普上台相继在世界范围内引发经济震动，全球经济一体化进程蒙上贸易保护主义阴霾。我国面临的国际经济局势与自身国际经贸投资状况的新变化吸引了大量理论与实证研究，促使国际贸易与投资保持了较高的研究热度。图 8 所示为 2017 年国际贸易与投资领域的关键词共现知识图谱。2017 年，较新的研究趋势主要体现在以下 3 个方面。

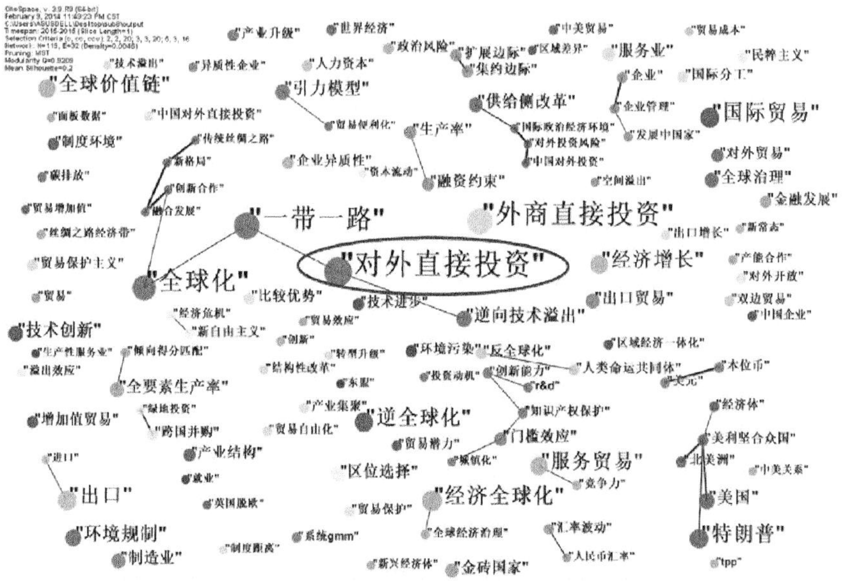

图8　2017年国际贸易与投资领域的关键词共现知识图谱

1. 促进我国外贸转型升级与建设贸易强国研究

我国连续9年保持了货物贸易第一大出口国和第二大进口国地位，成为名副其实的经贸大国。但随着要素结构转变，我国传统出口产品的比较优势不断下降，贸易结构有待优化升级，出口产品和服务的附加值及其在全球价值链中的地位有待提高。关于如何促进我国外贸转型升级、推动我国从贸易大国迈向贸易强国，学术界进行了一系列深入研究。关于进口贸易自由化是否能够推动出口升级，盛斌、毛其淋（2017）研究发现，进口贸易自由化能够显著提高企业出口技术复杂度，中间品关税减让对企业出口技术复杂度的促进作用大于最终品，研发创新是进口贸易自由化提升制造业出口技术复杂度的重要渠道。针对金融市场与我国贸易转型升级的关系，刘晴等（2017）研究发现，由于受融资约束而未能选择一般贸易的企业在加工贸易企业中效率最高，融资约束会通过减少这部分企业的实际销售额和利润来降低行业加权平均劳动生产率。关于如何推进贸易强国研究，裴长洪、刘洪愧（2017）研究指出，需要构建贸易强国共性指标并进行实证分析，筛选出有客观依据的贸易强国，然后构建贸易强国特性指标和分类方法，并划分出多种贸易强国类型，在此基础上客观分析我国与世界各贸易强国的差距，提出我国迈向贸易强国的目标和路径。

2. 我国对外投资特征与优化机制研究

综合国力和企业竞争力的稳步提升促使我国成为对外投资大国，OFDI 超过 FDI 是我国的国际经济地位转变的直观特征，关于我国对外投资特征与发展战略的研究随之成为研究热点。谢孟军等（2017）以孔子学院作为我国文化输出的代理变量，使用马氏距离匹配法和倍差法实证考察了文化输出能否推动我国对外直接投资，研究发现，我国的文化输出显著推动了对外直接投资，并且这种推动作用表现出明显的国家类别差异、洲际差异、时滞性及广度边际性等特征。张幼文（2017）将引进外资与对外投资纳入统一的分析框架，提出要促进双向投资布局中的战略协同，包括对外宏观平衡中的战略协同、投资战略与贸易战略的协同、国家战略与地方战略的协同、产业发展战略的内外协同，以此实现资本流入流出的总量平衡。在优化我国对外直接投资的产业布局方面，王晓红（2017）认为，要利用产能合作和装备制造合作推动制造业投资，构建全球生产网络体系，推动生产性服务业投资，加快形成全球研发创新体系和供应链体系，加强研究有关国家土地和农业投资制度，重点加强与农业资源丰富的国家开展投资合作。

3. 国际经济形势变化与逆全球化趋势研究

姚枝仲（2017）认为，当今国际经济面临的重大挑战之一是全球化失灵，西方发达国家本应更多地求助于国内经济政策，但逆全球化方向的对外经济政策调整反而被认为是对受损群体更加负责的方式。这一最新的国际经济形势变化吸引了经济学界的极大关注。佟家栋、刘程（2017）基于历史比较视角分析了逆全球化的起源与走向，研究指出，本次逆全球化是 2008 年全球金融危机后经济停滞的副产物，同时也反映了各国内部未能分享全球化福祉的群体对现实的不满和反击。谢丹阳、程坤（2017）认为，全球化进程不会因目前所受到的阻碍而停滞不前，中国的“一带一路”建设是使全球化得以可持续发展的大胆设想，需要从平台建设、开放发展、超前转型 3 个方面来推动包容性增长，克服逆全球化思潮带来的困难。包群（2017）研究指出，在逆全球化背景下，我国应告别粗放型出口扩张模式，积极促进国内市场一体化来培育国内需求，将对外开放牢固构筑在国内市场力量基础上，加强国内外两个市场的联动与衔接。李向阳（2017）认为，美国对经济全球化的立场发生逆转为中国引领全球化创造了条件，同时也提高了中国引领全球化的成本，作为和平崛起的必经之路，中国引领全球化既不能填补美国留下的空缺，也不能复制美国充当霸主的模式。

（九）中国特色社会主义政治经济学

政治经济学是研究生产、流通、分配和消费等经济活动、经济关系和经济规律的科学，政治经济学理论在我国改革开放实践过程中发挥着指导性作用。21 世纪以来，我国政治经济学领域的发文量总体呈下降趋势，2003—2005 年发文量快速减少，2006 年开始基本趋于平稳，2008 年发文量最少，之后略有回升（罗润东等，2015）。2015 年 11 月 23 日，中共中央政治局就马克思主义政治经济学基本原理和方法论进行了集体学习，习近平总书记提出要提炼和总结我国经济发展实践的规律性成果，把实践经验上升为系统化的经济学说，不断开拓当代中国马克思主义政治经济学新境界。2016 年 7 月 8 日，习近平总书记主持召开经济形势专家座谈会时强调，需要不断完善中国特色社会主义政治经济学理论体系，推进充分体现中国特色、中国风格、中国气派的经济学科建设。这重新激发了经济学界对政治经济学的研究热情，促使政治经济学领域的发文量显著提高。图 9 所示为 2017 年中国特色社会主义政治经济学领域的关键词共现知识图谱。同时，经济新常态理论、五大发展理念、“一带一路”、

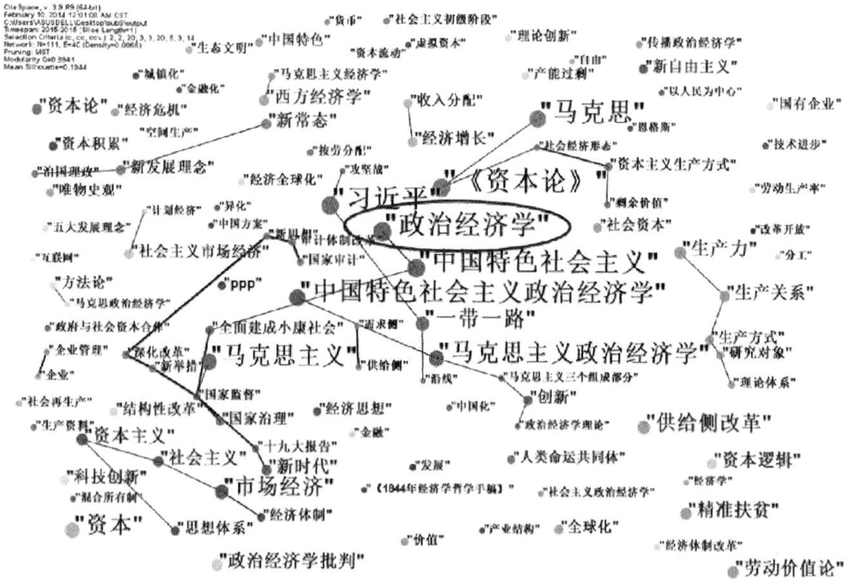

图 9　2017 年中国特色社会主义政治经济学领域的关键词共现知识图谱

精准扶贫等经济发展新思想也不断引发经济学者基于马克思主义政治经济学重新思考我国改革发展的重大现实问题，推动了中国特色社会主义政治经济学的创新和发展。

1. 中国特色社会主义政治经济学的学科定位、价值与发展方向

自习近平总书记2015年年底提出不断开拓当代中国马克思主义政治经济学新境界之后，我国经济学界便热烈讨论了什么是中国特色社会主义政治经济学、如何处理与其他经济学说的关系、如何完善中国特色社会主义政治经济学理论体系等一系列重大问题。关于中国特色社会主义政治经济学的内涵和性质，张宇（2017）认为，其应涵盖中国特色社会主义经济的生产、分配、交换等主要环节，以及基本经济制度、基本分配制度、经济体制、经济运行、经济发展和对外开放等主要方面。关于中国特色社会主义政治经济学与西方经济学的关系，中央党校“中国特色社会主义政治经济学研究”课题组（2017）认为，中国改革开放和社会主义现代化建设伟大实践中探索出许多具有本国特色的发展路径，已经超越西方经济学已有理论和研究范式的涵盖范围和解释能力，要结合中国实际，科学借鉴西方经济学的有益价值，同时摒弃西方经济学的庸俗成分。传统马克思主义政治经济学注重逻辑和思辨，对数学的运用相对较少，科学处理好政治经济学与数学的关系是创新中国特色社会主义政治经济学的重要议题。乔晓楠、何自力（2017）研究指出，马克思主义政治经济学并不排斥数学方法，但对其进行数学化建模的过程中，必须坚持历史唯物主义的研究方法，构建一种包含工人与资本家两种行为主体，区分生产资料与消费资料两大部类，并且纳入劳资分配与迂回生产特点的动态模型可能是一种可行的建模思路。

2. 中国特色社会主义政治经济学理论创新及其对经济实践的指导

2017年，我国学者对马克思主义生产力理论、经济增长理论、经济周期理论、区域发展理论、市场理论、收入分配理论等进行了深入研究，分析了相关理论创新对我国经济实践的指导意义，丰富和发展了中国特色社会主义政治经济学理论体系。关于马克思主义生产力理论，白暴力、方凤玲（2017）认为，五大发展理念是对马克思主义生产力理论的进一步具体、深化和拓展，为完成解放和发展生产力的根本任务指明了方向，是中国特色社会主义政治经济学的最新理论成果。关于中国特色社会主义市场理论，刘伟（2017）指出，社会主义初级阶段基本经济制度与市场机制如何结合，是构建中国特色社会主

义政治经济学的根本性难题，西方经济理论、中东欧经济转轨国家等关于二者结合的实践及理论探索均未能解决这一难题，而中国特色社会主义经济改革实践坚持了二者的有机统一，已经取得了重大进展。孟捷（2017）关注了马克思主义内生增长理论，基于复杂劳动还原研究发现，生产率的结构性差异越大，促进增长的价值效应越显著，劳动生产率和社会净产出价值量成正比，为从劳动价值论角度解释国民收入增长奠定了基础。关于马克思主义经济周期理论，张连城等（2017）认为，社会主义计划经济体制下存在的以需求膨胀为特征的经济周期源于公有制条件下企业软预算约束特征，而社会主义市场经济体制下存在的以生产过剩为特征的经济周期源于市场经济制度自身的性质和企业所具有的硬预算约束特征。

3.《资本论》对经济研究与实践的价值再发现

2017年是《资本论》第一卷出版150周年之际，这促使较多学者重新发掘了《资本论》的学术研究价值与实践指导意义。顾海良（2017）关注了《资本论》引证方法在经济思想史研究中的意义，认为马克思以《资本论》"引证方法"展开的政治经济学理论探索和经济思想史学术研究，从多方面拓展了马克思经济思想的当代视界。关于《资本论》的时代价值，逄锦聚（2017）认为，《资本论》能够为当前我国构建中国特色社会主义政治经济学提供基本立场、基本观点和根本方法论的指导，并在主要范畴和理论体系、话语体系建设方面提供重要借鉴。卫兴华（2017）从生产力理论角度指出，西方经济学的生产力三要素是资本、劳动、土地，而《资本论》的生产力理论包括劳动者、劳动对象和生产资料，不仅考察了资本和资本主义制度，同时着眼于整个社会历史的发展，因而超越了西方经济学生产力理论。

（十）区域经济发展

改革开放以来我国经济总体快速发展的同时，区域发展不平衡矛盾越来越突出，随着西部大开发、振兴东北老工业基地和中部崛起战略的推进，我国区域发展战略逐渐从"鼓励一部分地区先富起来"的效率优先转向了区域协调发展。党的十八大以来，我国在区域协调发展方面采取了一系列重大创新性举措，推动区域发展由不平衡向平衡、由不协调向协调转变。2014年2月26日，习近平总书记将京津冀协同发展上升为重大国家战略，指出要坚持优势互补、互利共赢、扎实推进，加快走科学持续的协同发展道路。2017年4月1日，中共中央、国务院决定设立雄安新区，这是我国继深圳经济特区和上海浦东新区之后又一具有全国意义的新区，也是疏解北京非首都功能、推动京津冀协同发展的历史性工程。2016 年 9 月，《长江经济带发展规划纲要》正式印发，确立了长江经济带“一轴、两翼、三极、多点”的发展新格局，长江经济带成为我国以生态优先、绿色发展为引领的新一轮区域开发战略。此外，近些年我国还相继推出了粤港澳大湾区发展规划、资源型地区经济转型规划、海洋经济发展规划等一系列区域发展规划，共同促使区域经济研究升温，“京津冀”“长江经济带”“区域差异”“区域经济”“协同发展”“雄安新区”等成为我国经济学研究的高频关键词，如图 10 所示。

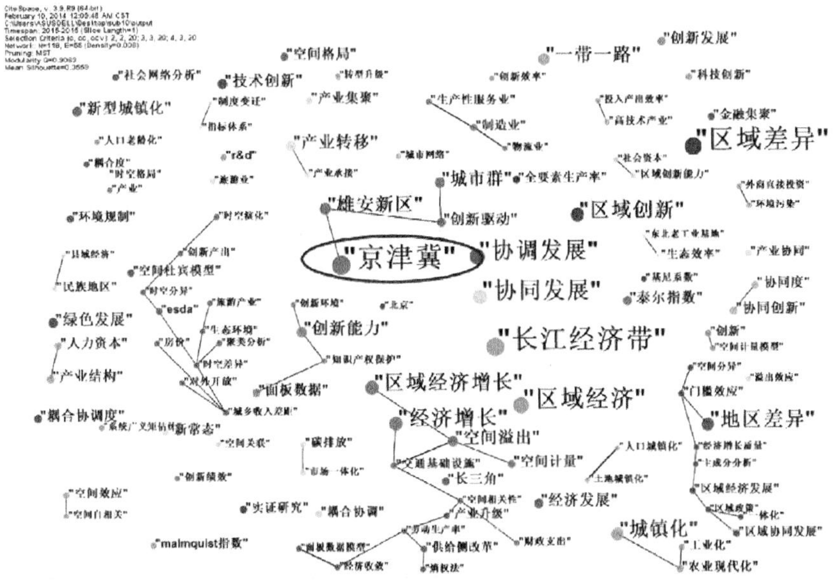

图 10　2017 年区域经济发展领域的关键词共现知识图谱

1. 我国区域发展现状与影响因素研究

我国不同地区在经济结构调整和动能转换过程中起点不一、政策有别，不同地区的发展呈现出显著的结构异质性，因此对我国区域发展现状与影响因素进行科学、客观评估是提出切实有效的区域均衡发展政策的前提。着眼于我国省域经济发展现状，楠玉、刘霞辉（2017）考察了我国区域增长动力的差异，研究发现，东部区域增长表现较好的省份产业转型较为成功，中西部地区增长分化较为严重，东北三省及山西、河北因长期积累的产业结构和经济结构问题，旧有产业面临产能过剩和改革瓶颈，经济出现断崖式下跌。针对我国七大城市群发展现状，杨明海等（2017）分析了不同城市群创新能力的区域差距与其时空动态演进，研究发现，七大城市群创新能力空间差距呈缩小趋势，但依然差距显著，创新能力分布呈不同的极化现象与趋势。付强（2017）探究了市场分割对我国区域经济增长的影响，研究发现，当产品差异化厂商具有线性需求函数和线性成本函数时，市场分割也能基于较高的产业同构程度而促进区域经济增长，因而降低区域间产业同构是消除分割、实现市场一体化的有效途径。

2. 我国新时代区域发展战略研究

近年来，党中央、国务院根据我国区域发展实际审时度势，提出了京津冀协同发展、雄安新区建设、长江经济带等区域发展战略，吸引了我国经济学者对相关新时代区域发展战略进行深入研究。关于雄安新区的必要性与意义，孙久文（2017）认为，这主要体现在我国迫切需要探索新的、适合广大地区复制的改革开放的经验，迫切需要探索人口密集区域城市化的新途径，迫切需要探索发展高端高新技术产业的区域与城市模式，迫切需要建设一座生态环境优美的智慧城市，为我国众多的人口密集地区树立典范。关于如何借力雄安新区建设推动京津冀协同发展，刘秉镰（2017）指出，要坚持政府治理协同开放、基础设施协同开放、产业协同开放与市场协同开放。关于长江经济带发展，陆玉麒、董平（2017）认为，应立足流域经济本质，以三级流域为基本单元，通过社会经济类要素与资源环境类要素的综合集成分析和空间匹配耦合分析，提炼长江经济带的空间开发类型与特色，同时以“一带一路”建设为背景明确长江经济带在全国发展的宏观战略地位。

3. 我国区域发展差距与协同发展研究

缩小区域发展差距的关键在于先发地区与后发地区形成优势互补、先发地区带动后发地区协同发展，覃成林、杨霞（2017）实证检验了我国先富地区是否带动了其他地区共同富裕，研究发现，先富地区通过经济增长的空间外溢带动了部分邻近的其他地区共同富裕，但这种带动作用具有明显的局域性和差异性。刘华军、杜广杰（2017）基于城市夜间灯光数据考察了我国经济发展的时空格局及分布动态演变，研究发现，我国总体地区差距呈下降趋势，但经济发达的城市并未发挥出显著的空间溢出效应，东南部沿海地区对总体区域差距的贡献较大。近年来东北地区经济下行压力持续增大是我国区域发展中的突出矛盾，张可云（2017）认为，东北地区既不是落后区域也不是发达区域，同其他区域相比，老工业基地存在明显的强弱互现特点，因而比较优势理论并不适合用来分析这类区域，适用的是绝对优势理论与竞争优势理论。

三、结论

本文采用共词分析、聚类分析和可视化分析相结合的文献计量方法，对2017 年 CSSCI 来源期刊的经济学文献数据进行计量分析、分类排序，探究了该年度我国经济学的研究现状、研究热点和主要研究进展。结果显示，总体文献数据与高影响因子期刊中的研究热点基本一致，关注度较高的是“一带一路”建设、新常态下的经济增长与经济发展、供给侧改革、精准扶贫、城镇化、创新经济、产业转型升级、国际贸易与投资、中国特色社会主义政治经济学、区域经济发展、货币政策、金融市场、经济体制改革、绿色经济与环境规制、收入分配、公司治理、互联网经济与电子商务、财税问题、农村土地流转与三农问题、人口老龄化与社会保障等。

随着社会主要矛盾和经济运行特征的转变，2017 年我国经济学研究呈现出如下新趋势和新特点：“一带一路”建设超过经济增长成为关注度最高的热点研究领域；精准扶贫、中国特色社会主义政治经济学和区域经济发展跃升为关注度排名前 10 位的研究热点；供给侧改革、农村土地流转与三农领域的发文量显著提高；货币政策、金融市场、经济体制改革的关注度有所下降。经济增长与经济发展、城镇化、创新经济、产业转型升级、国际贸易与投资等保持了较高的研究热度。此外，“新常态”“供给侧改革”“一带一路”等是诸多研究热点的高频关键词，说明我国经济学研究紧密围绕经济运行的新特征和国家经济发展战略展开。

人口老龄化问题的国际前沿研究解读

——基于 CiteSpace 的文献计量分析*

一、数据库的选择和文献的分类排序特征

以 Web of Science 数据库为数据来源，时间范围设置为 2000—2015 年。按照科学设定的检索策略：主题 = “population ageing” 或 “demographic ageing”，文献类型 = ARTICLE，语言 = ENGLISH，学科类别 = ECONOMICS，数据更新时间为 2016 年 10 月 10 日，共检索出文献记录 1931 条（见图 1）。

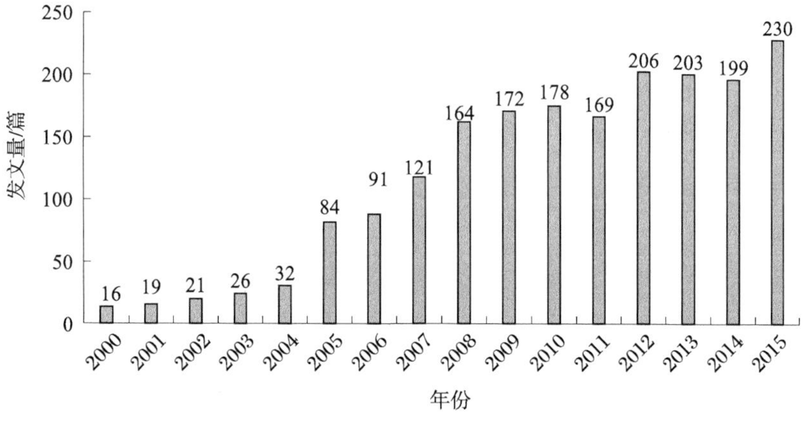

图 1　2000—2015 年 Web of Science 中人口老龄化领域英文论文年度分布

---

* 撒凯悦，罗润东．人口老龄化问题的国际前沿研究解读：基于 CiteSpace 的文献计量分析 [J]．东岳论丛，2017，38 (3)：67 - 77．有改动。

（一）发文量年度分布情况

根据图1中2000—2015年人口老龄化领域每年的英文学术论文发文量和增加量，2000—2004年年均发文量约为25篇，自2005年开始该领域发文量呈现较大幅度的稳定增长，2012—2015年年均发文量稳定在200篇左右，2015年人口老龄化领域英文发文量达到最高（230篇）。

从图1可以看出，2004—2008年，老龄化经济学领域的相关问题在国际范围内发文量增幅较大，原因主要有两个：一方面，从人口与经济社会转型角度来看，越来越多的国家步入了老龄化社会，以及已经步入老龄化社会的国家出现了越来越多的经济社会问题，从而关于“老龄化-经济-社会”问题的研究成为国内外学术界关注的热点；另一方面，从Web of Science学科类别来看，2004—2008年学科类别从12个增长到40个，增加的类别主要是财政金融、管理学、人口统计学、规划发展、商业、社会科学史、地理学、公共环境与职业健康、历史学和城市研究。卫生保健科学服务、卫生政策服务和药物经济学等领域的研究发文量增幅最大。

（二）刊发人口老龄化研究的英文国际期刊

2000—2015年人口老龄化相关领域英文文献载文量在20篇以上的学术期刊有15种，其中《保健价值》载文量最高（171篇），占总发文量的8.86%，其刊载的论文涵盖了药物经济学，卫生经济学，以临床、经济学和基于病人报告的结果或偏好的效果研究，以及概念性和卫生政策相关领域的论文。《药物经济学》载文146篇，居于第2位，主要刊载药物经济学、生命质量评估、最佳药物治疗以及与保健疗效相关的权威和应用型论文。发文量位于第3位（74篇）的《卫生经济学》创立于1992年，主要刊发卫生经济学领域的学术论文。发文量位居第4位至第15位的期刊及发文量分别是：《欧洲卫生经济学》，载文62篇；《经济学与人体生物学》，载文52篇；《人口经济学期刊》，载文47篇；《应用经济学》，载文43篇；《卫生经济学杂志》，载文41篇；《交通地理学杂志》，载文37篇；《生态经济学》，载文27篇；《经济建模》，载文25篇；《应用经济快报》，载文21篇；《保险数学和保险经济学》，载文21篇；《养老经济学和金融学杂志》，载文21篇；《公共经济学杂志》，载文21篇。人口老龄化的研究论文在《美国经济评论》等世界顶级期刊也有一定数量的刊载（10 篇）。此外，值得注意的是，主要刊发中国经济问题相关研究的《中国和世界经济学》和《中国经济评论》分别刊载人口老龄化研究论文 10 篇和 9 篇。这说明人口老龄化问题的学术研究受到了越来越多的国际期刊的重视，其中不乏《美国经济评论》这样的顶级期刊，并且人口老龄化问题在研究中国问题的国际学术期刊中也逐渐受到关注。

（三）人口老龄化领域英文论文的高产国家

从表 1 可以看出，2000—2015 年人口老龄化领域英文论文发文量位居世界前 15 位的国家分别是美国、英国、德国、澳大利亚、加拿大、荷兰、西班牙、法国、意大利、瑞典、日本、中国、比利时、挪威和捷克。发文量位居第 1 位的美国累计发表论文 612 篇，远超其他国家，这不仅表明美国的经济学科研实力雄厚，还体现出美国学术界对人口老龄化问题的研究较其他国家更为重视。

表 1　2000—2015 年 Web of Science 中人口老龄化领域英文论文国家分布

排名	国家	发文量/篇	排名	国家	发文量/篇	排名	国家	发文量/篇
1	美国	612	6	荷兰	123	11	日本	69
2	英国	228	7	西班牙	105	12	中国	68
3	德国	179	8	法国	93	13	比利时	45
4	澳大利亚	144	9	意大利	82	14	挪威	43
5	加拿大	138	10	瑞典	70	15	捷克	42

世界上发达国家进入老龄化社会较早，19 世纪末期，法国、挪威和瑞典首先步入老龄化国家，而日本、德国和意大利是典型的超老龄社会[1]国家。先进入老龄化的国家对老龄化问题关注得早，对相关问题的认识和研究也更加深入，所以人口老龄化问题在这些国家的研究较为丰富。在我国，自 20 世纪末进入老龄化社会以来，未富先老的快速老龄化在很多领域尤其是经济层面引发了诸多问题，老龄化进程和生育政策、社会养老保障和养老服务体系、特殊老年群体问题以及老龄化应对措施等研究得到了国内学者迅速而广泛的关注，发文量也逐步进入世界前列。

[1] 根据世界卫生组织定义，65 岁及以上人口占总人口的比例达到 20% 时为“超老龄社会”。

（四）国际英文文献发文量排名居前的科研机构

科研机构的发文总量和合作关系可以表明该机构在老龄化领域的研究水平或关注程度，也可以反映机构所在国家人口老龄化领域的科研人才队伍建设水平，还可以在一定程度上反映研究机构的学者之间的合作等信息。设定阈值显示前 150 个高产出的科研机构，用 CiteSpace 软件生成高产科研机构知识网络图谱（见图 2）。

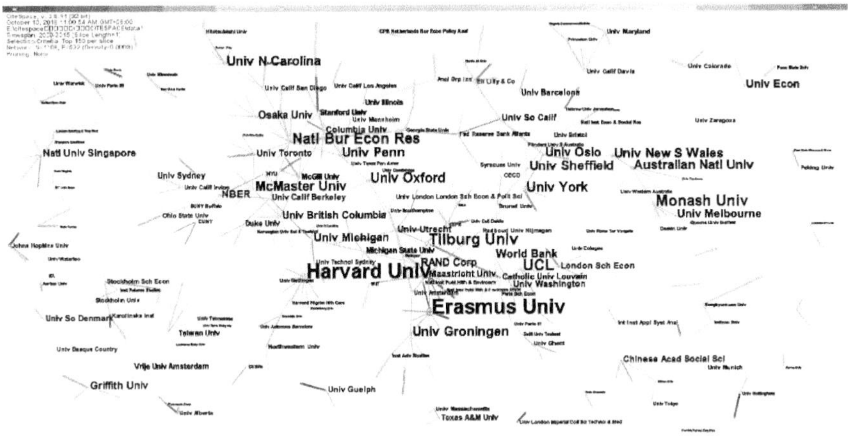

图 2　2000—2015 年 Web of Science 中人口老龄化领域英文论文的科研机构分布

2000—2015 年人口老龄化领域英文发文量排名前 15 位的科研机构分别是：美国国家经济研究局（28 篇）、哈佛大学（24 篇）、鹿特丹大学（24 篇）、伦敦大学学院（18 篇）、蒂尔堡大学（18 篇）、莫纳什大学（17 篇）、约克大学（16 篇）、牛津大学（16 篇）、麦克马斯特大学（16 篇）、谢菲尔德大学（15 篇）、宾夕法尼亚大学（15 篇）、新南威尔士大学（15 篇）、北卡罗来纳大学（15 篇）、格罗宁根大学（15 篇）和澳洲国立大学（15 篇）。这些研究机构集中分布在美国（4 个）、英国（3 个）、澳大利亚（3 个）、荷兰（3 个）和加拿大（2 个）。从图 2 中也不难发现，在人口老龄化英文发文领域，已经形成了以美国国家经济研究局、哈佛大学、鹿特丹大学、麦克马斯特大学和澳洲国立大学等研究机构为核心的交叉合作科研网络。

发文量排名前 15 位的学术研究机构中没有中国的科研机构，这表明中国的科研机构在国际英文期刊上发表论文较少，与国际学术机构的合作也较少，这是需要国内人口老龄化研究领域的学者关注的问题。在国际英文期刊发表人口老龄化领域论文较多的国内科研机构有：中国社会科学院（10 篇）、台湾大学（8 篇）、北京大学（6 篇）、上海工程技术大学（3 篇）、复旦大学（3 篇）、中国科学院（3 篇）、南开大学（2 篇）、台湾政治大学（2 篇）、台湾成功大学（2 篇）和西安交通大学（2 篇）。

（五）人口老龄化领域英文论文的高产作者

一名学者被列为高产作者，表明该学者在人口老龄化经济学问题的研究中成果比较突出。该领域中，有长期关注人口老龄化问题的人口学家，也有研究人口老龄化和卫生经济学、药物经济学、公共经济学、劳动经济学、发展经济学等领域交叉问题的专家学者。下面仅对 2000—2015 年英文发文量大于 5 篇的高产作者进行简要分析。

Jitka Langhamrova 于 2000—2015 年在人口老龄化经济学研究中累计发表英文论文 8 篇，居于首位。该学者是捷克的人口统计学专家，长期以来主要关注社会人口学、住房统计、区域人口学、应用人口学、人口经济学、人口老龄化的影响、特殊群体和迁移等领域的问题，在人口老龄化领域的研究主要集中在 2009 年以后，涉及的问题有：人力资源（2009 年）、迁移和人口老龄化的关系（2010 年）、经济发展和社会依赖（2013 年）、预期寿命研究（2013—2014 年）以及公共养老金问题（2014 年至今）。

Ben J. Heijdra 发文量为 7 篇，他于 1998 年加入格罗宁根大学经济与工商管理学院，是研究与政策相关的宏观经济学理论的知名学者。其与人口老龄化相关的研究主要关注人口老龄化与宏观经济运行的关系，该学者近 5 年的老龄化研究关注了人口老龄化社会的人力资本积累、养老金与经济增长等问题。

John Brazier 发文量为 7 篇，该学者是谢菲尔德大学的卫生经济学教授，拥有长达 25 年的健康干预的经济评估研究经验，其在人口老龄化领域发表的论文主要研究卫生经济学评价的测量和估值问题。

Ross Guest 累计发文量为 7 篇，是格里菲斯大学商学院的教授，其主要研究方向有人口老龄化的经济学、政府财政收支政策和教育经济学。

Alexia Prskawetz 累计发文量为 6 篇，她是维也纳技术大学经济数学方法研究所的教授，长期致力于人口经济学、个体老龄化、长期经济增长和环境经济学的学术研究。

Axel Boersch Supan 是慕尼黑理工大学的老龄化经济学教授，发文量为 6 篇，其同时担任普朗克社会法律与经济研究所的慕尼黑老龄化经济学研究中心主任。他近年来关于老龄化的研究主要关注养老金改革和劳动力市场等问题。

Fang Cai 是中国社会科学院的教授，发文量为 6 篇，根据 Web of Science 的数据，Fang Cai 于 2006 年开始发表与人口老龄化有关的英文论文，涉及的领域主要有失业、经济增长和社会保障问题。

二、实证分析

（一）共词聚类

借鉴卡龙等的聚类原则来进行聚类划分，基本步骤如下：①在“project”文件夹中生成的关键词矩阵（377 × 377）中，查找余弦指数最高的一对关键词，将其作为第一个聚类的主题词。②将方阵中的 377 个关键词与该对关键词的任一关键词的余弦指数进行降序排列，由高到低选取 10 个以内余弦指数大于 0 的关键词，其中包括作为主题词的一对关键词。③聚类生成以后，将已加入到聚类中的关键词在方阵中做行和列的同时删除，以保证已加入到聚类中的关键词不会加入到其他的聚类。④循环进行步骤①～③，直到将所有存在共现关系的关键词都加入到聚类中。此时矩阵中即使仍有余下的关键词，它们之间的余弦指数也为 0，即这些关键词之间已经没有共现关系，聚类生成结束，余下的关键词不再加入任何聚类。

通过聚类分析来识别研究内容和研究方向，按照上述的聚类方法和原则，将 377 个关键词划分出 55 个聚类。其中，有些聚类只有两个聚类成员，这类聚类不能准确反映聚类所代表的研究方向和内容，因此其不能作为分析对象，删除这些聚类后，最后形成的有效聚类共计 37 个。根据每个聚类所包含的关键词概括出聚类名称，这些聚类名称就是该领域的主要研究内容和研究方向（见表 2）。

表 2 聚类名称和聚类成员

聚类号	聚类名称	聚类成员
1	心血管疾病	普伐他汀、冠心病（2006）❶、成年人、肥胖、代谢综合征、心血管疾病、预防、事件、心血管风险、美国
2	骨质疏松症	骨质疏松症、绝经的妇女、骨折、椎骨骨折、成本－效果、照料、风险、成本
3	信息消费	知识、信息、消费、估价、策略、支付意愿（2007）、竞争、领悟力、处方药、行为
4	生命质量量表	六维度健康调查简表、健康调查简表、欧洲五维健康量表、生命质量、有效性、指数、成本－效果分析、与健康相关的生命质量、Euro-Qol、状况
5	时间序列	时间序列、单位根、协整关系、人口结构
6	疾病压缩理论	压缩、发病率、危险度因子、趋势、冠心病（2003）、经济评价（2003）、市场、德国、附属地、医疗保健
7	公共教育支出和代际冲突	公共教育、政治经济学、代际冲突、开支、不均等（2006）、需求、财政、人口老龄化（2010）、福利、人口变化
8	人体测量学	人体测量学、长期趋势、高度、人力资本、权重、印度人、身材
9	直肠结肠癌筛查	筛查、直肠结肠癌、预期寿命、支出、欧洲
10	安康功效值	安康功效值、普遍人群、间歇性跛行、成本－效用分析、价值、收入（income）❷、自评健康、高血压、生活质量、时间
11	血脂异常与糖尿病	血脂障碍、糖尿病、生命周期、患病率、疾病（desease）、健康、儿童、生产率、就业
12	临终成本	生命、老龄化（aging）、临终成本、决定因素、模型（models）、去年、发达国家、OECD 国家、人口、长期护理
13	随机死亡率模型	随机死亡率、扩展、人口数、Lee-Carter 模型、不确定性、模型（model）、长寿、选择（selection）、人口统计学、国家
14	出行行为	体力活动、步行、周期工作、安全措施、社会经济地位、出行行为、发展中国家（2009）、活动性、超重、态度
15	随机对照试验	随机对照试验（2006）、经济评价（2007）、香烟、伤残、健康状况、5 年随访、青少年、处理

❶ 达到阈值的时间不同但中文含义相同的关键词在 CiteSpace 中被视为不同的关键词，标注时间以示区分。

❷ 相同单词的不同形式或中文翻译相同的一对不同单词，标注英文以示区分。

续表

聚类号	聚类名称	聚类成员
16	储蓄率	人口统计资料、青年、商业周期、储蓄率、永久收入假说、中国、生命周期模型、储蓄（2007）、价格、面板数据
17	卫生保健	健康保险、影响、卫生保健、需求模型、使用权、老龄化（aging）、发展中国家（2007）、药物使用、决策、可靠性
18	死亡率与人口健康	生长激素缺乏症、死亡率、体重指数、澳洲、幸福、妇女、人口健康、生育力、人口过渡、存活率
19	养老金改革	社会保险、遗产、投资、养老金改革、未来、财政政策、养老金（pensions）、内生性增长、人口老龄化（2005）、家庭
20	经济转型	经济增长、世代交叠模型、转型（transition）、储蓄（2005）、移民（immigration）、英国、债务、教育、年龄结构、长期预测
21	世代交叠	台湾、增长、规格、退休、世代交叠、福利国家、容量、孟加拉、改革、代际转移支付
22	劳动力	结果、规模、经济、劳动力、效用（utilities）、瑞典、绩效、冲击、偏好、年长者
23	资产配置	投资组合、资产配置、理财能力、性别差异、参与
24	失业	工资、收入（earnings）、失业率、失业保险、劳动力市场、自主创业、动态、移民（immigrants）、收入不平等、政策
25	支付意愿	质量、支付意愿（2010）、选择（choice）、经验主义、期望、比率
26	交通行为	交通、土地使用、建成环境、步行方便程度、社区
27	撒哈拉以南的非洲	撒哈拉以南的非洲、传染病、南非、荟萃分析
28	营养不良	营养学、营养不良、资源、印度、快餐、出生体重、推论、亚洲、农业、性别
29	停止驾驶	汉密尔顿都市普查区、停止驾驶、可持续性、老年人
30	社会保障	保险、大分流、财富、人口老龄化（2007）、智利、公共养老金、社会保障、迁移、下降、Lee-Carter 方法
31	青年时期	青年时期、经历、决定、婚姻、异质性、市场、面板数据
32	非甾体抗炎药物	双盲法、随机对照试验（2001）、非甾体抗炎药物
33	迁移经济学	迁移、经济学、歧视、预测、功效
34	职业	法国、职业、模式、前景、加拿大、运输
35	经济负担	群体、经济负担、不平等（2012）、不景气、贫穷
36	疾病	疾病（illness）、履行、荷兰、效用（utility）、成人死亡率
37	创业	创业、养老金（pension）、转型（transitions）、效率

（二）战略坐标分析

1. 基于新颖度和关注度的研究方向分区

绘制以聚类的关注度为横轴、新颖度为纵轴的战略坐标图，如图3所示。

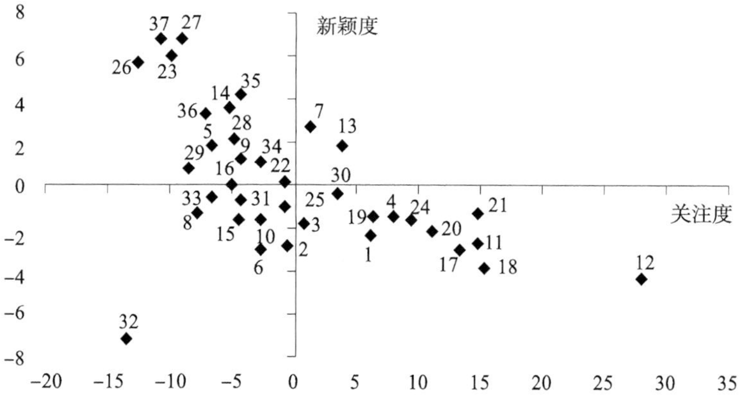

图3　2000—2015年 Web of Science 中人口老龄化领域的战略坐标图

聚类7和聚类13位于第一象限，它们的新颖度和关注度均大于0，它们所代表的研究内容是2000—2015年人口老龄化领域相对比较成熟的研究内容和方向，将其定义为2000—2015年人口老龄化研究的“核心”内容，是目前人口老龄化英文研究的热点领域。聚类7和聚类13分别为“公共教育支出和代际冲突”和“随机死亡率模型”的相关内容。

第二象限的聚类新颖度大于0，而关注度小于0，这些聚类所代表的研究内容属于2000—2015年人口老龄化领域新出现的研究方向，但是在学术界的受关注程度还不高。随着时间的推移，这些新兴的研究领域将会有两种发展方向：一是随着学术界相关研究的增加，关注度有所提高，该研究方向从第二象限转移到第一象限，成为人口老龄化领域的核心研究内容；二是受世界经济动态变化的影响，该研究方向的关注度持续不高，则此聚类将转移到第三象限，成为被边缘化的研究内容。因此，将第二象限的研究内容称为“潜在”研究领域。

位于第三象限的聚类，新颖度和关注度都小于0，它们所代表的研究方向受学术界的关注程度不高，时间又比较靠前，将其定义为“边缘化”的研究内容。这些聚类可能曾经是人口老龄化领域比较热门的课题，近几年淡出了人口老龄化研究的主流视域；也可能是在人口老龄化领域一直关注度不高，近几年研究仍相对较少的领域。

位于第四象限的聚类，关注度大于0，新颖度小于0，说明它们虽然不是近几年的新兴研究方向，但受关注程度一直居高不下。这些聚类所代表的研究内容为人口老龄化经济学领域的“基础”研究。

2. 研究热点和潜在热点分析

在图3中，根据新颖度和关注度的指标含义以及各个象限的含义，“临终成本”“死亡率与人口健康”“血脂异常与糖尿病”“世代交叠”受关注度较高，是2000—2015年人口老龄化研究的热点领域。而“撒哈拉以南的非洲”“创业”“资产配置”“交通行为”则是这段时期人口老龄化研究中比较新颖的研究领域，它们有可能成为人口老龄化研究未来的热点问题。

在战略坐标图中，可以清楚地看到当前关注度和新颖度都较高的研究方向，即聚类7和聚类13。根据聚类7的成员构成可以确定其主要是关于“公共教育支出和代际冲突”的研究。国内外学术界对老龄化条件下的公共教育支出的关注从2008年开始升温，一些学者从社会群体博弈的角度出发，认为老年人口比重增加会提高医疗和社会保障的话语权，降低政府教育投入的话语权，老龄化加剧了公共人力资本投资的代际冲突。基于实证分析的结果却并不明朗，有的研究发现工业国家的人口老龄化将会对政府的公共教育支出产生挤出效应，但有研究结果却支持老年人口比重上升将提高每个学生的教育支出，这也引起了诸多国内外学者对该问题的关注。还有学者从人力资本积累的角度入手，分析了老龄化通过影响公共教育支出来影响经济增长等问题。聚类13是关于“随机死亡率模型”的相关问题。以Lee-Carter模型为代表的随机死亡率模型主要用来预测未来死亡率的变动，是识别和度量长寿风险的基础性工具。根据人口学的研究，决定老龄化程度有两个最关键的原因：一是预期寿命，二是生育率水平。长寿带来的人口老龄化风险对国家养老金制度、保险公司的养老金业务和企业年金影响日益深化。随着世界各国逐步迈入老龄化社会，对随机死亡率模型的研究得到国际学术界的持续关注。

2000—2015年具有较大关注度但缺乏新颖性的领域主要有“心血管疾病”“血脂异常和糖尿病”“临终成本”“养老金改革”“世代交叠”等。这些研究方向提出较早，受到持续而广泛的关注，相关研究成果较为成熟，在人口老龄化领域的研究中处于重要的基础地位。例如，心脏病、中风、癌症、糖尿病等慢性非传染性疾病是老年人面临的主要威胁，伴随着人口老龄化进程的不断深化，由此带来的社会养老负担也不断增大，相关问题受到卫生经济学和公共经济学等领域专家学者的关注；而“世代交叠模型（OLG）”经过修改和拓展，被广泛应用到公共养老金、住房和能源消费、劳动力市场和税收等领域的人口老龄化研究中。

此外，人口老龄化领域新兴起却还没有被学术界普遍关注的研究方向主要有聚类 23、聚类 26、聚类 27 和聚类 37。聚类 23 主要是关于“资产配置”问题的研究，现阶段该问题在人口老龄化领域的研究较为分散，基本上可以分为 3 个方向：一是养老基金的投资组合问题；二是个体退休后的投资规划选择，即遵从保守的养老金制度还是进行积极的投资规划，对人寿保险和私人养老保险需求的研究也属于这一方向；三是年龄对投资组合的影响，一般是探讨年龄与风险资产持有偏好的关系。聚类 26 是关于老年人“交通行为”的研究，快速的老龄化引起一些学者对老年人交通行为特征的研究兴趣，在“积极老龄化”和“健康老龄化”理念的影响下，越来越多的研究人员关注交通行为对老年人生活质量的影响，目前的研究已经对“停止驾驶对老年人健康状况的影响”“建成环境的交通便利性对老年人总体活动量的影响”“交通行为对老年人体重指数的影响”等问题有所涉及。聚类 27 主要是关于“撒哈拉以南的非洲”的研究，这些少量的研究关注了撒哈拉以南的非洲的传染病特别是 HIV 的问题。在撒哈拉以南的非洲，中老年人（50 岁及以上）约占 HIV 呈阳性的 15 岁及以上人口的 15%，对 HIV 阳性人口的老龄化的研究，以及调整 HIV 医疗服务的目标，从而满足中老年 HIV 携带者日益增加的医疗需求意义重大。聚类 37 对老龄化相关的创业问题进行了初步探讨，如“创业决策与年龄的倒 U 形关系”“退休人员对自我雇佣与被雇佣的选择”等。随着人口老龄化的加剧，传统就业市场将无法满足总的就业需求，老年人的自我雇佣就会不断增加，这也是老年人实现自我价值、“积极老龄化”和劳动力市场改革的目标要求，虽然已有研究尚不成熟，但该问题很可能成为未来人口老龄化领域重要的研究课题。

（三）国际英文文献所关注的中国老龄化经济问题

从 1931 篇论文中筛选出有关中国问题的研究文章，共得到 87 篇研究中国人口老龄化经济学问题的论文。使用 CiteSpace 进行关键词的共现分析，生成 2000—2015 年中国老龄化经济学问题的关键词共现知识图谱（见图 4）。去掉作为检索的关键词“China”和“population aging”，以便更好地关注具体的研究内容，并按照关注度排序归类整理了10个研究方向。

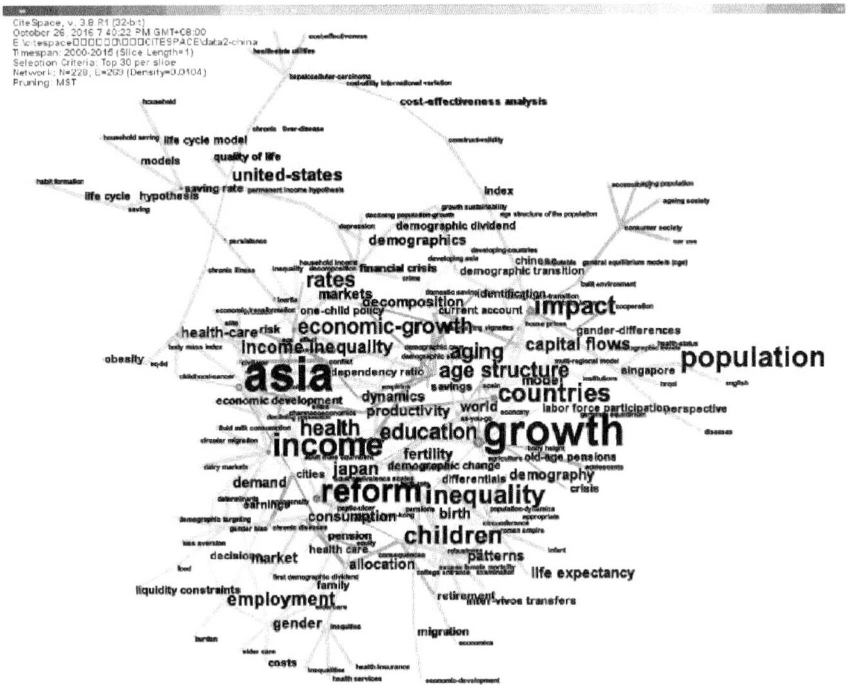

图4　2000—2015年中国老龄化经济学问题的关键词共现知识图谱

（1）亚洲的老龄化问题。关键词“亚洲”共现频次最高，原因是亚洲各国正处在人口转变的不同阶段。中国的老龄化程度虽然比不上日本，但老龄化的速度极为惊人，很多学者以中国作为典型样本分析了亚洲的人口老龄化问题，如人口结构转变、储蓄率、社会保障和劳动力市场发展等。

（2）经济增长。主要包括人口老龄化和国民储蓄增长，人口结构变化对经济增长的影响，中国的经济增长和大规模移民，人口红利和经济发展的关系，中国中等收入陷阱的年龄因素，老龄化对中国经济增长的威胁，人口老龄化与住房消费，基于系统动力学的老龄化－经济－社会研究，人口老龄化、消费预算分配和部门的增长等问题。

（3）养老金改革。主要包括养老金改革和财政危机，养老金制度中的中长期被动投资策略，养老保险制度改革的机遇和挑战等问题。

（4）代际关系。主要包括代际转移、人力资本和长期增长，全球经济、老龄化和代际不平等，孩子对年迈父母的代际转移，代际差距对消费不平等的影响等问题。

（5）差距和不平等。主要包括人口老龄化对收入不平等的影响，养老保险的不公平问题，招聘中的性别歧视，人口健康的民族差距等问题。

（6）劳动力市场。主要包括中国的劳动力转移，农村就业和工资，人口和劳动力市场的变化对经济增长的影响，中国的劳动力市场该如何应对人口红利结束，医护人员的劳动力供给，人口老龄化与劳动力市场中信任和互惠的决定因素，已婚妇女对儿童和老年人的照料与劳动力市场参与，城市失业工人再就业等问题。

（7）财政金融。主要包括人口老龄化和财政政策，年龄结构和经常账户盈余，人口和低频资本流动，预期寿命与民办教育投资，省政府卫生支出的决定因素，人口趋势和国际资本流动，老龄化和资产收益率，家庭储蓄的决定因素等问题。

（8）社会保障。主要包括人口老龄化和社会保障，长期护理保险，社区居家养老服务，家庭养老与养老金制度缺失等问题。

（9）老龄化在城市与农村。主要包括中国农村的老人赡养和养老金，农村的医疗服务，中国的城乡移民是永久居留还是环形迁移，城市社区的养老公共服务，城市和农村的养老保障制度，老龄化条件下的农村儿童，从养老金看城市收入再分配等问题。

（10）健康卫生。主要包括中国的性别健康差距，独生子女政策是否影响老年健康，家庭内部的营养不平均分配，健康评估，生活健康质量与体重指数，糖尿病等问题。

三、结论

采用共词分析、聚类分析和战略坐标相结合的方法，描述了当前国际英文论文中人口老龄化经济学领域的研究现状、热点和趋势。归集了2000—2015年国际英文论文范围内人口老龄化领域发文量居前的作者、国家、研究机构等信息。通过共词聚类和战略坐标图，发现“临终成本”“公共教育支出和代际冲突”“随机死亡率模型”“世代交叠”等相关问题是学界关注的热点，这说明人口老龄化领域的学者在这几个学术内容上的研究较多。而新颖度较高的则有“资产配置”“交通行为”“撒哈拉以南的非洲”“创业”“经济负担”“出行行为”等，表明在人口老龄化的经济学研究领域中，这几个学术研究领域是目前比较新的、有待于进一步研究的领域。此外，提炼了国际上所关注的中国人口老龄化问题，主要有“亚洲的老龄化问题”“经济增长”“养老金改革”“代际关系”“差距和不平等”等内容，希望这些分析结论为今后国内外的人口老龄化研究提供参考和借鉴。需要说明的是，分析所使用的可视化软件和共词分析相结合的方法，虽然可以直观、全面地揭示人口老龄化经济学研究领域的研究现状、热点和趋势，但其中可能存在一些局限，诸如“标引者效应”的存在、数据规范化处理和阈值的设定等，这可能对分析结果有一定的影响，但不会影响基本结论的得出。

我国政治经济学研究领域前沿动态追踪

——对2000年以来CNKI数据库的文献计量分析*

一、数据库的选择和数据统计

本文所统计的数据来自CNKI。根据2010年第五版《中国图书馆分类法》查找到政治经济学的分类代码，共获得5个相关分类代码（F0－0、F03、F038、F04、G633.23）❶，由这5个分类代码用布尔逻辑式语言“或”组构检索式（F0－0或F03或F038或F04或G633.23），检索时间段设置范围为2000—2013年，检索期刊论文类别设置为经济或管理科学、全部期刊，最终检索到有关政治经济学领域的文献共计4350篇，剔除其中的会议通知、会议综述、编者评论、刊首语、新书评介等，最后获得有效论文文献3857篇（见图1），检索和更新时间为2014年12月。

（一）论文分布年度

根据图1，从3857篇政治经济学领域的中文学术论文的年度分布情况来看，自2000年以来，我国政治经济学领域的发文量相对平稳，总体上略有下降。其中2003—2005年发文量呈递减趋势，从2006年开始，基本趋于平稳；2008年发文量最少（139篇），之后发文量略有上升。从2000—2013年政治经济学领域的中文发文年度分布来看，国内学者对政治经济学的关注度有下降趋势，但2007年以后政治经济学领域的研究呈现平稳发展的态势。

---

* 罗润东，徐丹丹．我国政治经济学研究领域前沿动态追踪：对2000年以来CNKI数据库的文献计量分析［J］．经济学动态，2015（1）：86－95．有改动。

❶ 这些代码涵盖的文献范围分别为：F0－0，马克思主义政治经济学（总论）；F03，资本主义社会生产方式；F038，垄断资本主义－帝国主义；F04，社会主义社会生产方式；G633.23，政治经济学。

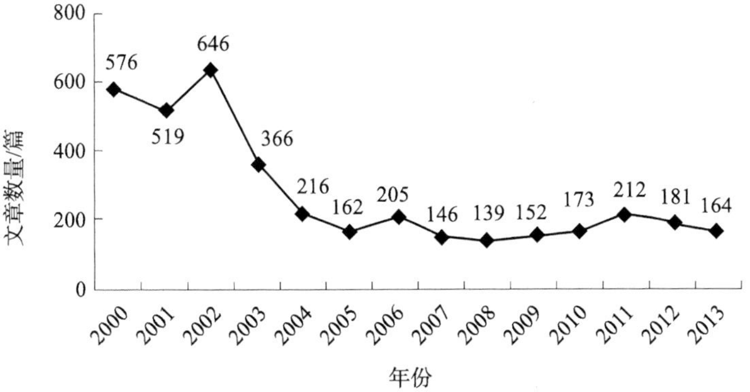

图 1　2000—2013 年 CNKI 中政治经济学研究领域发文量年度分布

（二）刊发政治经济学的主要期刊

文献计量的结果显示，2000—2013 年我国刊发政治经济学研究领域中文论文在 30 篇以上的学术期刊有 10 种。其中，载文量最多的是《当代经济研究》（118 篇），该刊作为中国《资本论》研究会会刊，着重发表国内外学者关于《资本论》、政治经济学、经济思想史、西方经济学等领域的最新研究成果，为理论经济学核心期刊。其次是《教学与研究》（55 篇），该刊定位是为马克思主义理论教育与研究服务，为推动马克思主义理论的教学与研究发挥促进作用；载文量居于第 3 位的是《经济学动态》（38 篇），该刊坚持宣传和研究马克思主义的经济理论，及时反映国内外经济理论动态，同时探讨和跟踪其他国家经济学派的最新观点。载文量居前 10 位的其他期刊还有《经济学家》《政治经济学评论》《国外理论动态》《马克思主义研究》《马克思主义与现实》等期刊。在上述期刊中，2000—2013 年 CNKI 中政治经济学发文量居前的 CSSCI 期刊主要有《当代经济研究》《教学与研究》《经济学动态》等，见表 1。

表 1　2000—2013 年 CNKI 中政治经济学研究领域发文量居前的 CSSCI 期刊分布

期刊	载文量/篇	期刊	载文量/篇
《当代经济研究》	118	《国外理论动态》	37
《教学与研究》	55	《马克思主义研究》	33
《经济学动态》	38	《马克思主义与现实》	31
《经济学家》	37	《经济经纬》	26
《政治经济学评论》	37	《江汉论坛》	25

二、实证分析

（一）关键词共现矩阵

CiteSpace 可视化软件的主要功能是对输入的文献数据进行可视化分析和矩阵生成，然后运用生成的矩阵获得关键词共现矩阵。运用 CiteSpace 生成实证研究所需要的矩阵的具体步骤如下：①对政治经济学领域的文献数据进行标准化处理，主要是对文献进行筛选，确保数据属于政治经济学领域。②对文献数据的关键词进行规范化处理，主要包括：无关键词文献的关键词提取；对已有关键词的文献中不规范关键词的删除，如现状、对策、因素等无明确指向的关键词；关键词的同义词、缩写词的统一和规范，如将“劳动价值理论”和“劳动价值论”统一为“劳动价值论”等。③对政治经济学领域的文献数据进行格式转换，这是因为 CiteSpace 对输入的数据有具体格式要求，须在输入软件之前将数据格式转换成软件默认的格式。④对 CiteSpace 软件进行相应的设置，在设置界面主要操作如下：时间切片设为每年一个时段；根据本部分的需要将分析的内容设为关键词；阈值分别设定为（3，3，10）、（3，3，10）、（3，3，10）。⑤运行 CiteSpace 软件，在“project”文件夹中生成关键词矩阵。

运行结果共获得 438 个高频次关键词，生成关键词共现网络知识图谱（见图 2），图谱中节点的大小表示该关键词在文献中出现频次的高低，节点越大，频次越高；节点之间的连线表示关键词之间共现关系的强弱，连线越粗，共现的强度越大。

图 2 显示，2000—2013 年政治经济学研究领域文献的关键词共现频次最高的是“社会主义”（279），其次是“市场经济”（277）和“资本主义”（277）。关键词共现频次居前 10 位的还有“按劳分配”“社会主义市场经济”“政治经济学”“劳动价值论”“马克思”“按生产要素分配”和“马克思政治经济学”。这 10 个关键词所表征的研究内容形成 2000—2013 年我国政治经济学研究领域的主体内容，构成了我国政治经济学研究领域知识网络的主要路径。

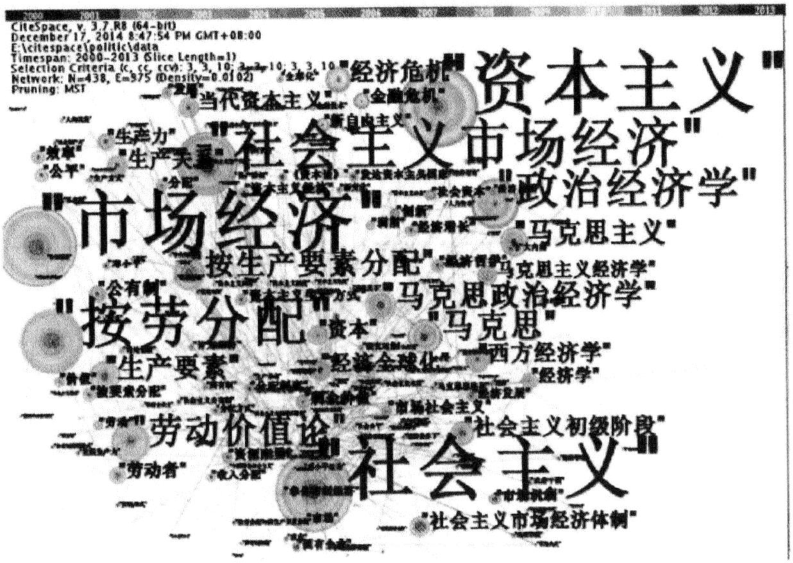

图 2　2000—2013 年政治经济学研究领域的关键词共现知识图谱

（二）共词聚类分析

本文分析中所采用的聚类分析方法不同于目前普遍采用的聚类方法，而是借鉴了卡龙等的聚类原则来进行聚类划分，基本步骤如下：①在 CiteSpace 软件生成的共现方阵（438×438）中，查找余弦指数最高的一对关键词，作为第一个聚类的主题词。②将方阵中的 438 个关键词与该对关键词中的任一关键词的余弦指数进行降序排列，由高到低选取前 10 个关键词（若余弦指数大于 0 的关键词不足 10 个，只取余弦指数大于 0 的关键词；若余弦指数大于 0 的关键词超过 10 个，只选取前 10 个关键词加入该聚类），其中关键词不得重复，并包括作为主题词的一对关键词。③第一个聚类生成后（或者饱和，或者余弦指数大于 0 的不足 10 个关键词），在方阵中将已加入到聚类中的关键词删除掉（需要行、列同时删除），以保证已加入到聚类中的关键词不会加入到其他聚类。④反复进行步骤①~③，就可以逐一地生成聚类，一直进行到将所有存在共现关系的关键词都加入到聚类中为止。若矩阵中虽然还有关键词，但这些关键词之间已经没有共现关系，即所有的关键词间的共现强度为 0（余弦指数等于 0），聚类生成结束，则所剩的关键词不再加入任何聚类。

在438个高频关键词中"社会主义"的词频最高（Freq=279），但只根据高频关键词个体无法识别研究内容和方向。因此，借鉴卡龙的聚类分析方法，通过聚类分析来识别研究内容和研究方向。按照上述的聚类方法和原则，将438个关键词划分出68个聚类。其中有些聚类只有2个聚类成员，这类聚类因不能准确反映该聚类所代表的研究方向和内容，不能作为分析对象，故将其删除，最后形成的有效聚类共有29个。根据每个聚类所包容的关键词，可以概括出该聚类的名称，29个聚类名称就是该领域的主要研究内容和研究方向的合并（见表2）。

表2 聚类名称及构成内容

聚类号	聚类名称	聚类成员
1	公平效率	效率、公平、按贡献分配、生产力、邓小平、贫富差距、社会发展、竞争、关系
2	所有制	个人所有制、公有制、私有制、非公有制、实现形式、市场、生产社会化、商品市场、社会主义、所有制
3	国有企业分配	按劳动力价值分配、国有企业、按劳分配与按生产要素分配、分配方式、按劳分配为主体、劳动和劳动价值论、资源配置、生产劳动、多种分配方式
4	经济学理论	西方经济学、马克思政治经济学、马克思主义经济学、政治经济学理论、社会主义经济建设、资本主义生产方式、经济人、资本主义生产关系、经济自由主义
5	消费需求	消费需求不足、消费率、投资需求、正确处理、消费政策、扩大内需
6	经济学研究	经济学研究、经济学家、哲学研究、市场机制、资本主义生产、社会主义社会、政府失灵、经济基础、制度安排、研究对象
7	资本主义经济	资产阶级、意识形态、帝国主义、社会主义、马克思主义、国家垄断资本主义、资本主义社会的基本矛盾、正确认识、新自由主义、自觉资本主义
8	通货膨胀	通货膨胀、经济转轨、非国有化、资本范畴、世界经济、新特点
9	社会主义经济	商品关系、社会主义条件下、按劳动力要素分配、中国特色社会主义、生产资料、社会主义市场经济理论、价值规律、共同富裕、资本主义
10	政府与市场	公共产品、市场与政府、市场主体、市场失灵、政府职能、政府经济职能、政府行为、社会转型

续表

聚类号	聚类名称	聚类成员
11	产权信用	产权、信用、分工、劳动力商品、劳动力
12	经济全球化	经济全球化、新变化、国际金融危机、当代资本主义、世界体系、跨国公司、经济伦理学、制度创新、危机、资本
13	经济周期	经济周期、新经济、美国经济、有效需求、技术创新、消费需求
14	金融资本	金融资本、金融化、金融垄断资本主义、垄断
15	交易成本	交易费用、产权制度、经营者、新古典经济学、技术进步、国有经济
16	劳动收入	合法的劳动收入、非法的劳动收入、十六大报告、“剥削”、非公有制经济
17	劳动价值论	劳动、财富、价值、经营管理、管理劳动、分配、技术、特点、计划经济、劳动价值论
18	生产力与生产关系	社会生产力、生产关系、国家干预、生产方式、“三个代表”、社会主义制度、先进生产力发展、生产力发展、人的发展、资本主义制度
19	经济学方法论	经济学、哲学、研究方法、中国、政治经济学、自然垄断、经济哲学、马克思恩格斯创新
20	资本家与剥削	剥削问题、资本家、虚拟资本、参与分配、剩余价值、社会主义理论、方法论
21	金融危机	金融危机、美国、资本主义经济危机、国内生产总值、基本矛盾、西方国家、资本主义社会、凯恩斯主义、西方资本主义、次贷危机
22	私营经济	私营经济、剥削、按劳分配、管理、生产要素、私营企业主、剥削现象、资本主义危机、物化劳动
23	分配制度	分配制度、效率与公平、企业家才能、收入分配、按贡献参与分配
24	资本积累	资本、积累、以人为本、本质、市场经济
25	价值取向	社会化、利益、价值取向
26	创造价值	创造价值、与时俱进、《资本论》、“七一”讲话、劳动生产率、江泽民
27	经济伦理	经济伦理、自由、对策、和谐社会
28	现代企业制度	股票期权、亚当·斯密、中国传统文化、现代企业制度、剩余索取权
29	市场调控	市场经济条件、宏观调控、市场调节

（三）战略坐标图分析

1. 研究领域分区

根据聚类的新颖度和关注度绘制战略坐标图，如图3所示。根据战略坐标的各个象限的含义，“资本积累”“资本主义经济”“社会主义经济”“私营经济”“经济学方法论”是2000—2013年政治经济学研究的热点。而“金融资本”“金融危机”和“经济全球化”则是这期间政治经济学研究中比较新颖的研究领域，它们有可能成为政治经济学未来的研究热点。

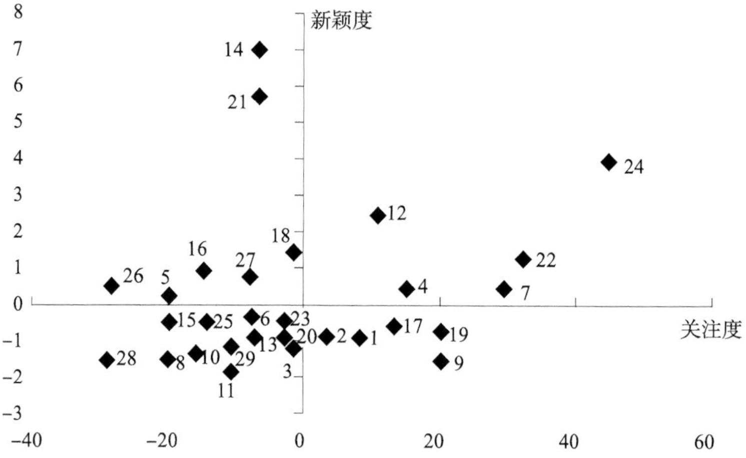

图3　2000—2013年CNKI中政治经济学研究领域的战略坐标图

位于第一象限的序号为4、7、12、22和24的聚类，其新颖度和关注度均大于0，表明这些聚类所代表的内容是2000—2013年政治经济学领域相对比较成熟的研究内容和方向，即属于2000—2013年的政治经济学理论研究热点，是目前我国政治经济学研究领域的核心内容。它们具体包括“经济学理论”“资本主义经济”“经济全球化”“私营经济”“资本积累”的相关内容。

位于第二象限的序号为5、14、16、18、21、26、27的聚类的新颖度大于0，而关注度小于0。这表明该聚类所代表的研究内容属于2000—2013年国内政治经济学研究领域新出现的学术研究热点，但是受关注程度还不高。这些学术研究热点或将是政治经济学研究领域关注的研究课题，称为政治经济学的潜在型研究领域。其中一些内容将会随着关注度的提高，成为政治经济学研究领域的重要内容。它们的具体领域包括“消费需求”“金融资本”“劳动收入”

“生产力与生产关系”“金融危机”“创造价值”“经济伦理”。

位于第三象限的序号为3、6、8、10、11、13、15、20、23、25、28、29的聚类其新颖度和关注度都小于0，这些聚类的受关注程度不高，又都是在时间上比较靠前的研究，近些年的研究较少。这表明该聚类所代表的研究内容属于2000—2013年国内政治经济学领域的边缘型研究。这些聚类有两类：一类是曾为政治经济学领域研究比较热的课题，但由于其具有时效性或者受政治经济环境变化的影响，这些聚类最近已经退出了学术研究的主流；另一类是在2000—2013年政治经济学领域一直受关注程度不高，近几年研究仍相对较少的领域。它们分别是“国有企业分配”“经济学研究”“通货膨胀”“政府与市场”“产权信用”“经济周期”“交易成本”“资本家与剥削”“分配制度”“价值取向”“现代企业制度”“市场调控”。

位于第四象限的序号为1、2、9、17、19的聚类其关注度大于0，新颖度小于0，表明这些聚类所代表的研究内容属于当前国内政治经济学领域的基础型研究内容。这些聚类的构成成员是2000—2013年中在时间上较靠前的研究，从新颖度来看不是新的研发热点，但多年来受关注程度一直较高。它们具体包括“公平效率”“所有制”“社会主义经济”“劳动价值论”“经济学方法论”的内容。

2. 研究热点和潜在热点

在以关注度为横轴、新颖度为纵轴的战略坐标图中，依据新颖度和关注度的指标含义，以及战略坐标的象限位置的含义，可以清楚地看到目前关注度和新颖度都较高的研究领域。图中序号为7、22、24的聚类其关注度和新颖度都较高，聚类24受关注的程度最高，根据聚类24的成员构成可以确定其主要是关于“资本积累”的研究。一方面，在技术进步加速的背景下，当代资本主义发展呈现出一系列新的特征；另一方面，随着市场经济制度的发展，国内外许多学者进一步探讨了当代资本主义条件下与社会主义市场经济条件下的资本积累新发展。聚类7和聚类22则是关于“资本主义经济”和“私营经济”的研究。其中，现阶段对资本主义经济的研究主要集中于3点：第一，随着经济全球化和知识经济的发展，许多学者分析资本主义经济在全球化背景下展现的新变化、新特征；第二，探讨资本主义的基本矛盾，例如关于资本主义基本矛盾随着科技革命的发展不断演化的研究，资本主义的基本矛盾在当代的现实变化主要表现为资本对雇佣劳动剥削的隐蔽化、贫富两极分化的加剧、人与自然关系的激化等；第三，许多学者讨论的焦点集中于欧洲主权债务危机的发生原因及其对全球经济的影响，国际金融危机和债务危机的政治经济学理论研究等，这进一步丰富了当代关于资本主义经济问题的研究。改革开放以来，我国私营经济得到迅速的发展，随着以公有制为主体混合经济格局的形成，私营经济在实现充分就业、促进经济增长、培育市场主体和促进市场发育等方面发挥着越来越大的作用，私营经济得到了越来越多的学者的关注。经济领域学者从私营经济的存在和发展、私营经济的性质、私营经济发展的制约因素等方面进行探讨，由此形成2000—2013年政治经济学领域的另一研究热点。

在战略坐标图中，2000—2013年具有较大关注度但是缺乏新颖性的领域主要有聚类9“社会主义经济”和聚类19“经济学方法论”，这些研究方向在我国政治经济学领域研究中处于基础支撑的地位。此外，从新颖度角度来看，具有一定的新颖度但关注度不足的主要有聚类14“金融资本”和聚类21“金融危机”，这些位于第二象限的聚类“金融资本”和“金融危机”等属于新兴的研究内容，随着学者们进一步研究的增加，其关注度将会继续提高。从实践上来看，2008年爆发的全球金融危机暴露了当代经济和社会模式的缺陷，许多经济学家开始着眼于用政治经济学理论研究金融危机，探讨金融危机的发生原因及其对全球经济的影响，用政治经济学理论分析国际金融危机和债务危机。目前条件下，这两个聚类在政治经济学领域研究关注度相对较低，但可能成为未来政治经济学研究的热点问题。

三、文献的分类排序特征

（一）政治经济学领域发文量排名居前的作者

设置阈值显示发文量排名前150位的高产作者，以2000—2013年作为一个时间跨度，运行CiteSpace软件，形成高产作者的知识网络图谱（见图4），显示出这段时间内我国政治经济学研究领域的高产作者以及作者之间的合作情况。

在图4中，2000—2013年我国政治经济学领域发文量最多的作者是中国人民大学卫兴华（19篇），其主要的研究方向和内容为社会主义经济、经济学理论研究、劳动收入和分配制度；2000—2013年其学术论文被引频次较高的主要有《〈资本论〉的研究对象、结构和学习的意义》《马克思政治经济学对象问题的再探讨》《"一切合法的劳动收入和合法的非劳动收入"浅说》等。其次是中国人民大学的胡钧（11篇）和湖南大学的李松龄（11篇），其中胡钧的主要研究方向和内容为社会主义经济和经济理论；李松龄的主要研究方向和内容为价值理论和分配制度、效率和公平、经济理论。发文量居前的作者还有程恩富（10篇）、周叔莲（10篇）、于金富（10篇）、胡培兆（10篇）和李炳炎（9篇），见表3。

图4　2000—2013年政治经济学研究领域的高产作者

表3　2000—2013年政治经济学研究领域发文量居前的作者

作者	发文量/篇	主要研究内容
卫兴华	19	社会主义经济、经济学理论研究、劳动收入和分配制度
胡钧	11	社会主义经济、经济理论
李松龄	11	价值理论和分配制度、效率和公平、经济理论
程恩富	10	经济理论、劳动价值论、经济危机
周叔莲	10	社会主义和市场经济、经济理论
于金富	10	社会主义经济、资本主义经济、经济学方法、经济理论
胡培兆	10	劳动价值论、资本的原始积累、经济理论
李炳炎	9	社会主义市场经济、经济理论、劳动价值论

（二）政治经济学领域发文量排名居前的机构

设置阈值显示发文量排名前150位的科研机构，以2000—2013年作为一个单位时间跨度，运行 CiteSpace 软件，形成高产的科研机构知识网络图谱，如图 5 所示。

图 5　2000—2013 年政治经济学研究领域的科研机构知识网络图谱

2000—2013 年政治经济学领域发文量最多的科研机构是中国人民大学（177 篇），其次是复旦大学（73 篇），第 3 位是武汉大学（72 篇），发文量居前的科研机构见表 4。进一步分析上述科研机构的内部发文构成发现，中国人民大学政治经济学领域发文量主要来自中国人民大学经济学院（71 篇）、中国人民大学马克思主义学院（32 篇）、中国人民大学哲学院（10 篇）、中国人民大学国际关系学院（7 篇）和中国人民大学研究生院（4 篇）等。复旦大学政治经济学领域发文量主要来自复旦大学经济学院（17 篇）、复旦大学哲学系（10 篇）、复旦大学经济系（7 篇）、复旦大学哲学学院（4 篇）、复旦大学当代国外马克思主义研究中心（4 篇）、复旦大学世界经济系（4 篇）和复旦大学国际关系与公共事务学院（4 篇）等。武汉大学政治经济学领域发文量主要来自武汉大学商学院（22 篇）、武汉大学政治与公共管理学院（14 篇）、武汉大学经济发展研究中心（6 篇）和武汉大学哲学学院（4 篇）等。

表 4　2000—2013 年政治经济学研究领域发文量居前的科研机构

科研机构	发文量/篇	科研机构	发文量/篇
中国人民大学	177	厦门大学	54
复旦大学	73	北京大学	51
武汉大学	72	上海财经大学	46
中共中央党校	63	西南财经大学	45
南开大学	60	吉林大学	45
南京大学	55	山东大学	38

需要说明的是，有些机构（如中国社会科学院等）的政治经济学领域发文量在 CNKI 中按二级机构排序，故未在表 4 中反映出来。但就其二级机构发文量看仍具有一定的优势地位，例如中国社会科学院政治经济学领域发文量主要来自中国社会科学院经济研究所（33 篇）、中国社会科学院马克思主义研究院（23 篇）、中国社会科学院研究生院（6 篇）、中国社会科学院马列所（5 篇）、中国社会科学院世界社会主义研究中心（4 篇）等。

四、结论

本文借助文献计量软件 CiteSpace，采用共词分析、聚类分析和战略坐标相结合的文献计量方法，对 CNKI 中政治经济学领域的中文文献进行计量、分类排序，具体描述了 2000—2013 年我国政治经济学领域的研究状况、关注的研究热点和新颖的研究方向。根据本文的研究结果，关注度较高的是“资本积累”“资本主义经济”“私营经济”等，说明政治经济学研究领域的学者在这几个学术内容上的研究比较集中。而新颖度较高的则是“金融资本”“金融危机”等，显示出在近些年政治经济学领域中，这几个学术研究领域是中国目前较新的、有待于进一步开拓的领域。此外，本文还进一步归集了 2000—2013 年中国政治经济学领域发文量排名居前的作者、研究机构等信息，希望这些分析和结论为我国今后的政治经济学理论研究提供参考和借鉴。需要说明的是，在本研究中运用了可视化软件和共词分析相结合的方法，虽然可以直观、全面地揭示政治经济学研究领域的现状、热点和趋势，但其中可能存在一些局限，诸如“标引者效应”的存在、数据规范化处理的阈值的设定等，这可能对分析结果产生微弱的影响。其虽不会影响得出基本的分析结论，但值得在后续研究中进一步改进。

方法探讨与学科借鉴领域

战略坐标视角下的专利技术主题分析

——以第三代移动通信技术为例*

一、数据来源和研究方法

（一）数据来源与规范化

第三代移动通信技术（3G）自 2000 年 5 月由国际电信联盟（ITU）提出并规定具体要求后，获得了广泛的研究和关注，相关的专利技术不断涌现，国内外的相关专利申请增多。本研究选取美国科学情报研究所（ISI）下辖的德温特专利数据库（DII）作为专利数据来源。DII 数据库可以通过主题、标题、德温特分类代码、德温特手工代码等方式检索。3G 相关的专利文献既包括 CDMA、CDMA2000、WC - DMA、TD - SCDMA 等 3G 技术标准词，也涵盖 Third Generation（3G）、3rd generation mobile communication、IMT - 2000、Universal Mobile Telecommunication System 等具体的技术名称词，同时还面临着词汇概念内涵与外延的差异所导致的数据不准确等问题，如 CDMA 既包括第 3 代移动通信技术，也包括第 2 代与第 2.5 代移动通信技术。因此，根据专家建议和德温特专利数据库公司的咨询回复，本文选择德温特手工代码作为第三代移动通信技术专利文献的检索方式，即 MC =（W05 - D06G5G or W02 - C03C1G or W01 - C01D3G）。最终，检索并下载了 1992—2010 年的专利文献 17864 篇，更新时间为 2011 年 6 月 15 日。

运用 CiteSpace 可视化软件生成共词矩阵，在此基础上运用共词聚类分析

---

* 沈君，王续琨，陈悦，等. 战略坐标视角下的专利技术主题分析：以第三代移动通信技术为例［J］. 情报杂志，2012，31（11）：88 - 94. 有改动。

法和战略坐标法进行研究。因此，需要对所下载的17864篇专利文献进行规范化处理，尽量避免录入专利文献时的格式不统一、录入错误等对研究结果的影响，如技术术语的全称与缩写、技术术语的单复数、技术术语的不同时态、固定专有技术术语、连字符的使用等，规范化处理后，在专利文献中不会出现同一个技术术语的全称与缩写共现、单数与复数共现、不同时态共现、不规则的连字符的使用等现象，这样就为CiteSpace软件生成共词矩阵奠定了良好的基础，更为共词聚类分析和战略坐标分析创造了有利的条件。

（二）主要指标和研究方法

本文的目的是通过构建主要研究指标，再运用战略坐标图，对第三代移动通信技术专利的技术主题的研发状况及未来的发展趋势进行探索。基于整体设计，在研究中需要构建主要计量指标和选用主要研究方法。

1. 指标

（1）余弦指数。余弦指数是用来测度共被引网络或共词网络中，文献之间的共被引关系和强度，或关键词之间的共现关系和强度的重要指标。

本文中余弦指数主要表示给定的一对技术术语在专利文献集合中共现的概率，是在技术术语共现的频次基础上计算出来的重要指标。与其他计量指标相比，余弦指数能在一定程度上降低采用共现频次来评价技术术语间的连接强度的局限性，能够客观地揭示技术术语间的连接强度。余弦指数既考虑了频繁使用的技术术语，也考虑了不经常使用的技术术语，允许重要的技术术语与最不重要的技术术语进行连接。

（2）内联度。在共词知识网络中，某个技术术语与其他技术术语的连接被分成两部分。其中，一部分是该技术术语与其所在的技术群内部的其他技术术语间的连接，即内部连接，用来度量聚类内部的技术术语之间的连接强度的指标，称为“内联度”，即内联度指标用来描述给定的聚类内部知识单元的紧密程度。

（3）外联度。在共词知识网络中的另一部分连接是该技术术语与其所在的技术群之外的其他技术术语间的连接，即外部连接，用来反映技术群间的关联关系，决定该技术群在整个领域中的地位的指标，称为“外联度”，即外联度指标主要用来描述给定的知识群与其他知识群的关联关系。一个聚类与其他聚类相连的边数越多或关联强度越强，则该知识群的中心性相对其他聚类来说就越大。

2. 研究方法

（1）共词分析法。共词分析法是一种常用的共现分析方法之一，其最早在 20 世纪 80 年代被提出；卡龙等人分别于 1983 年和 1986 年提出了共词分析的基础理论和应用实例，从此共词分析法获得了较大的发展；科斯托夫等人根据词频分析抽取了多组词组，并运用邻近词组分析算法，发现了具有代表性的研究主题，以及主题之间、主题与子主题之间的关系，最终运用对等指标计算了词组之间的连接强度，但关键词的共现被限制在 50 个词左右。共词分析法早期主要用于生物技术领域、人工智能领域、科学计量学等领域，目前国内外专家学者已经将共词分析方法应用到了诸多领域，如能源材料领域、图情学领域、燃料电池和医学领域等。通过分析共词关系和强度，可揭示该研究领域的热点、前沿和发展趋势。

（2）聚类分析法。聚类分析法是数据挖掘中的一种很活跃的文献计量和可视化的方法，依据词与词之间的共现强度，把一些共现强度较大的词聚集在一起形成一个个聚类。但因传统的聚类算法是将词间距离最短的词聚集在一起的，存在没有中心概念、聚在一起的词未必能表达同一内容、聚类间的相互关系无法体现等局限性，本研究借鉴卡龙构建技术子簇的方法，即在构建的一个子簇中最多只有 10 个技术术语，将共现矩阵中余弦指数最高的一对技术术语作为该聚类的技术主题，来反映该聚类的核心内容。

聚类的生成方法：①在 CiteSpace 软件生成的共现矩阵（476 × 476）中查找余弦指数最高的一对技术术语，将其作为第一个聚类的技术主题。②将矩阵中的 476 个技术术语与该对技术术语中的任一技术术语的余弦指数进行降序排列，从中由高到低选取 10 个技术术语（若余弦指数大于 0 的技术术语不足 10 个，只取余弦指数大于 0 的技术术语），超过 10 个的技术术语均拒绝加入该聚类，即该聚类达到饱和值（10 个技术术语）。③第一个聚类生成后，在矩阵中将已加入到聚类中的技术术语做行和列删除，以保证已加入到聚类中的技术术语不会加入到下面的其他聚类。④重复步骤① ~ ③就可以生成一个一个聚类，一直进行到将所有有共现关系的技术术语都加入到聚类中为止，若矩阵中所剩技术术语之间已经没有共现关系，即所有的技术术语间的余弦指数为 0，则聚类生成结束。

（3）战略坐标图。战略坐标图是劳等人于 1988 年提出的。本研究以专利技术主题的内联度指标为横轴，专利技术主题的外联度指标为纵轴，建立专利技术主题的战略坐标图，展示整个研究领域的各技术主题的位置；根据四个象限中各技术主题的分布情况，可以描述出技术研究领域的研发现状，以及未来的发展趋势和变化，如图 1 所示。

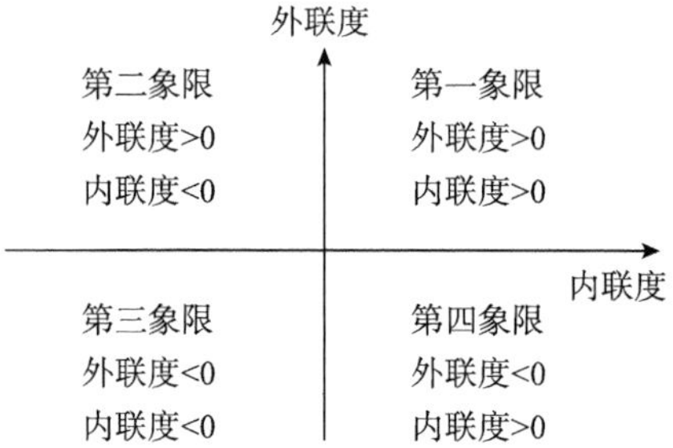

图 1 战略坐标图

位于第一象限的专利技术主题的内联度和外联度均大于 0，表明这些专利技术主题的内部连接程度和外部连接程度都较高，稳定性和向外扩散能力较强，属于相对比较成熟的专利技术主题，也是整个技术研究领域的核心技术主题。

位于第二象限的专利技术主题的外联度大于 0，而内联度小于 0，表明这些专利技术主题研发的外部连接较强，内部连接较弱，属于次级技术主题。

位于第三象限的专利技术主题的外联度和内联度都小于 0，表明这些技术主题的内部连接和外部连接都很弱，属于被边缘化的技术主题。

位于第四象限的专利技术主题的内联度大于 0，外联度小于 0，表明这些专利技术主题的内部连接较强，而外部连接较弱，这些专利技术主题属于孤立的主题，但是在技术领域的研发中起着基础性的作用。

二、实证分析

（一）共现矩阵

在 CiteSpace 的运行界面上进行基本设置，将经规范处理的数据导入软件程序，以 1 年为一个时段，默认为余弦指数，根据数据的年度分布情况，为了保证每个时段都有技术术语共现，按照 CiteSpace 阈值设定 3 个选项（c——词频，cc——连线，ccv——强度），将阈值设为（2，0，0）、（8，0，0）、（8，0，0），最终获得一个 476×476 的矩阵。矩阵中技术术语间的共现强度用余弦指数值的大小来度量。

如果在一篇文献中两个技术术语同时出现，就称这两个技术术语共现，在图谱上表现为两个技术术语之间存在一个连接，这样频繁出现的一些技术术语的共现计数就会比不常出现的技术术语的共现计数有一定的优势，因此简单用共现计数来评价技术术语之间的连接强度就会具有一定的片面性，如在生成的矩阵中的技术术语（base station）的频次高达1918（最高），但与其共现的技术术语中的共现强度并不是最高（0.89，universal packet与wireless service），只有0.67（mobile station）。

（二）专利技术主题的内联度和外联度的计算

按照上述方法，可以将476个技术术语划分出54个聚类，每个聚类代表整个研究领域的一个技术主题。根据外联度和内联度的计算公式，以及技术术语共现矩阵中的余弦指数值，可以计算每个专利技术主题的外联度和内联度。具体的计算方法和步骤如下（以聚类1为例）。

第一步，需要构建两个矩阵。一个矩阵是由聚类1的10个技术术语与其他466个技术术语组成的矩阵（466×10），主要用来分析聚类1中技术术语与其他聚类中技术术语之间的连接强度，即外联度；另一个矩阵是由聚类1的10个技术术语组成的10×10的矩阵，主要用来分析聚类1内部各技术术语之间的连接强度，即内联度（见表1）。

表1　构成聚类1的技术术语的外联度和内联度列表

项目	与其他聚类中技术术语的余弦指数之和	与聚类1中其他技术术语的余弦指数之和	技术术语名称
聚类1	4.32076	2.75985	universal packet
	5.04197	2.88177	wireless service
	12.81504	2.84792	supporting node
	14.47550	2.02742	general packet radio service
	13.25038	0.90710	multimedia-broadcast-multicast service
	4.66780	0.68151	general packet radio
	18.00602	0.99775	service network communication system
	14.90709	0.58214	radio communication system
	27.78950	1.21655	user equipment
	7.71271	0.49302	following step

续表

项目	与其他聚类中技术术语的余弦指数之和	与聚类1中其他技术术语的余弦指数之和	技术术语名称
总和 $Ch>0$ 的数量平均值	122.98677	15.39503	
	4660 - 2927 = 1733	100 - 22 = 78	
	0.070967553	0.1973722	

注：4660是聚类1的10个技术术语与其他466（即476 - 10）个技术术语可能存在的共现数量，2927是在466×10的矩阵中余弦指数 $Ch=0$ 的数量，4660与2927的差就是466×10的矩阵中有共现关系（$Ch>0$）的数量；100是聚类1中10个技术术语可能存在的共现数量，22是10×10的聚类1的矩阵中 $Ch=0$ 的数量，100与22的差就是10×10的矩阵中 $Ch>0$ 的数量。根据外联度和内联度的公式计算出数值。

第二步，在每个矩阵中将每个技术术语与其他技术术语的余弦指数值加总求和，其数值表明该技术术语与其他技术术语的连接强度，数值越大，连接越紧密，如表1中“user equipment”（用户设备）对应的数值是27.78950和1.21655，表明该技术术语是聚类1中与其他聚类中的技术术语连接最紧密的技术术语；但是与聚类1中的其他专利技术主题的连接并不是很紧密，而“wireless service”（无线服务）对应的数值是5.04197和2.88177，表明该技术术语与其他聚类中的技术术语的连接较弱，但是与聚类1内部其他技术术语连接比较紧密。

第三步，运用COUNT函数和COUNTIF函数分别计算出两个矩阵中的余弦指数大于0的数量。运用AVERAGE函数计算平均值，计算出来的数值0.070967553和0.1973722分别是专利技术主题1的外联度和内联度。按照内联度和外联度的计算公式，运用专利技术主题1的内联度和外联度的计算方法计算出的其他专利技术主题的内联度和外联度见表2。

表2　各专利技术主题的外联度和内联度

聚类号	象限	外联度	内联度	聚类号	象限	外联度	内联度	聚类号	象限	外联度	内联度
1	4	0.071	0.20	7	1	0.084	0.20	13	4	0.076	0.17
2	4	0.075	0.13	8	1	0.080	0.19	14	1	0.084	0.22
3	1	0.083	0.18	9	4	0.077	0.17	15	4	0.075	0.15
4	4	0.073	0.13	10	1	0.081	0.14	16	1	0.085	0.15
5	4	0.076	0.14	11	1	0.083	0.14	17	4	0.067	0.17
6	4	0.075	0.15	12	1	0.089	0.17	18	3	0.078	0.12

续表

聚类号	象限	外联度	内联度	聚类号	象限	外联度	内联度	聚类号	象限	外联度	内联度
19	1	0.084	0.14	30	4	0.079	0.14	41	2	0.085	0.12
20	4	0.078	0.14	31	1	0.080	0.13	42	2	0.082	0.13
21	3	0.057	0.09	32	3	0.073	0.09	43	3	0.075	0.09
22	2	0.080	0.11	33	3	0.067	0.07	44	2	0.084	0.11
23	1	0.083	0.16	34	3	0.077	0.11	45	3	0.075	0.12
24	2	0.083	0.13	35	2	0.081	0.12	48	2	0.081	0.11
25	1	0.084	0.15	36	2	0.079	0.12	50	2	0.083	0.10
26	4	0.076	0.13	37	2	0.083	0.12	51	2	0.087	0.10
27	3	0.076	0.12	38	2	0.087	0.11	52	3	0.074	0.08
28	3	0.077	0.11	39	2	0.081	0.10	54	3	0.077	0.08
29	3	0.076	0.13	40	4	0.075	0.14				

注：聚类号为46、47、49、53的聚类只有两个技术术语，不能真实反映专利技术主题的内容，不列入分析范围。表中“象限”列的阿拉伯数字代表各专利技术主题的象限位置，如聚类号17的象限列为“4”，表明专利技术主题17位于第四象限。

在表2中的50个专利技术主题的外联度和内联度都是计算了每个聚类有共现关系的技术术语的余弦指数的平均值，主要是考虑了聚类规模的大小这一因素，因为一个拥有10个技术术语的聚类和拥有3个技术术语的聚类的余弦指数之和没有可比性。如果计算每个聚类中有共现关系的技术术语的余弦指数的平均值，就可以客观反映出聚类的内部连接强度和外部连接强度，平均值越大，表明连接越紧密。

50个专利技术主题中有24个专利技术主题的外联度高于平均值，这些专利技术主题对外的连接强度比较大，其中有11个专利技术主题的外联度较高，表明这些专利技术主题的对外连接比较紧密，与其他专利技术主题的关系较密切。

其中，聚类12（系列基站）的外联度值最高（0.089），表明该专利技术主题的外部连接最紧密。基站即移动通信信号发射设备，是3G网络的重要组成部分，也是不同制式3G网络的重要区别所在，如中国研发的TD－SCDMA技术标准采用的是SDR基站，即软件无线电基站，是由我国中兴通讯研发的一种基站产品，可以支持目前所有的无线接入方式，包括UMTS、CDMA2000和WiMAX等，并具有向“Enhanced LTE”平滑演进的能力。因此，“基站”

专利技术主题是3G研发中重要的关键技术，其与其他关键技术密切相关，其外部连接强度自然较高。

50个专利技术主题中有24个专利技术主题的内联度高于平均值，其中有13个专利技术主题的内联度较高，表明这些专利技术主题内部的技术术语之间连接比较紧密。

其中，聚类14（移动台装置）的内联度最高（0.22），表明该专利技术主题的内部连接比较紧密，稳定性较强。从该专利技术主题的构成来看，主要有通信装置、检测装置、用户设备、基站设备等，构成了无线移动通信装置设备。这些通信装置是在完成通信服务中不可缺少的重要设备，缺少任何设备装置都无法完成通信业务。

（三）战略坐标图绘制

根据表2中列出的50个各专利技术主题外联度和内联度，绘制出50个专利技术主题的战略坐标图，直观展示50个专利技术主题在战略坐标图中的象限位置。

三、结论

在图2中位于外联度轴右侧的专利技术主题的内联度较高，内部连接比较紧密；位于内联度轴上方的专利技术主题的外联度较高，外部连接比较紧密。

从象限分布来看，位于第一象限的专利技术主题，如聚类3（目标节点和源节点）、聚类7（下行控制）、聚类12（系列基站）、聚类14（移动台装置）、聚类16（控制信息传输）等，它们的外联度和内联度都较高，无论是外部连接、还是内部连接都比较紧密，在3G技术领域研发中居于核心和重要的地位，将其称为“核心专利技术主题”。位于第二象限的专利技术主题，如聚类51（接收数据包、信号信息）等，它们的外联度较高，但是内联度较低，即外部连接较紧密、内部连接不够紧密。因此，这些专利技术主题中的技术术语易游离到与其连接紧密的技术术语所在专利技术主题中，将其称为“次级专利技术主题”。位于第三象限的专利技术主题，如聚类21（WCDMA网络和系统）、聚类33（获取信息、检测过程）、聚类54（码分多址接收机）等，它们的外联度和内联度都较低，内、外连接都较弱，将其称为“边缘专利技术主题”。位于第四象限的专利技术主题，如聚类1（通用无线服务）、聚类4

（源基站、目标基站）、聚类9（下行、上行载波）、聚类17（移动电台、码分多址）等，它们的内联度较高、外联度较低，即内部连接较强，聚类的稳定性较强，不易被解散，但外部连接较弱，将其称为“独立专利技术主题”。

专利文献是技术情报分析和技术创新的重要信息资源，本研究运用CiteSpace软件从专利的标题和摘要中抽取技术术语，并生成技术术语共现矩阵，按照一定的聚类原则将这些技术术语划分成54个聚类，形成54个专利技术主题，并计算了每个专利技术主题的内联度和外联度，在战略坐标图中展示了专利技术主题的象限分布状态，揭示了第三代移动通信技术的研发现状和未来的发展趋势。通过实证分析表明，本研究将共词分析法、聚类分析法与战略坐标相结合，可以更好地识别专利技术主题及其研发现状和发展趋势，可以为移动通信技术的研发、政策的制定和技术创新提供一定的理论支持。因本研究是在前人研究的基础上进行的一种专利计量分析模式，可能存在一定的不足，恳请相关的研究专家指正。

德温特手工代码共现法：一种实用的专利地图法*

一、引言

2008年6月5日，国务院发布了《国家知识产权战略纲要》，知识产权战略被提升到一个新的高度，而专利战略作为企业知识产权战略的重要组成部分，更是获得企业的广泛认可与大力实施。

据世界知识产权组织（WIPO）报告，专利是世界上最大的技术信息源，涵盖了全球R&D产出的90%以上，其中约有70%的发明成果从未在其他非专利文献上发表过。针对专利进行的情报分析，在企业中主要以“专利地图”的形式进行。根据WIPO的定义，它是一种专利分析的可视化工具，通过对专利情报进行分析加工，并将分析结果用各种直观的图表表达，使复杂多样的专利情报易于理解。同时也有部分学者将专利地图按照不同用途划分为专利管理地图、专利技术地图和专利权利地图等，常见的专利地图分析方法包括专利申请人分布、专利趋势分析、国际专利分类代码（IPC）分布等。

尽管也有部分学者将专利的分类代码应用于专利地图的构建中，然而这些方法多从统计的角度对其进行分析，如专利的IPC分类代码分布等。同时，很少有学者关注分类代码间的差异及其功能。为此，本文提出一种实用的专利地图分析方法——德温特手工代码（以下简称“手工代码”）共现分析法，在对手工代码详细介绍的基础上，以我国华为技术有限公司（以下简称“华为公司”）的PCT专利申请为例，就该方法的实际应用进行详细的阐述，尤其在描

---

* 沈君，高继平，滕立. 德温特手工代码共现法：一种实用的专利地图法［J］. 科学学与科学技术管理，2012，33（1）：12－16. 有改动。

述公司的技术布局方面做了深入的剖析，以期为国内其他创新型企业的技术发展提供参考。

华为公司作为我国电子通信行业的龙头企业，2010 年销售收入达 1852 亿元，位列世界五大通信设备商的第 2 位，仅次于瑞典的爱立信公司。同时，华为公司长期致力于研发投入，2010 年其年度研发费用达到 16.556 百万元，同比增加 24.1%，并且在美国、德国、瑞典、俄罗斯、印度及中国国内设立了 20 个研究所。截至 2010 年 12 月 31 日，华为公司累计申请中国专利 31869 件、PCT 国际专利 8892 件、海外专利 8279 件，已获授权专利 17765 件，其中海外授权专利 3060 件。

二、手工代码共现法

（一）手工代码

德温特专利数据库（Derwent Innovation Index），作为著名的专利检索数据库，收集了世界上主要国家和地区的专利数据，尤其在化学、电子电气工程、工程技术方面，信息更加全面综合。同时，德温特专利数据库还为所有的专利权人提供了独一无二的专利权人代码，以囊括其下所有子公司和研究所等。

德温特手工代码是德温特专利数据库的一大特色，它由德温特的标引人员分配给专利，用于表示具体发明的技术创新点及其应用的专有代码。这种方法可以显著提高检索速度和准确性。同时，手工代码是按分层结构排列的，其结构顶层是上义或通用代码，接下来是细分为更具体类别的子部分。

例如，手工代码“J07”的定义是“refrigeration; ice; gas liquefaction/solidification”（制冷；制冰；气体液化/固化）。其又可以细分为 4 个子部分：

（1）J07 – A，refrigeration machine，plants，or systems，combined heating and refrigeration systems（制冷机器、制冷设备或制冷系统等，融合了加热和制冷系统）。

（2）J07 – B，freezing of（semi）liquids（流体或半流体冷冻）。

（3）J07 – C，refrigerators，cooling，and freezing apparatus（冰箱等冷却设备）。

（4）J07 – D，gas liquefaction，solidification，or separation by pressure or cold（通过压力或冷却产生的气体液化、气体固化、气体分离）。

之后，每一个子部分又可以进一步划分为更细的子部分，如“J07 – B”

又包括3个子部分，分别是：

（1）J07－B01，ice production，即“制冰”。

（2）J07－B02，ice or snow production for special purposes，即“用于特殊目的的制冰或制雪”。

（3）J07－B03，ice working and distribution，即“冰工作及其分布”。

（二）手工代码的作用

首先，手工代码具有“关键词”的作用。正如每篇科学文献都需要罗列出文章的关键词一样，每件专利在德温特专利数据库中都有手工代码。学术论文的关键词是论文内容的提示符，是作者学术思想及学术观点的凝练，也是文献计量研究的重要科技指标。手工代码同样可以用作德温特专利数据库中专利的提示符，反映具体发明的创新点及其应用。

其次，手工代码具有“叙词表”的功能。叙词表将文献作者、标引者和检索者使用的自然语言转换成规范化的叙词型主题检索语言的术语控制工具，是一种概括某一学科领域，以规范化的、受控的、动态性的主题词为基本成分显示词间关系，用于标引、存储和检索文献的词典。德温特专利数据库中的手工代码，同样具有这样的作用，亦即德温特的标引人员根据被标引专利的技术特征，给予的标引代码。

不过，相对于科学文献的关键词而言，专利的手工代码一经制定，很少会出现更改，除非有新的技术领域诞生或者新的技术研究方向产生。假如出现这种情况，德温特专利数据库会制定新的手工代码予以表征。例如，鉴于录音、播控等方面技术的快速发展，在2006年新增了手工代码“W04－G08”，sound recording studio equipment，即“录音、播控设备”。而相对于“叙词表”而言，尽管德温特手工代码也是层级结构，但是前者还包括若干个附表和辅表，更加复杂明细。

（三）手工代码共现分析

关键词共现分析是文献计量学常用的研究方法，这种方法通过描述关键词与关键词之间的关联与结合，揭示某一领域学术研究内容的内在相关性和学科领域的微观结构；按照网络分析的术语、词的共现形成了网络中的链接，该方法可以用于展示学科的发展动态和发展趋势。

在科学计量学共现分析的研究中，多数采用的是共被引分析，也有一些采用关键词的共现分析，即共词分析。本文所使用的是德温特专利数据库，它本身没有提供关键词似的标引，而德温特手工代码作为德温特分类代码基础上细化的一种专利标引，完全具有类似于关键词的标引作用。

每个专利都至少对应一个手工代码，它们能够反映出专利的核心内容和主题。手工代码共现分析作为专利分析法中的一种，通过描绘手工代码与手工代码之间的关联与结合，可以解析专利与专利，甚至技术与技术之间的相关性，也可以临摹出所研究技术领域的内部技术组成及其结构。在手工代码共现网络中，手工代码与手工代码的共现关系和共现强度，可以显示出这两个技术领域的相关情况及其联系；通过解析整个手工代码共现网络，就可以揭示出该共现网络中处于核心地位、关键地位、中介地位等的手工代码，继而揭示出所研究技术领域中的核心技术、关键技术、中介技术等以及各类技术的相互转变方式；进一步结合时间轴上共现网络的属性变化，手工代码的共现关系和强度可以揭示出该技术领域关键技术的动态变迁过程，并依据该领域的发展现状和共现网络中关键技术的动态变迁，专家们可以预测未来该技术领域的发展趋势、技术前沿等。当前，已有部分学者关注到了德温特手工代码的重要作用，就不同的技术领域对其进行了分析，如高继平、陈玉光、王小晓等。

三、实证分析

（一）华为公司的 PCT 专利申请

德温特专利数据库中的每条记录代表的是一个专利家族，而每个专利家族又是由一项基本专利和若干项同等专利构成的。这样，每一个专利家族就可以完整、不重复地代表一项技术，更适合对专利权人的分析。其中无论是基本专利还是同等专利都有一个独立的专利号，它由两部分构成，分别是申请机构代码和数字标识码，如专利号为“WO2010096961”的专利，就表示该专利是在世界知识产权组织申请的，其数字标识码为 2010096961。

华为公司的 PCT 专利申请数据是通过下面的方式进行检索的：在德温特专利数据库中，以专利权人代码为“HUAW”、专利号为“WO *”进行检索，专利的入库时间为 2001—2010 年，检索时间为 2011 年 5 月 1 日，最终共获得 8041 件专利。之所以选择华为公司的 PCT 专利申请作为研究对象，是基于以下两方面考虑：其一，PCT 专利是在世界知识产权组织申请的专利，是一个公司最具技术含量的专利；其二，PCT 专利申请需要高昂的技术申请费用，若一件专利没有相当高的甚至高于其申请费的收益，一个公司是不愿意申请 PCT 专利的。据统计，申请一件 PCT 专利，前期启动经费需 3 万 ~5 万元，6 ~ 18 个月进入实质审查阶段后，至少需要 20 万元。

（二）华为手工代码统计分析

华为公司 8041 件的专利家族，共涉及 1714 项手工代码，其前 10 项手工代码及其频数等的分布见表 1。

表 1　华为公司的手工代码统计

序号	手工代码	频数	占比	含义	译义
1	W01 - A03B	1284	15.97%	PACKET TRANSMISSION	分组传送
2	W01 - A06G2	1143	14.21%	STORED AND FORWARD SWITCHING	存储与转发
3	W01 - B05A1A	1078	13.41%	CELLULAR	移动电话
4	W01 - A06C4	976	12.14%	RADIO LINK	无线链路
5	W01 - A06A	586	7.29%	TESTING AND MONITORING	检测监控
6	T01 - N01D3	555	6.90%	FROM REMOTE SITE OR SERVER	源于远程站点或远程服务器的应用
7	W01 - A07G	542	6.74%	COMMUNICATION PROTOCOL	通信协议
8	W01 - A06E1	451	5.61%	ACCESS AND ROUTING	路由和访问
9	W01 - A06A3	413	5.14%	NETWORK USAGE AND OPERATION MONITORING	网络使用和运行监控
10	T01 - N02A3C	406	5.05%	SERVERS	计算与控制服务

由表 1 可以看出，华为公司的技术研究主要是在大类“W01”（电话和数据传输系统）和“T01”（数字计算机）中。其中，前者占据了前 10 项中的 8 项，包括“分组传送”“存储与转发”“移动电话”“无线链路”等研究主题；后者包括了前 10 项中的另外 2 项，即“源于远程站点或远程服务器的应用”和“计算与控制服务”。

其中，技术研究超过 1000 件的专利，包括 3 个技术领域，分别是“分组传送”“存储与转发”和“移动电话”，约占总数的 43.6%。而排在首位的

“W01 - A03B”是关于“分组传送”研究的，其专利数量为1284件，是华为公司技术研究的重中之重。

表1反映了华为公司的技术重心是在电路和数据传输系统以及数字计算机方面。不过，其专利涉及了这两个领域中的诸多研究内容，从“分组传送”到“存储与转发”，再到“检测监控”等，而且其技术专利最多的分类——“分组传送”仅占了总量的15.97%，表明华为公司并没有将“所有的鸡蛋放到一个篮子中”，这有利于分散风险。

（三）华为手工代码共现分析

VOSviewer是由荷兰莱顿大学科技研究中心的Nees Jan van Eck和Ludo Waltman开发的。相对于其他可用于可视化或者图谱分析的软件而言，为了避免样本数量太多造成节点和标签的重叠，VOSviewer有独特的去除重叠标签和层级显示技术，这样对大样本数据进行可视化显示时，就可以突出最重要的节点及其标签，达到图形优化的效果。

如图1所示，随着区域颜色“红—黄—绿—蓝”（出版原因，颜色无法显示）的转化，标示着华为公司的研究主题呈“核心—半边缘—边缘”的变迁。

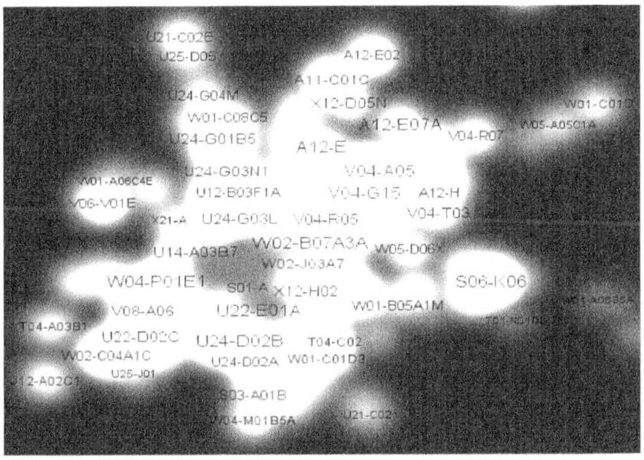

图1 华为的手工代码共现图

其中，华为公司的核心研究主题包括：“W02 - B07A3A”（PCB天线）、“W01 - A01C”（信号质量检测）、“W01 - C01A2”（显示器）、“W01 - C05B3F”（远程监控）、“W02 - C03E”（一般电路细节）、“V04 - X01A”（包装）、“T01 - H05B3”（用于总线系统的访问）、“T01 - J15H”（模拟非电子系

统）、“V01 - B03C8”（复合电容器）等。

半边缘的研究主题包括：“W02 - B07A”（通信支持）、“W02 - B08A5”（天线装配和定位）、“W02 - G01A1”（振荡器）、“W02 - G03B6”（多路接收补偿）、“V04 - G15”（USB 连接器）、“V04 - U03”（防电磁干扰的罩）、“V04 - R07”（基底）等。

边缘的研究主题则包括：“V06 - V01E”（谐振器）、“A12 - H”（机械工程）、“A12 - E”（电子工程）、“A12 - E07A”（印刷电路）、“U24 - G04M”（微波放大器构建）、“X12 - D05N”（双绞线）、“U24 - D05”（DC - AC 转换器）等。

四、结论

鉴于德温特专利数据库中手工代码与科学文献中“关键词”和“叙词表”间的诸多相似相通之处，笔者认为，德温特手工代码完全可以看作德温特专利数据库中专利文献的关键词。进而根据共词分析法在文献计量学中的重要作用及其显著应用，本文将德温特手工代码共现分析法扩展到专利地图分析中。

以华为公司的 PCT 专利申请为例，从手工代码统计分析、手工代码共现分析的角度，研究华为公司的技术布局状况。通过分析发现，在统计分析角度，华为公司主要是在“电话和数据传输系统”和“数字计算机”方面开展了大量的技术研究。从手工代码共现分析角度，本文以“核心—半边缘—边缘”的思想剖析了当前华为公司所涉及的 1714 项技术（手工代码）内容中“核心”技术领域、“半边缘”技术领域及其“边缘”技术研究等。最终发现，华为公司的核心技术分布于 PCB 天线、信号质量检测、显示器、远程监控、模拟非电子系统等方面。

当前专利地图的研究，是科学计量学界和图书情报研究领域的研究热点。笔者结合德温特专利数据库的特色，提出并实现了德温特手工代码共现分析法，并以华为公司的 PCT 专利申请为例进行了实证分析，最终发现了该方法可以有效地替代专利文献无关键词、难以深入到专利文献内容中进行针对专利技术细节的分析。当然，有必要就德温特手工代码共现分析法，与基于专利文献内容的共词分析进行比较，以期发掘该方法的不足，这同时也是笔者以后要补充和完善的地方。

技术坐标视角下的主题分析

——以第三代移动通信技术为例*

一、数据来源和研究方法

（一）数据来源与规范化

第三代移动通信技术（3G）自2000年5月由国际电信联盟（ITU）提出并规定具体要求后，获得了广泛的研究和关注，相关的专利技术不断涌现，国内外的相关专利申请增多。本研究选取美国科学情报研究所（ISI）下辖的德温特专利数据库（DII）作为专利数据来源。DII数据库可以通过主题、标题、德温特分类代码、德温特手工代码等方式检索。3G相关的专利文献既包括CDMA、CDMA2000、WCDMA、TD-SCDMA等3G技术标准词，也涵盖Third Generation（3G）、3rd generation mobile communication、IMT-2000、Universal Mobile Telecommunication System等具体的技术名称词；同时还面临着词汇概念内涵与外延的差异所导致的数据不准确等问题，如CDMA既包括第3代移动通信技术，也包括第2代和第2.5代移动通信技术。因此，笔者根据专家的建议和德温特专利数据库公司的咨询回复，选择将德温特手工代码作为第三代移动通信技术专利文献的检索方式，即MC=(W05-D06G5G or W02-C03C1G or W01-C01D3G)。最终，检索并下载了1992—2010年的专利文献17864篇，更新时间为2011年6月15日。

运用CiteSpace可视化软件生成共词矩阵，在此基础上运用共词聚类分析

---

* 沈君，王续琨，高继平，等. 技术坐标视角下的主题分析：以第三代移动通信技术为例［J］. 情报学报，2012，31（6）：603-611. 有改动。

法和技术坐标分析法进行研究。因此，需要对所下载的17864篇专利文献进行规范化处理，尽量避免录入专利文献时的格式不统一、录入错误等对研究结果的影响，如技术术语的全称与缩写、技术术语的单复数、技术术语的不同时态、固定专有技术术语、连字符的使用等，这些“噪声”的存在会对共词分析结果产生干扰。因此，数据规范化处理后，在专利文献中不会出现同一个技术术语的全称与缩写共现、单数与复数共现、不同时态共现、不规则的连字符的使用等现象，这样就为CiteSpace软件生成共词矩阵奠定了良好的基础，更为共词聚类分析和技术坐标分析创造了有利的条件。

（二）主要指标和研究方法

本研究主要目的是通过构建相关指标，再运用技术坐标图，对第三代移动通信技术专利的技术主题的研发状况及未来的发展趋势进行探索。基于主要思路和整体设计，在研究中需要构建以下主要计量指标和选用以下主要研究方法。

1. 指标

（1）*E*指数。*E*指数是由卡龙在共词分析研究中提出的，主要用于表征术语间的关联度。

本研究中*E*指数主要表示给定的一对技术术语在专利文献集合中共现的概率，是在技术术语共现的频次基础上计算出来的重要指标。与其他计量指标相比，*E*指数能在一定程度上降低采用共现频次来评价技术术语间的连接强度的局限性，能够客观地揭示技术术语间的连接强度。*E*指数既考虑了频繁使用的技术术语，也考虑了不经常使用的技术术语，允许重要的技术术语与最不重要的技术术语进行连接。

（2）新颖度。根据技术术语出现的时间，计算每个聚类的平均共现时间，以此反映该聚类技术研发主题的平均年龄，再计算每个技术研究主题的平均年龄与全部共现的技术术语的平均共现年龄的离均差，称为“新颖度”。“新颖度”值有正负之分，若某个主题的“新颖度”值为正数，表明该主题的研发时间比较晚，属于新兴的研究领域和方向；若其值为负数，则表明该主题的研发时间较早。

（3）关注度。根据各技术术语的共现频次，计算每个聚类技术研究主题的平均共现频次，再计算每个技术研究主题的平均共现频次与全部共现的技术术语的平均共现频次的离均差，以此反映该聚类的受关注程度，称为“关注度”。“关注度”值也有正负之分，若某一主题的“关注度”值为正数，则表明该主题的研发受关注程度较高；若其值为负数，则表明该主题的研发受关注程度较低。

2. *研究方法*

（1）共词分析法。共词分析法是一种常用的共现分析方法之一，属于内容分析法，用于分析同一篇文献中的一组词对的共现关系和共现强度，反映词与词之间的联系，揭示某研究领域的内在结构及变化趋势。共词分析法最早在20世纪80年代被提出，卡龙等分别于1983年和1986年提出了共词分析的基础理论和应用实例，从此共词分析法获得了较大的发展；科斯托夫等根据词频分析抽取了多词词组，并运用邻近词组分析算法，发现了具有代表性的研究主题，以及主题之间、主题与子主题之间的关系，最终运用对等指标计算了词组之间的连接强度，但关键词的共现被限制在50个词左右。

共词分析法早期主要用于生物技术、人工智能、高分子化学、科学计量学等领域，目前国内外专家学者已经将共词分析法应用到了诸多领域，如能源材料领域、图情学领域、燃料电池和医学领域等。其共同的特点是：运用词来表征文献的主要内容，通过分析共词关系和强度来揭示该研究领域的热点、前沿和发展趋势。

（2）聚类分析法。聚类分析法是数据挖掘中的一种很活跃的文献计量和可视化的方法，依据词与词之间的共现强度，把一些共现强度较大的词聚集在一起形成一个个聚类。划分聚类的算法有很多，如层次聚类、非层次聚类、K均值聚类、智能聚类等。但因传统的聚类算法是将词间距离最短的词聚集在一起的，存在没有中心概念、聚在一起的词未必能表达同一内容、聚类间的相互关系无法体现等局限性，本研究从聚类算法角度，借鉴卡龙构建技术子簇的方法，即在构建的一个子簇中最多只有10个技术术语，将共现矩阵中 E 指数最高（共现强度最大）的一对技术术语作为该聚类的技术主题，来反映该聚类的核心内容。

聚类和技术主题的生成方法：①在 CiteSpace 软件生成的共现矩阵（476×476）中通过查找 E 指数最高的一对技术术语，作为第一个聚类的技术主题。②将矩阵中的476个技术术语与该对技术术语的任一技术术语的 E 指数进行降序排列，从中由高到低选取10个技术术语（若 E 指数大于0的技术术语不足

10个，只取 E 指数大于0的技术术语），其中包括作为技术主题的一对技术术语，即使 E 指数仍大于0，只要超过10个的技术术语均拒绝加入该聚类，即该聚类达到了饱和值（10个技术术语）。③第一个聚类生成后（或者饱和，或者 E 指数大于0的技术术语不足10个），在矩阵中将已加入到聚类中的技术术语删除掉（需要行、列同时删除），保证已加入到聚类中的技术术语不会再加入到下面的其他聚类。④反复进行步骤①～③，就可以一个一个地生成聚类和技术主题，一直进行到将所有有共现关系的技术术语都加入到聚类中为止，若矩阵中虽然还有技术术语，但这些技术术语之间已经没有共现关系，即所有的技术术语间的共现强度为0（E 指数等于0），则聚类生成结束，所剩的技术术语不加入任何聚类中。

（3）技术坐标图。技术坐标图是借鉴劳等人于1988年提出的战略坐标框架引申而来的。战略坐标图是一个二维的平面坐标图，主要用于分析某研究领域的研发热点的结构及其变化趋势。本研究在战略坐标图的理论基础上，以技术主题的关注度指标为横轴、技术主题的新颖度指标为纵轴，建立技术主题的技术坐标图。技术坐标图可以展示整个研究领域的各技术主题的象限位置，根据四个象限中各技术主题的分布情况，可以描述出技术研究领域的研发现状，以及未来的发展趋势和变化，如图1所示。

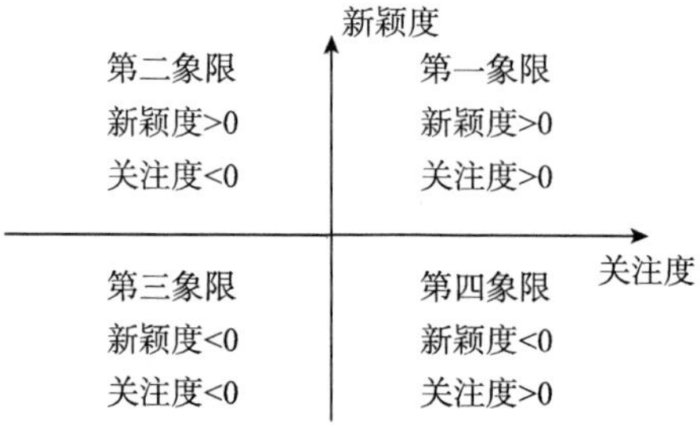

图1　技术坐标图

位于第一象限的技术主题的新颖度和关注度均大于0，表明这些技术主题的研发受关注程度比较高，而且属于近几年来的研发热点。第一象限中的技术主题属于相对比较成熟的技术主题，也是整个技术研究领域的核心技术主题。

位于第二象限的技术主题的新颖度大于0，而关注度小于0，表明这些技术主题的研发属于近几年来新的热点，但是研发的受关注程度较弱，只要关注程度有所提高，第二象限的技术主题就会移动到第一象限，成为较成熟的研究热点。此类技术主题属于次级技术主题。

位于第三象限的技术主题的新颖度和关注度都小于0，表明这些技术主题的研发受关注程度不高，而且近几年的研究也较少，属于被边缘化的技术主题。

位于第四象限的技术主题的关注度大于0，新颖度小于0，表明这些技术主题的研发备受关注，但是不属于近几年来的研发热点，而是属于基础性的技术主题，是该技术领域的研发的基础主题，尤其是关注度极高的一些技术主题。

二、实证研究

（一）共现矩阵

在可视化软件 CiteSpace 的运行界面上进行基本设置，将规范处理后的数据导入软件程序中，以1年为一个时段，默认为余弦指数，阈值设为（2，0，0）、（8，0，0）、（8，0，0），运行 CiteSpace 软件，得到一个 476×476 的共词矩阵。不过，此矩阵中的数值是 CiteSpace 软件默认的余弦指数值，本研究根据余弦指数与 E 指数的数学关系式进行相应的数值二次计算（E 指数值是余弦指数值的二次方），以计算所得的 E 指数值来表示矩阵中的技术术语间的共现强度。

如果在一篇文献中两个技术术语同时出现，就称这两个技术术语共现，在图谱上表现为两个技术术语之间存在一个连接，这样频繁出现的一些技术术语的共现计数就会比不常出现的技术术语的共现计数有一定的优势。因此，简单地用共现计数来评价技术术语之间的连接强度会有一定的片面性，如在生成的矩阵中的技术术语（base station）的频次高达1918（最高），但与其共现的技术术语中的共现强度仅为0.67（mobile station），并不是最高的（0.89，universal packet 与 wireless service）。

因此，本研究选用能够表示技术术语间共现强度的 E 指数值来构建共词矩阵，相比较而言，更能客观反映出技术术语间的连接强度。在 476×476 的矩阵中，E 指数值越大，表明技术术语间的连接强度越强，E 指数值所构成的共现矩阵在一定程度上降低了用共现频次计数表示技术术语间的连接强度的片面性。

（二）技术主题

按照前述方法，可以将 476 个技术术语划分出 54 个聚类，每个聚类代表整个研究领域的一个技术主题。每个聚类中的技术术语就是共现网络知识图谱中的一个节点，节点的大小由其频次来确定，频次越高节点越大，技术术语之间的共现关系通过节点间的无向连线来表示，其强度一般由连线的粗细来表示。476 个技术术语都有相对应的频次和达到阈值的年份，这是计算技术主题新颖度和关注度的基础。下面以聚类 1 为例（见表 1）进行说明。

表 1　构成聚类 1 的技术术语的频次和年份列表

项目	频次	年份	技术术语名称
聚类 1	33	2003	universal packet
	45	2003	wireless service
	122	2003	supporting node
	165	2003	general packet radio service
	113	2004	multimedia-broadcast-multicast service
	49	2003	general packet radio service network
	507	2001	communication system
	173	2003	radio communication system
	1877	2001	user equipment
	78	2004	following step
平均值	316. 2	2002. 8	
全平均值	89. 97	2005. 37	
离均差	226. 23	-2. 57	

注：全平均值是共现矩阵中的 476 个技术术语的共现强度和年份的平均值。

表 1 中的 10 个技术术语就是聚类 1 的成员，universal packet 和 wireless service 是聚类 1 的技术主题，代表该聚类的核心内容，它们的频次分别为 33 和 45，达到阈值的年份均是 2003 年；其他 8 个技术术语也分别有对应的频次和出现的年份。可以运用算术平均值的公式计算出聚类 1 的频次平均值和年份平均值，分别为 316. 2 和 2002. 8；476 个技术术语的频次和年份的平均值分别为 89. 97 和 2005. 37。根据技术主题的关注度和新颖度的公式进行计算，聚类 1 的技术主题的关注度和新颖度分别为 226. 23 和 -2. 57。

根据关注度和新颖度的计算公式，按照聚类1的关注度和新颖度的计算步骤和方法可以分别计算出其他聚类技术主题（见表2）的关注度和新颖度（见表3）。

表2　代表技术主题的词对列表

序号	技术主题（词对的翻译）	序号	技术主题（词对的翻译）	序号	技术主题（词对的翻译）
1	通用包；无线服务	19	上行、下行信道	37	进入节点；单频网络
2	基准信号传输探测	20	正交频分复用；机组	38	数据单元；中继节点
3	目标节点；源节点	21	WCDMA 网络和系统	39	陆地通用无线网络
4	源基站；目标基站	22	代码块；传输块	40	目标信号信噪比的干扰；传输功率控制方法
5	模块卡；用户身份	23	时分双工；下行导航时隙	41	控制模块；通信模块
6	第三代、第二代网络	24	专用、共用信道	42	协议数据单元；序列号
7	下行控制信息	25	互联网协议多媒体	43	个人数字助理；便携式终端
8	服务、分组数据网关	26	进化节点；通信数据	44	时间间隔；减少方法
9	下行、上行载波	27	无线网络控制	45	功率放大器；场效应晶体管
10	基带信号；模拟数字变换器	28	短消息服务	46	上行控制物理信道；寻呼信息
11	建立通信链路	29	用户服务站；数据传输	47	发送信息；网络单位
12	宏观基站、超微基站	30	无线连接；无线网络控制器	48	传输装置；信息位
13	家庭节点	31	时域；多输入多输出	49	无线系统；码分多址信号
14	移动台设备；基站设备	32	信道脉冲响应；通信信号	50	分组数据业务节点；互联网协议网络
15	进化的通用移动通信系统	33	获取信息；检测过程	51	接收数据包；信号信息
16	传输控制信息	34	码分多址模块；实用新型	52	通信信道；布置单位
17	移动电台；码分多址	35	用户组小区；宏小区	53	执行交接；时间信息
18	上行允许；随机存取反应	36	CDMA2000 系统	54	码分多址接收机

表3　各聚类的技术主题的关注度和新颖度

聚类号	象限	关注度	新颖度	聚类号	象限	关注度	新颖度	聚类号	象限	关注度	新颖度
1	4	226.23	-2.57	6	4	17.83	-0.97	11	3	-12.07	-0.47
2	1	167.13	0.33	7	2	-32.57	1.53	12	2	-45.27	1.73
3	2	-29.47	1.13	8	2	-26.87	1.23	13	2	-17.67	0.73
4	4	97.13	-0.87	9	1	71.73	0.23	14	2	-29.27	1.23
5	3	-15.47	-0.37	10	4	19.13	-2.77	15	1	33.73	0.33

续表

聚类号	象限	关注度	新颖度	聚类号	象限	关注度	新颖度	聚类号	象限	关注度	新颖度
16	3	-3.07	-0.77	29	4	0.13	-1.87	42	2	-44.37	0.83
17	4	197.83	-2.77	30	2	-35.27	0.13	43	3	-40.27	-0.37
18	2	-17.87	2.23	31	3	-14.07	-0.07	44	2	-50.77	1.13
19	3	-27.07	-0.07	32	3	-4.17	-1.07	45	3	-41.77	-1.77
20	2	-14.47	0.23	33	1	80.70	0.08	46	2	-66.47	2.63
21	4	223.93	-1.97	34	3	-37.87	-0.17	47	2	-68.97	0.63
22	2	-25.97	0.23	35	2	-35.47	1.13	48	3	-55.30	-0.37
23	2	-29.67	0.73	36	3	-29.37	-1.67	49	3	-46.97	-0.87
24	3	-23.87	-1.77	37	2	-46.54	1.92	50	3	-41.47	-0.12
25	2	-42.07	1.63	38	2	-46.87	1.43	51	3	-49.30	-1.70
26	1	0.73	1.03	39	2	-29.87	0.33	52	3	-42.72	-0.62
27	1	7.63	0.03	40	3	-55.97	-1.37	53	2	-45.97	2.63
28	3	-37.47	-0.07	41	2	-40.72	1.63	54	3	-42.30	-2.70

注：表格中列出 54 个聚类，图 2 中的技术主题标号与本表中聚类号一一对应；表中“象限”列的阿拉伯数字代表各技术主题的象限位置，如聚类 18 的象限列为“2”，表明聚类 18 的技术主题位于第二象限。

（三）技术坐标图绘制

根据表 3 中各聚类的技术主题的关注度和新颖度数值，可以确定每个主题在技术坐标图中的位置。

新颖度和关注度都大于零的技术主题位于第一象限；新颖度大于零、关注度小于零的技术主题位于第二象限；关注度大于零、新颖度小于零的技术主题位于第四象限；关注度和新颖度都小于零的技术主题位于第三象限。

（四）结果讨论

1. 主题的整体分布

从各技术主题的整体分布来看，位于纵轴右侧（第一、四象限）的技术主题较少，即关注度较高的技术主题较少，这些主题受研发人员的关注度较高，属于核心、成熟的研究领域或者基础领域，表明研发人员对主题的关注变动较大，除了一些成熟的研究和基础的研究外，更多的关注是新兴的研究领域，且随着新兴领域的变化这类技术主题始终处于转移的过程中。位于横轴上方（第一、二象限）的技术主题的新颖度较高，超过一半的技术主题属于近几年来进行研发的，充分表明了第三代移动通信技术的研发高峰是在近些年来出现的，根据所有技术主题出现的年份的平均值（2005.37）可以看出，研发的高峰应该是在2006年前后，这也是和专利申请的年度数量相吻合的，即在所有的年份中，2006年关于第三代移动通信技术的专利申请数量达到最高，为2059件。

2. 主题的象限分布

根据技术坐标分析的定义和象限位置的解读，在54个技术主题中，可以看到位于第一象限的技术主题主要有2（基准信号传输探测）、9（下行、上行载波）、15（进化的通用移动通信系统）、26（进化节点；通信数据）、27（无线网络控制）、33（获取信息；检测过程）6个技术主题。这些技术主题的关注度和新颖度都较高，多数是第三代移动通信技术领域的应用研究，属于第三代移动通信技术领域的研发热点和核心，可将这些主题命名为“中心技术主题”。

位于第四象限的技术主题主要有1（通用包；无线服务）、4（源基站；目标基站）、6（第三代、第二代网络）、10（基带信号；模拟数字变换器）、17（移动电台；码分多址）、21（WCDMA网络和系统）等。这些技术主题的关注度极高，但是新颖度较低，多数是移动通信技术领域的基础研究，属于第三代移动通信技术领域中研发较早却又一直备受关注的技术主题，可将这些主题命名为“基础技术主题”。

其他的技术主题集中在第二、三象限，如位于第二象限的18（上行允许；随机存取反应）、46（上行控制物理信道；寻呼信息）、53（执行交接；时间信息）等22个技术主题。这些技术主题的新颖度较高，但是关注度不高，属于第三代移动通信技术领域中近几年新出现的一些技术主题，但还没有得到广泛的关注，只要关注程度提高，这些技术主题就会沿着一定的路径向第一象限运动，成为中心技术主题，但也不排除以后的年份中对其研究越来越少，最后向第三象限运动的可能，可将其称为“次级技术主题”。

位于第三象限的技术主题有40（目标信号信噪比的干扰；传输功率控制方法）、45（功率放大器；场效应晶体管）、51（接收数据包；信号信息）、54（码分多址接收机）等19个技术主题。这些技术主题的新颖度和关注度都很低，属于第三代移动通信技术领域中早期研发但关注度有所减弱的技术主题。这些技术主题遇到了研发瓶颈，其研发可能突破瓶颈，成为新的研发热点，也可能一直无法突破瓶颈，处于被边缘化的行列。这些主题称为“边缘技术主题”。

技术坐标的分析显示：第三代移动通信技术的研发，是以移动通信技术的基础研发为基础，不断根据市场的需求和用户的需求进行应用性的技术研发，以求在商用中予以实施。因此，在多种因素的促动下，第三代移动通信技术的研发热点不断涌现，第三代移动通信技术正处于研发巅峰期。

三、结论

专利文献是技术情报分析和技术创新的重要信息资源，本研究运用CiteSpace 软件从专利的标题和摘要中抽取技术术语，并生成技术术语共现矩阵，按照一定的聚类原则将这些技术术语划分成 54 个聚类，并形成 54 个技术主题，进而计算了每个聚类的技术主题的新颖度和关注度，在技术坐标图中展示了技术主题的象限分布状态：位于第一象限的中心技术主题有 6 个，位于第二象限的次级技术主题有 22 个，位于第三象限的边缘技术主题有 19 个，位于第四象限的基础技术主题有 7 个。揭示了第三代移动通信技术的研发现状和未来的发展趋势：基础研究和成熟的研究较少，新兴的研究热点最多，处于被边缘化的主题也较多，表明第三代移动通信技术的研发速度和更新速度较快，从移动通信的研发现状可以得到证实，有多数的研发机构已经将目光转移到下一代通信技术或 4G 技术。

本研究的实证分析表明，将共词分析法、聚类分析法与技术坐标等分析方法相结合，可以更好地识别技术主题，清晰展示各主题的研发现状和发展趋势，可以为移动通信技术的研发、政策的制定和技术创新提供一定的理论支持。

但因本研究是在前人研究的基础上进行专利计量分析的一种尝试，受CiteSpace 软件的限制，还无法对中文专利文献的标题和摘要进行抽词，只能选用德温特数据库的专利文献进行研究，期望在今后的研究中有所突破，对中文专利文献进行专利计量的相关研究。本研究也可能存在一定的不足，恳请相关的专家指正。

世界经济研究领域前沿动态研究

——基于2000年以来CNKI数据库的文献计量分析*

一、文献来源和数据统计

本文以中国知网的期刊数据库作为数据来源，根据2010年第五版《中国图书馆分类法》查找世界经济的分类代码。具体检索策略是：令图书分类号等于F11（世界经济、国际经济关系），在“经济与管理科学”范围内，“期刊类别”选择为中文社会科学引文索引（CSSCI）来源期刊，时间范围为2000—2014年。共检索到文章7348篇，数据检索和更新日期为2015年4月。在使用CiteSpaceⅢ软件对所下载的数据进行格式转换后，去掉书评、访谈、会议通知、会议综述、纪念文章等，获得有效数据6041条。然后对有效数据进行标准化处理，主要包括同义词、缩写词的规范和统一，机构的合并（机构更改名称的，统一成当前的名称），无关键词文献的关键词提取，不规范关键词的删除等，从而保证软件运行结果的客观性和准确性。

（一）论文年度分布

如图1所示，进入21世纪后，世界经济研究平稳中呈现小幅下降趋势，其中2006年下降幅度最大，2006—2008年发文量明显低于平均水平。2009年之后，文献开始增多，两个有明显增长的年份为2009年和2013年，而2014年发文量达到最大值519篇。

---

* 撒凯悦，沈君．世界经济研究领域前沿动态研究：基于2000年以来CNKI数据库的文献计量分析［J］．经济学动态，2015（6）：93－101．有改动。

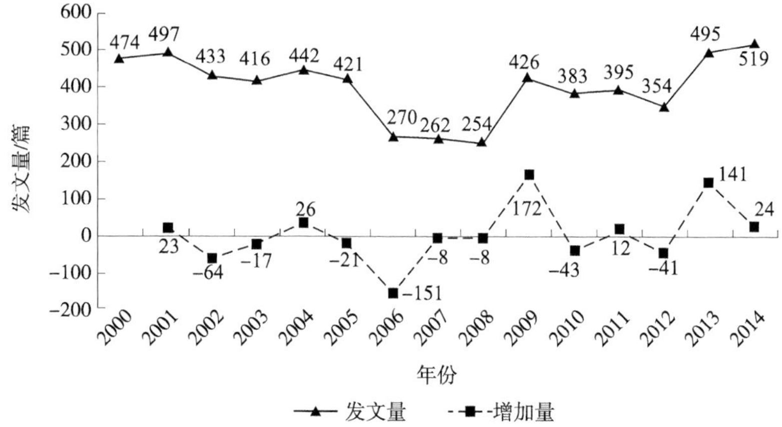

图 1　2000—2014 年世界经济研究领域论文发文量及增加量

2000 年，伍贻康（3 篇）、张幼文（2 篇）、唐任伍（2 篇）均发文研究了“全球化”问题。“经济全球化”在 2000 年成为世界经济研究领域的热点。2006—2008 年，世界经济研究领域内呈现出多热点的趋势：陈继勇发表了 4 篇论文论述全球经济失衡，王勤累计发表 6 篇论文研究了东南亚和东盟问题，宫占奎发表 4 篇文章研究 APEC 问题。2007 年 8 月爆发的次贷危机令经济学界普遍关注“金融危机”相关问题，世界经济研究领域的发文量在 2009 年有了一个较大幅度的提升。2010—2012 年，后危机时代、低碳经济、东亚一体化、TPP、金砖国家等受到关注；2013—2014 年，RCEP、量化宽松政策、人民币国际化、太平洋联盟等主题兴起，带动了世界经济研究领域发文量的又一次上升。以上分析说明，2000 年以来世界经济领域的研究热点在不断变化，且受世界经济形势和热门事件影响较大，这也是引起发文量波动的一个主要原因。

（二）刊发世界经济论文的期刊统计

表 1 列出了载文量排名前 15 位的期刊及相应的载文量。2000—2014 年，世界经济研究领域学术论文期刊载文共 6041 篇。其中，载文量最多的是《亚太经济》（268 篇），该刊是我国世界经济类核心期刊，着重反映世界政治经济对亚太地区发展的影响，亚太经济各国或地区经济的发展与问题、合作与趋势，以及我国的战略选择与应采取的对策等。载文量排名居第 2 位的是《国际贸易》（260 篇），该刊是对外贸易专业刊物，主要宣传和阐述我国对外经济贸

易的方针、政策、法规，研究和分析世界经济、国际贸易、国际市场趋势动向。载文量排名居前15位的期刊中，《世界经济研究》《世界经济与政治》《国际经济评论》《当代亚太》《世界经济》《国际金融研究》《国际贸易问题》的复合影响因子均大于2.0。这表明经济类核心期刊中多数都刊发世界经济领域的学术论文，关于世界经济的研究得到越来越多的国内优秀期刊的广泛关注。

表1　2000—2014年世界经济研究领域期刊论文的载文量统计（前15位）

期刊	载文量/篇	期刊	载文量/篇	期刊	载文量/篇
《亚太经济》	268	《当代亚太》	151	《世界经济与政治论坛》	107
《国际贸易》	260	《世界经济》	132	《经济学动态》	96
《世界经济研究》	234	《东北亚论坛》	130	《国际金融研究》	88
《世界经济与政治》	206	《国外理论动态》	128	《国际贸易问题》	77
《国际经济评论》	173	《国外社会科学》	114	《经济纵横》	76

二、实证分析

（一）关键词共现矩阵

运行CiteSpace软件，设置“Time Slicing”为“2000—2014”，以1年为一个时间切片，点选“关键词（keywords）”为分析内容，阈值设定为（5，5，30）、（3，3，20）、（4，5，20）。运行结果生成2000—2014年世界经济研究领域的关键词共现知识图谱（见图2），共获得高频关键词447个。在“project”文件夹中生成关键词矩阵。

由于节点太大，在生成图2时隐藏了共现频次最高的5个点（对应5个关键词），包括“经济全球化”（757）、“全球化”（365）、“世界经济”（353）、“经济增长”（311）和“发展中国家”（299）。在图中显示第6～14位，分别是“发达国家”（230）、“金融危机”（221）、“区域经济一体化”（182）、“中国”（172）、“跨国公司”（145）、“东亚”（145）、“美国经济”（133）、“APEC”（125）、“东盟”（123）。这14个关键词共现频次均大于100，它们所表征的研究属于2000—2014年世界经济领域的研究热点，构成了世界经济研究领域知识网络的主要路径。

图 2　2000—2014 年世界经济研究领域的关键词共现知识图谱

（二）共词聚类分析

分析中所采用的聚类分析借鉴了 Callon 等的聚类原则来进行聚类划分，基本步骤如下：①在“project”文件夹中生成关键词矩阵（447×447），查找余弦指数最高的一对关键词，将其作为第一个聚类的主题词。②将矩阵中的 447 个关键词与该对关键词的任一关键词的余弦指数进行降序排列，由高到低选取 10 个关键词（若余弦指数大于 0 的关键词不足 10 个，只取余弦指数大于 0 的关键词），包括作为主题词的一对关键词。只要超过 10 个的关键词即使余弦指数仍大于 0，也拒绝加入该聚类，即该聚类达到饱和值（10 个关键词）。③第一个聚类生成后，在矩阵中将已加入到聚类中的关键词同时做行和列删除，保证已加入到聚类中的关键词不会加入到下面的其他聚类。④反复进行步骤①~③，就可以一个一个地生成聚类，一直进行到将所有存在共现关系的关键词都加入到聚类中为止。若矩阵中虽然还有关键词，但这些关键词之间已经没有共现关系，即所有的关键词间的共现强度为 0（余弦指数等于 0），则聚类生成结束，所剩的关键词不再加入任何聚类。

通过聚类分析来识别研究内容和研究方向，按照上述的聚类方法和原则，将 447 个关键词划分出 67 个聚类。其中，有些聚类只有两个聚类成员，这类聚类不能准确反映聚类所代表的研究方向和内容，因此其不作为分析对象，删除这些聚类，最后形成的有效聚类共计46个。根据每个聚类所包含的关键词概括出聚类的名称，46个聚类名称就是该领域的主要研究内容和研究方向（见表2）。

表2 聚类名称及构成成员

聚类号	聚类名称	聚类成员
1	国际金融整合	资金流动、国际金融整合、经济增长
2	世界经济与政治	世界经济与政治、中国社会科学院、东亚共同体
3	欧元区	月份、百分点、放缓、欧元区、财政政策
4	东北亚合作	东北亚国家、东北亚合作、东北亚经济合作、经济一体化组织、环境保护
5	金砖国家	巴西、金砖、印度、国家经济、俄罗斯、对外直接投资、南非、发展中国家、新兴市场国家、全球经济
6	债务危机	主权、债务危机、财政赤字、世纪经济复苏、货币政策、实体经济、不确定性、地区经济、欧元区经济、主权债务
7	国际金融机构	国际货币、基金组织、世界银行
8	中国—东盟	区域内、中国企业、东盟国家、新加坡、区域经济一体化、中国—东盟、东盟自由贸易区、伙伴关系、区域合作、战略选择
9	跨国公司	融入经济全球化、信息技术、发达国家、跨国公司、发展趋势、外国直接投资
10	全球气候变化	气候变化、京都议定书、低碳经济、经济刺激、发展模式、可持续发展、美国经济
11	全球化	全球化进程、反全球化运动、全球化时代、国家利益、全球化问题、新自由主义、西方国家、发展中国家经济安全
12	贸易投资自由化	发展中成员、贸易投资自由化、经济技术合作、亚太地区、贸易和投资自由化、亚太经济合作、APEC、中国—东盟自由贸易区
13	清洁能源	温室气体减排、清洁能源、碳排放、全球气候变化
14	可持续发展	可持续发展战略、德国、循环经济、经济学家
15	国际金融	金融风险、金融市场、世界经济增长、货币市场、经济、外汇储备、新兴经济体、国际贸易
16	美元流动性	流动性、利率、美元、房地产市场
17	亚太区域合作	RCEP、亚太区域合作、TPP
18	亚太经济	亚太经济、亚太区域、互联互通、贸易目标、三大经济体、美国
19	发达经济	经济增长速度、石油价格、世界经济发展、发达国家经济、世界经济形势、发达经济、日本经济、伊拉克战争、经济衰退

续表

聚类号	聚类名称	聚类成员
20	金融危机国际合作	宏观经济政策、国际合作、亚洲金融危机、国际金融危机、交易成本、2003 年、溢出效应、通货膨胀
21	东亚开放性	开放性、东亚国家、地区主义
22	东亚区域合作	中亚、区域经济合作、东亚自由贸易区、区域贸易协定、东北亚、次区域合作、自由贸易区、经贸关系、东盟、区域全面经济伙伴关系
23	量化宽松政策	量化宽松政策、宽松货币政策、货币贬值
24	当代资本主义	发达资本主义国家、当代资本主义、社会主义国家、资本主义生产方式
25	全球经济失衡	全球金融危机、再平衡、国际经济秩序、全球失衡、世界经济失衡、价值链、平衡增长、经济治理、全球治理、次贷危机
26	中国—印度	中国经济、印度经济、经济失衡、危机时期、国际关系、国内生产总值、国际货币基金组织、工业化、国际竞争力、全球化
27	经济危机与复苏	复苏、危机、意识形态、国际分工
28	世界社会主义	世界共产党、社会主义、世界经济危机、资本主义、经济危机
29	经济一体化	世界市场、经济一体化、区域经济、困境、东亚经济合作、经济全球化
30	生产要素	生产要素、发展战略、知识经济、世界经济格局、知识产权保护
31	国际组织	失业率、国际组织、联合国、贸易保护主义、区域一体化
32	后危机时代发展	中国、后危机时代、经济发展方式、东南亚、日本、全球经济治理、二十国集团、国际货币体系、对策、华盛顿共识
33	金融渠道	金融渠道、国际比较、金融发展、全球经济失衡
34	新兴大国	政策、战略、新兴大国、一体化
35	社会发展	社会发展、泰国、经济发展
36	金融体系	自主创新、金融体系、美联储
37	金融创新	金融创新、凯恩斯主义、资本主义经济
38	虚拟经济	虚拟经济、产业集群、金融监管
39	东亚经济一体化	学术界、东亚经济一体化、亚洲、政府
40	国际产业转移	影响、国际产业转移、竞争、产业升级
41	贸易摩擦	贸易顺差、贸易摩擦、国际社会、人民币汇率
42	制度变迁	制度变迁、技术进步、吸收能力、FDI

续表

聚类号	聚类名称	聚类成员
43	地区一体化	欧盟、东亚一体化、相互依赖、地区一体化
44	比较优势	制造业、新兴国家、比较优势
45	经济周期	经济周期、金融危机、金融机构、收入差距、面板数据
46	产业转移	产业转移、产品内分工、全球价值链

（三）战略坐标图分析

1. 研究领域象限分布

以聚类的关注度为横轴、新颖度为纵轴绘制战略坐标图，如图 3 所示。在图 3 中，有 4 个聚类位于第一象限，23 个聚类位于第二象限，8 个聚类位于第三象限，11 个聚类位于第四象限。根据战略坐标各个象限的含义来看，“经济一体化”“国际金融整合”“跨国公司”等是 2000—2014 年世界经济领域研究的热点。而“量化宽松政策”“亚太区域合作”“亚太经济”“清洁能源”“金融渠道”“产业转移”等是这期间世界经济领域研究中比较新颖的研究内容，它们有可能成为世界经济领域未来的研究热点。

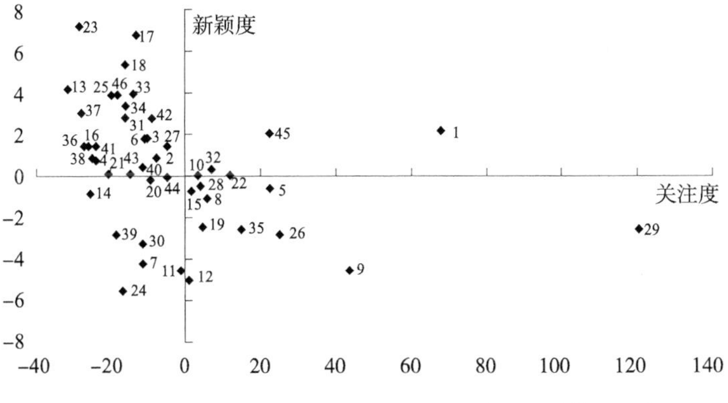

图 3　2000—2014 年 CNKI 中世界经济研究领域的战略坐标图

位于第一象限的聚类号为 1、10、32、45 的聚类，其新颖度和关注度均不小于 0，表明这些聚类所代表的内容是 2000—2014 年世界经济领域相对比较成熟的研究内容和方向，即这一时期世界经济研究热点，也是目前我国世界经济研究领域的核心内容。具体包括“国际金融整合”“全球气候变化”“后危机时代发展”“经济周期”的相关内容。

位于第二象限的聚类号为 13、17、18、23、25、33、34、37、42、46 等聚类，其新颖度大于 0，而关注度小于 0，表明这些聚类所代表的研究内容属于 2000—2014 年国内世界经济领域新出现的研究热点，但是受关注程度较弱。这些内容属于新兴的研究领域，其中一些内容随着专家学者研究的增加，其关注度将会有所提高，这些研究内容也会从第二象限移动到第一象限，成为世界经济研究领域的成熟研究内容和方向。它们具体包括“清洁能源”“亚太区域合作”“亚太经济”“量化宽松政策”“金融渠道”“新兴大国”“金融创新”“制度变迁”“产业转移”等相关内容，称之为世界经济潜在研究领域。

位于第三象限的聚类号为 7、11、14、20、24、30、39、44 的聚类，其新颖度和关注度都小于 0，属于受关注程度不高、在时间上比较靠前的研究，近些年的研究较少，属于被边缘化的研究内容。这些聚类有两类：一类曾经是世界经济研究领域比较热门的课题，但由于其具有时效性或者受世界经济动态变化的影响，近几年退出了学术研究的主流视野；另一类是在 2000—2014 年世界经济研究领域一直关注度不高，近几年研究仍相对较少的内容。它们分别是“国际金融机构”“全球化”“可持续发展”“金融危机国际合作”“当代资本主义”“生产要素”“东亚经济一体化”“比较优势”。

位于第四象限的聚类号为 5、8、9、12、15、19、22、26、28、29、35 的聚类，其关注度大于 0，新颖度小于 0，表明这些聚类所代表的研究内容属于当前国内世界经济研究领域的基础内容。这些聚类的构成成员不是新兴课题，多年来受关注程度一直较高。它们的具体领域包括“金砖国家”“中国—东盟”“跨国公司”“贸易投资自由化”“国际金融”“发达经济”“东亚区域合作”“中国—印度”“世界社会主义”“经济一体化”“社会发展”。

2. 研究热点和潜在热点

在以关注度为横轴、新颖度为纵轴的战略坐标图中，可以清楚地看到当前关注度和新颖度都较高的研究领域。图 3 中聚类 1 和聚类 45 的关注度和新颖度都较高，根据聚类 1 的成员构成可以确定其主要是关于“国际金融整合”的研究。一方面，由于信息技术的发展，经济金融全球化的趋势日益成为世界经济新常态；另一方面，由于金融业自身开拓市场、提高国际竞争力、防范和化解金融风险的需要，近 15 年来全球金融机构并购的数量和规模急剧上升。国际金融整合、资金流动、经济增长的关联等问题得到了国内外许多学者的持续关注。聚类 45 是关于“经济周期”的研究，现阶段世界经济研究领域对“经济周期”的研究主要集中在 3 个方面：一是国际经济周期协动性及其传递机制，分析不同地区不同国家经济周期的同期性和非同期性；二是探究金融要素对全球经济周期波动的影响，如金融危机、金融机构、产业结构变动等；三是实证分析全球经济周期波动对中国的影响，探讨中国的应对之策。

在战略坐标图中，2000—2014 年具有较大关注度但缺乏新颖性的领域主要有“跨国公司”“经济一体化”等，这些研究方向提出较早且备受关注，研究较为成熟，在我国世界经济领域研究中处于基础支撑地位。另外，具有新颖度却缺乏关注度的领域主要有聚类 17、18、23、25。聚类 23 主要是关于“量化宽松政策”的问题。从实践来看，金融危机爆发后，美国开始实施量化宽松货币政策，在世界经济一体化程度较高的今天，美联储采取的一系列宽松政策都不可避免地会对其他国家和地区造成冲击，给全球经济发展带来一定的风险。国内的学者主要就两方面的问题进行了探讨：一是美国量化宽松货币政策的实施及其影响；二是量化宽松货币政策对中国的影响，主要是对我国通货膨胀、金融体系安全、社会福利的影响。聚类 17 和聚类 18 是关于“亚太区域合作”和“亚太经济”的研究，学者们对“亚太区域经济一体化发展趋势与中国的策略选择”和“APEC、TPP、RCEP 与亚太经济一体化的互动关系”等问题展开了一些讨论，但数量有限且结论不一，因此这些问题还有进一步深入研究的价值。对聚类 25“全球经济失衡”相关问题的研究在 2007 年之后才逐渐兴起，随着经济全球化的深入，全球经济失衡问题受到了国内外学者的广泛关注。其主要原因是美国金融危机后，全球经济失衡的发展水平、影响因素、解决途径，推动实现世界经济再平衡等问题日益得到国内外学者的关注。已有文献在全球经济失衡研究的量化分析方法和模型构建方面并不成熟，但可能成为未来世界经济领域研究的热点问题。

三、文献的分类排序特征

（一）高产作者及作者间的合作

运行 CiteSpace 软件，设定阈值显示排名前 150 位的高产作者，以 2000—2014 年作为一个时间跨度，生成高产作者的知识网络图谱（见图 4），显示了这段时间国内世界经济研究领域的高产作者及作者之间的合作情况。

图 4　2000—2014 年世界经济研究领域的高产作者知识网络图谱

在 2000—2014 年世界经济研究领域，中国社会科学院亚太与全球战略研究院李向阳发文量最高，发表论文 27 篇，他在 2000 年以后主要从事国际经济规则、WTO、区域经济合作等世界经济理论问题的研究。2000—2014 年，其被引频次较高的学术论文有《新区域主义与大国战略》《全球化时代的区域经济合作》《全球经济失衡及其对中国经济的影响》《跨太平洋伙伴关系协定：中国崛起过程中的重大挑战》等。其次是厦门大学东南亚研究中心王勤（22 篇）和上海社会科学院世界经济研究所张幼文（20 篇）。王勤一直从事世界经济领域的研究，研究方向为亚太经济、东南亚经济；张幼文主要研究方向为世界经济理论和中国对外开放战略。发文量排名居前的作者还有：国家发展改革委宏观经济研究院对外经济研究所毕吉耀（19 篇）、中国社会科学院亚太与全球战略研究院沈铭辉（18 篇）、厦门大学经济学院黄梅波（18 篇）、中国社会科学院亚太与全球战略研究院陆建人（18 篇）、中国社会科学院亚太与全球战略研究院张蕴岭（17 篇）、南开大学 APEC 研究中心宫占奎（17 篇）、国家统计局国际统计中心余芳东（17 篇）。此外，刘昌黎、余永定、郭连成、赵春明等学者的论文被引频次也较高。

2000—2014 年世界经济研究领域的专家、学者有一定的合作，我们把合作关系紧密的学者看作科研团队。在图谱中，规模较大的团队有以毕吉耀、张哲人、李大伟为主的科研团队，其主要研究方向为中国对外经济关系和发展战略、国际经济环境及其对中国经济的影响等。此外，以郑泽香、闫海琪、马岩为主的科研团队，宫占奎、刘晨阳和于晓燕，张海冰和伍贻康的合作均比较突出。

（二）发文量排名居前的科研机构

设定阈值显示前150个高产出的科研机构，以2000—2014年作为一个时间跨度，运行CiteSpace软件，生成高产科研机构知识网络图谱（见图5）。

在2000—2014年，世界经济研究领域发文量最高的科研机构是南开大学（204篇），其次是中国人民大学（191篇）和厦门大学（134篇），排在第4～10位的依次是中国社会科学院世界经济与政治研究所（117篇）、北京大学（106篇）、上海社会科学院（105篇）、复旦大学（105篇）、吉林大学（94篇）、武汉大学（80篇）、中国社会科学院亚太与全球战略研究院（78篇）。

南开大学的主要科研机构有：南开大学经济学院（66篇）、南开大学APEC研究中心（44篇）、南开大学国际经济研究所（29篇）、南开大学国际经济贸易系（25篇）、南开大学经济研究所（13篇）、南开大学跨国公司研究中心（10篇）等。

图5　2000—2014年世界经济研究领域的高产科研机构知识网络图谱

注：有些机构（如中国社会科学院等）世界经济研究领域发文量在CNKI中按二级机构排序。

中国人民大学的主要科研机构有：中国人民大学经济学院（93篇）、中国人民大学国际关系学院（32篇）、中国人民大学马克思主义学院（13篇）、中国人民大学财政金融学院（10篇）、中国人民大学商学院（7篇）、中国人民大学区域经济与城市管理研究所（6篇）等。

厦门大学的主要科研机构有：厦门大学东南亚研究中心（43篇）、厦门大学经济学院（24篇）、厦门大学国际经济与贸易系（21篇）、厦门大学南洋研究院（13 篇）、厦门大学中国国际发展研究中心（12 篇）、厦门大学经济研究所（7 篇）、厦门大学国际经济与贸易系（6 篇）等。

四、结论

本文采用共词分析、聚类分析和战略坐标相结合的文献计量方法，描述了当前世界经济领域中文文献的研究现状、热点和趋势。结果发现“经济一体化”“国际金融整合”“跨国公司”等相关问题是学界关注的热点。这说明世界经济研究领域的学者对这些内容研究较多，这是与当前我国经济国际化大背景相符合的。而新颖度较高的则是“量化宽松政策”“亚太区域合作”“亚太经济”“全球经济失衡”“清洁能源”“金融渠道”“产业转移”等。这表明在世界经济领域中，这些问题是目前学界比较新的、有待于进一步研究的内容。此外，进一步归集了 2000—2014 年中国在世界经济研究领域发文量排名居前的作者、研究机构等信息，希望这些分析结论为我国今后的世界经济研究提供参考和借鉴。需要说明的是，本文运用了可视化软件和共词分析相结合的方法，虽然它可以直观、全面地揭示世界经济研究领域的研究现状、热点和趋势，但其中可能存在一些局限，诸如“标引者效应”的存在、数据规范化处理和阈值的设定等，这可能对分析结果有一定的影响，但不会影响基本结论。这些问题的改进有待于在今后的研究中不断探索。

我国贸易与环境问题研究的文献计量分析

——基于聚类和战略坐标方法的对比分析*

一、数据库的选择和数据的规范化处理

本文所统计的数据来自中国知网，在“经济与管理科学”学科领域范围内，以“贸易”“国际贸易”“对外贸易”“贸易自由化”“出口贸易”“进口贸易”分别与“环境”“碳排放”“气候变化”组词作为检索词，检索到1992—2011年有关贸易与环境的文献共计4648条，去掉会议通知、书评、编者评论等，最后获得有效数据4604条，更新时间为2011年10月。

为了客观、准确地通过文献可视化出该领域的研究现状、热点和趋势，并且由于存在标引者效应，需要对文献数据的关键词标引进行规范化处理，主要包括：无关键词的文献的关键词的提取；已有关键词的文献的不规范关键词的删除，如现状、对策、因素等关键词；同义词、缩写词的统一和规范等。

二、实证分析

（一）贸易与环境论文的时间分布情况

如图1所示，从1992年开始出现贸易与环境问题的相关论文，在20世纪90年代论文数量增长平稳，每年发表的论文数都在100篇左右；2000年以后，论文发表数量迅猛增长，2010年达到最高值，为519篇（2011年之所以出现非常明显的论文数量下降，主要是因为本文中文献检索的时间是截至2011年

---

* 马晨峰，谷祖莎，沈君．我国贸易与环境问题研究的文献计量分析：基于聚类和战略坐标方法的对比分析［J］．科技管理研究，2013，33（17）：227－232．有改动。

10 月)。本文选择 1990—1999 年和 2000—2011 年这两个时间段进行对比，以分析前后两个时间段贸易与环境领域研究热点的变化情况。

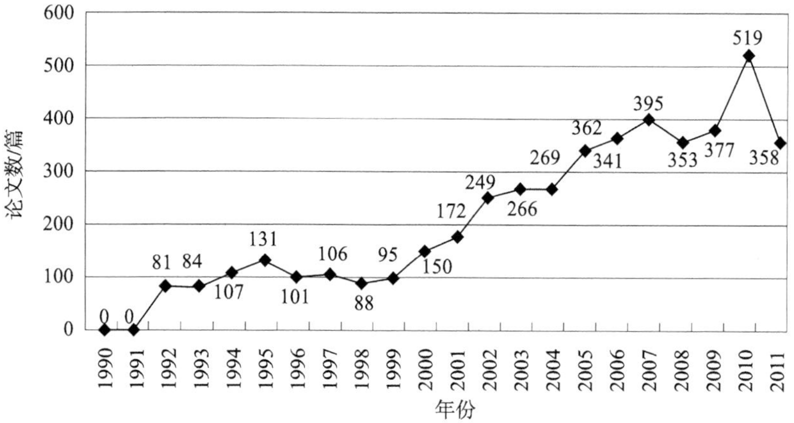

图 1　CNKI 中贸易与环境论文数量增长情况

(二) 基于共词聚类分析的研究热点对照分析

在可视化软件 CiteSpace 设置界面进行主要设置后，运行 CiteSpace 软件，获得 127 个高频关键词，依据关键词之间的共现关系和余弦指数值，构建 127 × 127 的关键词共现矩阵。

127 个高频关键词中，“国际经济与贸易” 词频最高 (669)。但只根据高频关键词个体无法识别研究内容和方向，因此本研究借鉴卡龙的聚类分析方法，通过聚类分析来识别研究内容和研究方向。按照聚类方法和原则，将 127 个关键词划分为 14 个聚类，根据每个聚类所包容的关键词，可以概括出该聚类的名称，这些名称就是该领域的主要研究内容和研究方向 (见表 1)。

表 1　聚类名称及构成

聚类名称	聚类成员 (1990—1999 年)	聚类成员 (2000—2011 年)
贸易环境效应		规模效应、技术效应、结构效应、环境效应
贸易壁垒	贸易壁垒、绿色壁垒、技术性贸易壁垒、非关税壁垒	后配额时代、纺织品贸易、贸易壁垒、新贸易壁垒、环境壁垒、绿色壁垒、技术性贸易壁垒
贸易区域合作	自由贸易区、投资环境、经济贸易合作、国际环境	中国—东盟、自由贸易区、区域经济合作、投资环境、经济贸易合作、国际环境

续表

聚类名称	聚类成员（1990—1999年）	聚类成员（2000—2011年）
贸易与环境	贸易自由化、贸易环境、环境保护、世界贸易组织、反倾销、贸易保护主义	贸易自由化、贸易环境、环境保护、世界贸易组织、反倾销、环境规制、贸易保护主义
环境比较优势	国际经济与贸易、比较优势	竞争优势、比较优势、环境成本、资源与环境、国际经济与贸易、环境要素
多边贸易体制	关贸总协定、国际贸易环境、企业、复关、贸易摩擦、多边贸易体制	关贸总协定、国际贸易环境、企业、复关、贸易摩擦、欧盟、新贸易保护主义、多边贸易体制
可持续发展与循环经济	可持续发展、环境问题、生态环境、贸易与环境、边境贸易、对外经济贸易	可持续发展、循环经济、环境问题、生态环境、贸易与环境、边境贸易、对外经济贸易、科学发展观、环境成本内部化
外商直接投资	直接投资、跨国公司、经济环境、竞争环境、经济增长、环境污染	直接投资、跨国公司、国际竞争力、经济环境、竞争环境、经济增长、外商直接投资、环境污染、环境库兹涅茨曲线
环境标准	ISO 14000、环境标准	ISO 14000、SA8000、环境标准
技术创新与产业结构	产业结构、资源环境	自主创新、知识产权、资源环境、技术创新、产业结构、“十二五”期间、低碳经济
政策环境	政策环境、国际化	政策环境、加工贸易、国际化
贸易与气候变化		气候变化、碳关税、CO_2排放、碳排放权
贸易自由化	对外开放、外部环境、改革开放、外商投资	全球化、自由贸易、对外开放、外部环境、改革开放、外商投资
绿色营销	农产品、绿色营销	农产品、绿色营销、绿色贸易

本研究的主要目的是比较1990—1999年和2000—2011年两个时段的研究状况的发展变化，因此，重新运行CiteSpace软件，在时段设置上分别选择1990—1999年时段、2000—2011年时段，分别获得每个时段的高频关键词。为了增加两个时段的可比性，每个时段的高频关键词均选取前150个，将每个时段的150个高频关键词按照整个网络的聚类名称及聚类构成分别划分到各时段的每个聚类中（见表1）。

从表1可以看出，2000—2011年时段与1990—1999年时段相比，在聚类的数量及聚类的成员上均发生了较大改变，主要表现在：

（1）从聚类的数量来看，新增了“贸易环境效应”和“贸易与气候变化”这两个聚类。新增的聚类在一定程度上反映了当前的新兴热点。2000年以前，有关贸易与环境问题的研究总是以环境政策的贸易效应角度来进行探讨的，很多研究都是关于环境规制对相对成本和竞争力的影响、环境政策与外国投资趋向的关系、环境规则对贸易构成非关税壁垒的潜力以及环境政策更大协调的需要以防止贸易扭曲等。2000年之后，越来越多的人认识到，贸易对环境可能有积极或消极的影响，应强调贸易对环境的正面效应及减少潜在的负面效应。近年来，随着应对气候变化日益成为突出的国际政治经济问题，贸易与气候变化问题成为该领域的一个新议题。2008年，世界银行曾经出版《国际贸易与气候变化：经济、法律和制度的视角》一书。2009年6月26日，世界贸易组织（WTO）与联合国环境署（UNEP）联合发布了一份长达194页的《贸易与气候变化》报告。2009年6月9—10日，经济合作与发展组织（OECD）的全球贸易论坛以“贸易与气候变化”为主题，围绕贸易政策与气候政策如何相互支持来探讨相关领域的各种议题。在此背景下，贸易与气候变化的关系也成为我国贸易与环境领域研究的前沿与热点。

（2）从聚类的成员来看，一是“贸易壁垒”聚类新增了“后配额时代”“纺织品贸易”“新贸易壁垒”“环境壁垒”。这表明2000年以后，在贸易壁垒研究中有更多的倾向于环境壁垒，即为保护环境而采取的限制甚至禁止国际贸易活动的措施等新贸易壁垒的研究，特别是在2005年之后，全球纺织品贸易进入后配额时代，发达国家利用本国消费者环保意识强的特点，对我国纺织品贸易的限制更多地采用包括环境壁垒在内的新贸易壁垒措施。二是“贸易区域合作”聚类新增了“中国—东盟”“区域经济合作”。这是在区域经济一体化集团建立中考虑环境保护因素的结果。三是“贸易与环境”聚类新增了“环境规制”。这是因为以加强环境规制为主要内容的绿色壁垒是新世纪贸易与环境之间冲突的焦点。四是“环境比较优势”聚类新增了“竞争优势”“环境成本”“资源与环境”“环境要素”。这显示环境比较优势的研究不断向纵深发展，逐步具备成熟的体系。五是“多边贸易体制”聚类新增了“欧盟”和“新贸易保护主义”。这说明在多边贸易体制中，以保护环境为代表的新贸易保护主义措施具有一定的合理性。六是“可持续发展与循环经济”聚类新增了“循环经济”“科学发展观”“环境成本内部化”。这表明在对可持续发展与循环经济研究中，学者们已经认识到环境成本外部化造成了产品价格的扭曲和市场失灵并影响到贸易的可持续发展，解决问题的根本途径之一就是要实现环境成本内部化。七是“外商直接投资”聚类新增了“国际竞争力”“外商直接投资”“环境库兹涅茨曲线”。这说明国内对外商直接投资研究的视角已从外资引进对经济增长的贡献转向利用外资能否实现经济增长与保护环境的双赢。八是“技术创新与产业结构”聚类新增了“自主创新”“知识产权”“技术创新”“产业结构”“‘十二五’期间”“低碳经济”。这是近年来发展低碳经济成为国际社会主流的结果，对技术创新与产业结构研究应围绕发展低碳技术和低碳产业进行。九是“绿色营销”聚类新增了“绿色贸易”这个新概念。这表明原来局限于国内贸易绿色营销的研究内容已扩展至对外贸易，要实现优化贸易增长和缓解资源环境压力的双赢目标，需要构筑绿色贸易体系。

而“环境标准”“政策环境”“贸易自由化”聚类虽然也增加了新的概念，但研究的内容或方向没有改变，研究的外延也没有扩大。

（三）基于战略坐标图的研究前沿对照分析

根据关注度和新颖度的计算公式，分别计算每个时段的每个聚类的关注度和新颖度，以关注度为横轴、新颖度为纵轴，运用绘图工具分别绘制出1990—1999 年和 2000—2011 年的战略坐标图，如图 2 和图 3 所示。

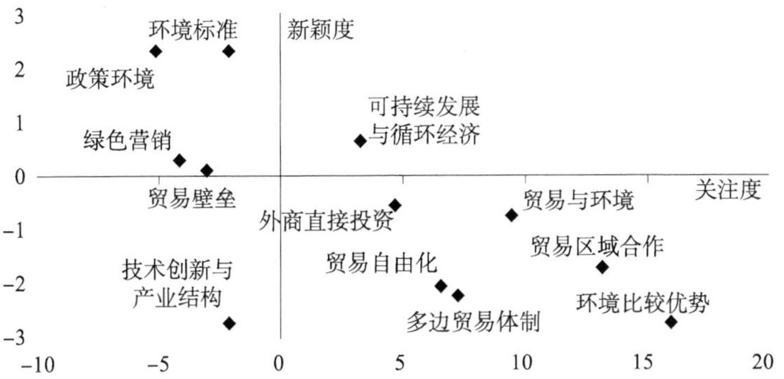

图 2　1990—1999 年战略坐标图

1990—1999 年和 2000—2011 年两个时段的战略坐标图直观展示了贸易与环境领域的研究状况及发展变化情况：自 2000 年以后，关于贸易与环境的研究更加深入，研究的领域也更广泛。具体而言，主要显示出以下特点：

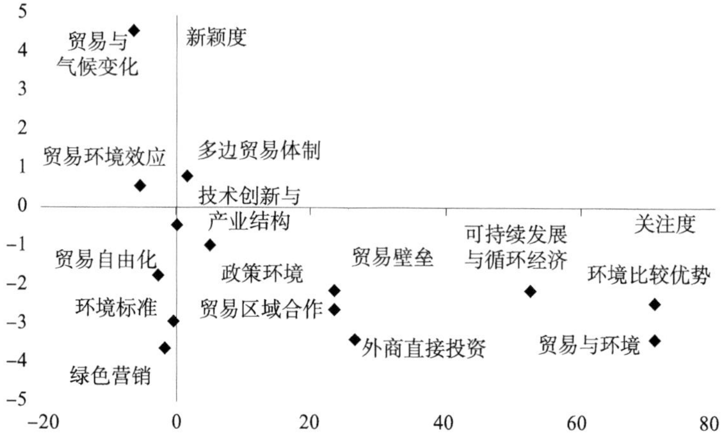

图3　2000—2011年战略坐标图

（1）基础研究的发展变化。后一时段和前一时段相比，第四象限新增了"政策环境""贸易壁垒""技术创新与产业结构"等新的聚类，这说明2000年以后这些聚类的关注度普遍提高，成为该领域的基础性研究内容。特别是"贸易壁垒"的关注度得到显著提高，这说明近年来国内学者对这一领域非常关注，但研究内容缺乏创新。而"环境比较优势""贸易与环境""贸易区域合作""外商直接投资"在两个时段都处于第四象限，说明这些领域长期以来备受关注但却缺乏新颖性，其中最受关注的是"环境比较优势"。Siebert首先在H－O理论中引入了环境因素，指出环境要素是影响一个国家比较优势的重要因素，认为一国如果环境禀赋丰裕，会出口高污染含量产品，相对价格差取决于环境稀缺和丰裕度，环境要素以环境禀赋的形式决定比较优势的形成。环境比较优势由此成为各国分析贸易与环境领域问题的理论基础，因此其备受关注但研究的新颖性不足。

（2）成熟的核心领域的变化。图2中第一象限的"可持续发展与循环经济"在2000年后进入第四象限（见图3），表明这一研究内容一直以来很受关注，但近年来对这一领域的研究没有新的突破和创新。而"多边贸易体制"在2000年以后由第四象限进入第一象限，成为这一领域核心成熟的研究内容。这是因为在2002年开始的多边贸易体制新一轮贸易谈判中，贸易与环境议题是唯一的新议题，而我国恰于2002年起开始参加多边贸易体制的新一轮贸易谈判，因此在多边贸易体制框架下如何妥善处理国际贸易中环境保护问题、健全我国绿色贸易体系、维护我国国际环境形象等，引起了学术界的持续关注，也成为近几年的研究热点。同时从战略坐标图 3 中也可以看出，关注度和新颖度都很高的研究内容或研究方向只有一个聚类，这表明国内关于贸易与环境领域的研究还远远不足，成熟的研究方向或研究内容非常少。这也寓意着该领域的研究将会在今后发展到鼎盛、成熟的阶段，还会产生很多交叉领域的研究内容或方向。

（3）新兴领域的发展变化。图 3 中第二象限新增了“贸易与气候变化”和“贸易环境效应”两个新的研究内容，特别是“贸易与气候变化”具有最高的新颖度。对外贸易为我国经济增长做出了很大贡献，2009 年我国就已成为世界第二大贸易国、第一大出口国。但是伴随着对外贸易规模的扩大，我国能源消费不断增加，环境污染日益严重，特别是二氧化碳（CO_2）排放总量呈快速增长趋势。据国际能源机构统计，在 2007 年，中国化石燃料消费排放的 CO_2就已达到 62.84 亿吨，占全球排放总量（299.14 亿吨）的 21.01%，已超过美国（20.08%），成为世界第一大 CO_2 排放国。而 CO_2属于全球性的污染物，被看作是导致气候变暖的主要温室气体，我国因此面临巨大的国际国内双重减排压力。在 2009 年哥本哈根气候会议召开前夕，中国政府首次提出具体的温室气体减排目标，即到 2020 年，单位国内生产总值 CO_2排放应比 2005 年下降 40% ~45%，并作为约束性指标纳入国民经济和社会发展中长期规划。目前我国正在积极制定相关的 CO_2减排政策以实现这一减排目标。在此背景下，近几年贸易与气候变化成为我国学术界一个新兴热点研究领域。今后这一研究方向的关注度将会随着专家学者的广泛研究而有所提高，可能会使这一研究内容从第二象限移动到第一象限，成为该领域的成熟研究主题或方向。

（4）被边缘化领域的研究变化。图 2 中第二象限的“环境标准”和“绿色营销”及第四象限的“贸易自由化”在 2000 年后进入第三象限，成为新颖度和关注度都很低的领域。这些研究出现了瓶颈效应，能否突破瓶颈、重新成为研究的热点和基础具有不确定性，而且很有可能在没有任何研究价值的条件下在贸易与环境领域的研究中消失。

三、结论

本文采用共词分析、聚类分析和战略坐标等方法，直观、清晰、全面地展示了 1990—1999 年与 2000—2011 年两个时段我国贸易与环境领域的研究状况、热点和趋势。通过对比分析我们发现："环境比较优势"在前后两个时段都具有最高的关注度，这充分说明自20世纪90年代以来我国专家学者在这个方向有较多的研究，也符合目前大背景下的研究状况；近年来研究新颖度最高的是"贸易与气候变化"，这表明在贸易与环境领域，"贸易与气候变化"是一个新议题，也是一个较新的、尚未成熟的研究领域；而"多边贸易体制"在2000年之后成为该领域核心成熟的研究内容。

本研究试图运用可视化软件和共词分析相结合的方法，直观、全面地揭示一个领域的研究现状、热点和趋势，可能存在一些不足，如标引者效应的存在、数据规范化处理的人工处理、阈值的设定等，这些可能对分析结果有一定的影响，但不会影响正确结论的产生，在今后的研究中将努力完善这些不足之处。

RFID 技术趋势及竞争态势的专利计量分析*

一、数据来源与工具选取

（一）数据来源

本研究的专利文献选自德温特专利数据库，原因如下：①覆盖面广，收录了 1963 年至今，全球 41 个主要专利出版组织约 3720 万条专利记录；②权威性高，由约 350 名专家组成团队对专利文件进行评估、分类和标引，数据库每周更新两次；③应用性强，独特的德温特手工代码与现有技术能够很好对应，含义容易理解，具有更好的分析价值。为此，本文采用德温特手工代码建立关系矩阵，力求使研究更为科学和准确。

在数据检索过程中，采用“主题词”检索方式，检索内容输入“RFID or Radio Frequenc * Identif * ”，“时间范围”设定为“所有年份”（检索时间为 2011 年 8 月 4 日）。检索到相关专利文献 30876 篇，其中 1996—2010 年的文献量为 30027 篇，占数据总量的 97.3%，表明在 1996 年之前 RFID 相关的专利文献较少，选取 1996—2010 年这一时间段内的专利数据进行分析，将使数据样本选取更具科学性。

另外，由于三方专利在很大程度上表示了一项专利拥有的国际商用价值，因此在原有数据的基础上，筛选出符合三方专利要求的数据样本 5194 篇，对相关研究进行比较分析，以提高研究结论的科学性与可信度。

---

* 韩震，沈君，曲莎莎．RFID 技术趋势及竞争态势的专利计量分析［J］．科研管理，2013，34（7）：11－16．有改动。

（二）工具选取

选取当前应用较广的文献计量和可视化工具——CiteSpace 软件进行分析。利用 CiteSpace 软件，通过对文献数据的研究前沿术语的共现、知识基础文章的同被引和研究前沿术语引用知识基础文章 3 个方面，进行多元、分时、动态的复杂网络分析，寻找研究热点及趋势，分析时间演变规律，并以可视化的方式展示出来。该工具与其他工具相比，具有更好的数据分析能力和可操作性。

二、手工代码的共现分析

手工代码共现分析是对专利技术名词共同出现情况所做的统计分析，通过节点频次和中心性的高低来推断网络中的关键节点。其中，节点频次越高代表对应的技术越重要，中心性越高代表节点在网络中的地位越重要。运用 CiteSpace 的数据处理转换功能，将该时域内的 30027 条 RFID 专利文献数据转换为系统平台可识别的数据格式，并对相应参数进行如下设置：“Years Per Slice”设为“3”，“Term Types”选择“None”，“Node Types”设置中选择“Category”，节点阈值设为（22，19，12）、（40，39，24）、（32，30，16）。最终，获得手工代码共现网络（见图 1 中未区分三方专利部分）。

我们认为，对原有数据进行三方专利区分，能够精简共现矩阵结构，其分析结果能集中反映该领域的技术应用价值，有利于对技术主题的进一步解读。为此，基于区分三方专利的数据样本，再对手工代码进行共现分析，适当调低阈值，得到区分三方专利的共现网络（见图 1 中区分三方专利部分）。

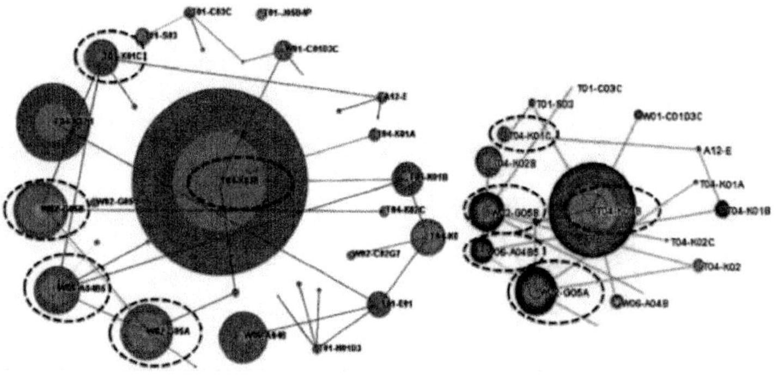

未区分三方专利　　　　区分三方专利

图 1　RFID 领域专利手工代码共现网络的比较

从运行结果看，两种情境下的共现网络具有较高的相似性，其中，频次和中心性均较高的节点代码有 T04 - K03B、T04 - K01C、W02 - G05B、W06 - A04B5 和 W02 - G05A。

在未区分三方专利情境下，由于数据样本较丰富，节点频次分析能更好地反映技术主题的受关注程度和重要性；同时，区分三方专利情境下的中心性较未区分时相对明显。因此，对于 RFID 技术主题的挖掘应基于上述两种情境进行综合分析。首先找到未区分三方专利时节点频次靠前的手工代码（前 20 位），利用德温特专利数据库的手工代码查询功能，进一步列出手工代码代表的技术主题；然后，在此范围内分析区分三方专利时的节点频次和中心性指标（见表 1）。可以看出，W06 - A04B5（目标识别）和 T04 - K01C（天线）在上述两种情境下频次和中心性指标值均相对较高，下面将着重对这两种技术主题进行解读。

表 1　频次排名前 20 位的手工代码信息（1996—2010 年）

手工代码	技术主题	F1	F2	C1	C2
T04 - K03B	RFID/TRANSPONDER（射频识别/应答器）	14667	2409	0.01	0.22
T04 - K02B	NON-CONTACT（非接触式）	6218	885	0	0.05
W02 - G05B	INTERROGATION SYSTEM（询问系统）	4587	1103	0.01	0.27
W02 - G05A	TRANSPONDER（应答器）	4561	1114	0.01	0.20
W06 - A04B	SECONDARY RADAR SYSTEMS（二次雷达系统）	4222	504	0	0.00
W06 - A04B5	FOR OBJECT IDENTIFICATION（目标识别）	3904	767	0.02	0.08
T04 - K02	READING AND WRITING ASPECTS（读写装置）	3007	577	0.01	0.00
T04 - K01C	ANTENNA（天线）	2904	464	0.02	0.05
T04 - K01B	GENERAL CONSTRUCTION DETAILS（一般组件）	2723	418	0.02	0.02
T01 - E01	SORTING, SELECTING, MERGING OR COMPARING DATA（分类、选择、归并或比较数据）	2116	137	0.01	0.00
W01 - C01D3C	PORTABLE; HAND-HELD（便携式；手提式）	1723	340	0.01	0.00
T01 - S03	CLAIMED SOFTWARE PRODUCTS（软件产品）	1462	318	0	0.00
T01 - C03C	RADIO LINK（无线电线路）	1169	215	0	0.05
T04 - K01A	CIRCUITRY, INC. ENCAPSULATION（电路、封装）	1139	203	0	0.00

续表

手工代码	技术主题	F1	F2	C1	C2
A12 - E	ELECTRICAL ENGINEERING（电力工程）	1058	220	0.01	0.12
T01 - J05B4P	DATABASE APPLICATIONS（数据库应用）	1027		0	
W02 - C02G7	FOR SMART CARD DATA TRANSFER（智能卡数据转换）	903		0	
T04 - K02C	READING/WRITING APPARATUS（读写设备）	895	185	0	0.00
T01 - N01D3	FROM REMOTE SITE OR SERVER（远程服务）	876		0.01	
W02 - G05	TRANSPONDER, RESPONDER, REPEATER（应答器、应答机、中继器）	864		0	

注：F1、C1 分别表示未区分三方专利时的手工代码频次、中心性；F2、C2 分别表示区分三方专利时的手工代码频次、中心性。

在 RFID 系统中，应答器中的存储数据通常与阅读器之间通过磁场或电磁场的自动数据交换实现目标识别过程。这种自动识别技术可有效地提高数据采集的便利性和准确性，减少劳动复杂程度，自 20 世纪 40 年代进行研发以来，在商业、物流、制造业等多个行业的信息化过程中，扮演着越来越重要的角色。RFID 系统中的天线主要分为电子标签天线和读写器天线两大类，分别用于前端射频信号的发射和接收。由于读写器天线的耦合方式是由射频信号频率及传输距离共同决定的，不同频率和场合下天线也不尽相同，因此其产品种类较多，各厂商更为极力地进行研发和改进，竞争相对激烈。综上所述，这两大技术主题在 RFID 领域具有较高的技术含量和商用价值，不仅是该领域的研究、应用热点，还为其他相关技术的发展起到重要的承接作用。

三、关键技术的时间演进分析

基于共现网络分析结果，将上述关键节点按时间序列进行分布，形成 RFID 关键技术的共现网络时区视图（见图 2）。

同样，在两种不同情境下也进行了时区网络分析，从结果看，未区分三方专利时的手工代码出现时间更早，种类更多，更能反映 RFID 技术的时间演进情况，因而以下主要基于该情境进行时间演进分析。

（1）基础性技术的竞争阶段（1996—2000 年）。

1996—1998 年出现的手工代码分别是 W02 - G05B、W02 - G05A、W06 -

A04B5，主要涉及自动识别领域的询问系统、应答器和目标识别等关键技术，表明该阶段 RFID 产业主要是围绕基础性技术展开的，所形成的竞争较为集中和激烈。

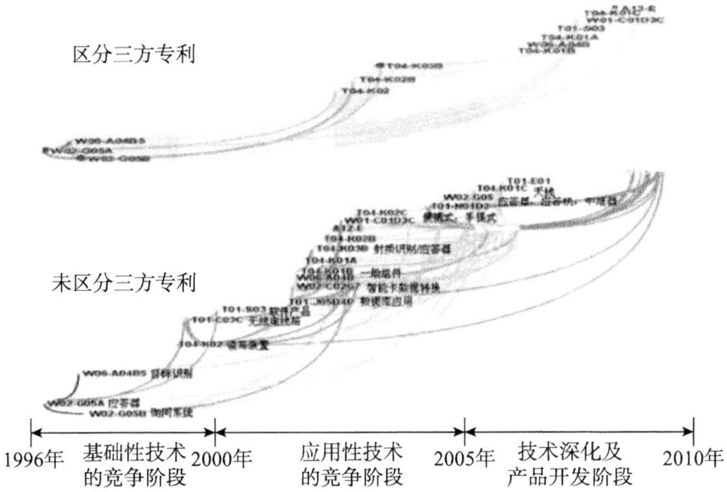

图 2　RFID 技术专利手工代码共现时区视图

1998—2000 年出现的手工代码分别是 T01 - S03、T01 - C03C 和 T04 - K02，表明关键技术仍集中在 RFID 系统的基本构成部分，经过前一阶段对自动识别领域的研发，研发重点集中在对 RFID 系统的发展与改进上。除与前一阶段相关的读写装置外，软件产品和无线电线路也成为 RFID 产业内的竞争热点。总之，围绕基础性技术实施创新是该阶段 RFID 产业的主要特征。

（2）应用性技术的竞争阶段（2001—2004 年）。

该阶段共出现 10 个手工代码，对其主题词进行分类发现，该阶段的主题词除了部分涉及 RFID 系统组成及运行外，更多地涉及 RFID 的应用领域（如 W01 - C01D3C、T01 - S03、T01 - J05B4P、W02 - C02G7 等）。这表明，在此阶段 RFID 技术已日趋成熟，RFID 产品正大规模进入日常应用领域，产业内部的产品竞争也日益激烈。

（3）技术深化及产品开发阶段（2005—2010 年）。

与手工代码大量涌现的前两个阶段相比，该阶段仅分布有 4 个手工代码。通过对手工代码的主题词分析可知，该阶段既有围绕 RFID 系统构成的基础性技术（如 W02 - G05、T04 - K01C），也包括探索远程服务的应用性技术（如

T01－N01D3、T01－E01），虽然涉及的技术类型较为分散，但较之前两个阶段，其技术内涵则更显深入。同时，未出现较高频次的手工代码，也表明在该阶段 RFID 技术已逐步完善，产品种类已趋于饱和，产业内部竞争已趋于缓和。此时，厂商们已不再更多地关注新产品研制，而是更注重降低成本、实现个性化需求，其产业内部竞争已由新产品竞争转变为提升产品性能、价格和个性化服务的竞争。

四、区域专利分析

一般情况下，专利权人会首选其所在国申请专利，然后在一年内利用优先权申请国外专利。因此，从专利申请人优先权所属国的数量分布上可以更好地了解各个国家在该领域的技术实力。

对未区分三方专利时的数据样本进行专利优先权统计，得出专利优先权数量较多的国家，如美国（30.4%）、日本（24.7%）、韩国（15.6%）、中国（10.4%）、德国（5.5%），表明这些国家在 RFID 领域具有明显的知识产权优势。

为更深入地揭示各国 RFID 领域的发展情况，对主要国家的优先权专利申请量进行时序分布统计，如图 3 所示。从发展趋势看，无论专利申请总量如何，各国专利申请都明显经历了较长的酝酿期、快速的增长期和逐渐的衰退期，这与之前对 RFID 技术发展趋势的分析结果基本吻合。从时间分布来看，各主要国家申请量的峰值分布在 2005—2009 年，这与各国推出物联网发展战略的时间基本一致："智能微尘"（美国，2001）、"u－Japan"（日本，2004）、"u－Korea"（韩国，2006）、德国 RIFD 战略（2008）、"感知中国"（2009）。这很好地印证了 RFID 作为基础性关键技术与物联网产业发展的互动关系。

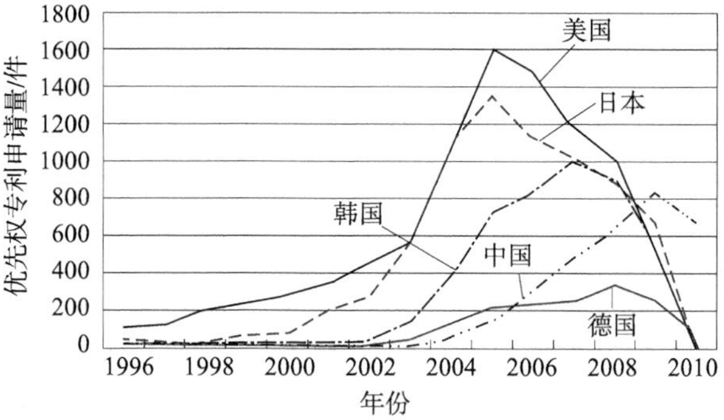

图 3　主要国家优先权专利申请年度分布

五、结论

综上所述，通过对 RFID 手工代码的相关专利计量分析，得到该领域的两大技术主题——“自动识别”和“天线”，围绕这两类技术的深入开发和应用，将是未来技术创新和产品竞争的焦点，应引起相关部门的更多关注。同时，分析结果也表明，在经历了较长的酝酿期之后，随着各国物联网战略的实施和深化，RFID 领域得到非常显著的培育和发展，其专利申请量激增，技术创新及产品开发在应用领域得到不断深化。相比之下，我国在 RFID 领域的研究起步较晚，创新能力处于明显的弱势位置，如何抓住机遇，在未来竞争中形成优势地位，将是我国 RFID 产业发展中面临的严峻挑战。

体育学科的知识网络结构研究

——基于10种CSSCI体育期刊的文献计量*

一、数据的检索与统计

为了能够全面地获取计量分析的有效数据，选择中国知网期刊论文数据库，这主要是因为CSSCI来源期刊每两年重新遴选，如果计量分析使用中文社会科学引文索引数据库中的数据，会导致某些期刊因某时段没有被选中，这样计量分析时无法进行科学比较。因此，本文按照2014—2015年CSSCI来源期刊中所列的体育学科的10种期刊名称，在CNKI数据库进行数据的检索和下载，但不包括硕士、博士学位论文和会议论文。检索词选择10种期刊的刊名，检索式设定为：JN =（体育科学 or 天津体育学院学报 or 上海体育学院学报 or 西安体育学院学报 or 中国体育科技 or 体育学刊 or 北京体育大学学报 or 体育与科学 or 武汉体育学院学报 or 沈阳体育学院学报），数据检索的起止时间范围设定为2005—2014年，检索和更新时间为2015年3月1日，共检索下载了23163条文献数据。

（一）10种CSSCI期刊的历年发文量

图1显示，体育学科的10种CSSCI来源期刊的发文量有一个共同的特点是：2005—2014年发文量呈下降趋势，多数期刊的发文量比较稳定，这表明体育学科的10种CSSCI来源期刊的刊发理念发生了转变，由原来的注重数量转变为注重质量，这无疑也是这10种期刊能够入选CSSCI来源期刊的主要因

---

* 张颖，沈君. 体育学科的知识网络结构研究：基于10种CSSCI体育期刊的文献计量［J］. 北京体育大学学报，2015，38（9）：34－41. 有改动。

素之一。正是因为体育学科的学术期刊注重学术论文的质量，才促进和推动了体育学科的学术研究。发文量基本保持不变的是《体育与科学》和《上海体育学院学报》。发文量下降幅度比较大的期刊是《北京体育大学学报》。

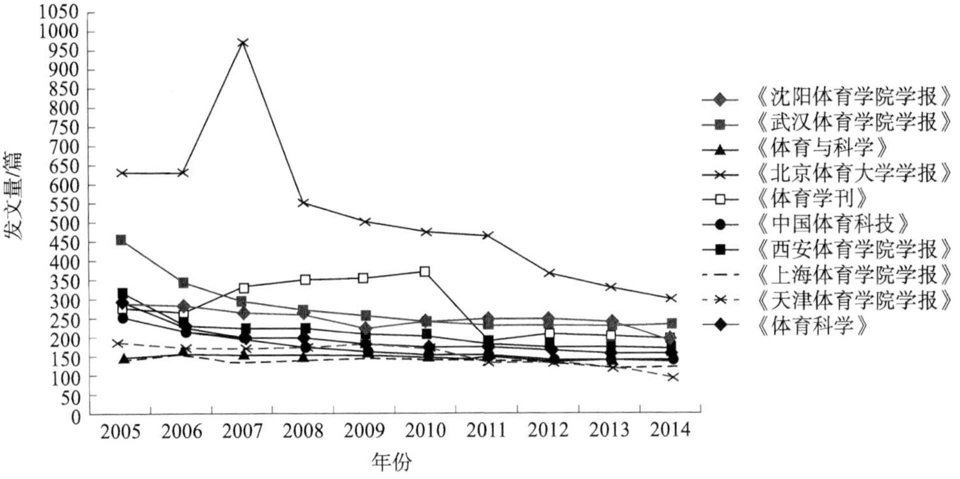

图 1　体育学科 10 种 CSSCI 来源期刊历年发文量统计

（二）10 种期刊的评价指标比较

为了从各个方面对这 10 种期刊进行科学、客观的比较，本文选择发文总量、被引频次、h 指数等指标，对 2005—2014 年的 10 种期刊进行比较分析，见表 1。从表 1 可以看出，《北京体育大学学报》总发文量最高，其次是《武汉体育学院学报》和《体育学刊》。根据年度发文量来看，这几种期刊基本是在 2005—2007 年发文量较多，但 2008 年之后不断降低年度发文量，开始从注重数量向注重质量转变。数量到质量的转变主要表现为：每期或每年发表的数量开始减少；每期或每年刊发的数量基本稳定，但注重高水平论文的刊发，h 指数较前期有所提升；重点关注国家级或省部级项目资助的项目成果，论文的被引频次较前期有所提高；刊发论文的作者职称和学历较高，按照 CSSCI 来源期刊的评价体系不断提高期刊的质量。

表 1　体育学科 10 种 CSSCI 来源期刊比较

期刊名称	总发文量/篇	总被引频次	h 指数	被引文献数量/篇	最高被引频次
《体育科学》	1903	26274	62	1568	458
《天津体育学院学报》	1459	14222	43	1161	242
《上海体育学院学报》	1330	17125	51	1102	223
《西安体育学院学报》	2075	17100	44	1616	255
《中国体育科技》	1724	19445	47	1489	166
《体育学刊》	2715	29194	58	2285	544
《北京体育大学学报》	5206	60419	73	4571	637
《体育与科学》	1513	15236	44	1280	159
《武汉体育学院学报》	2775	27286	52	2325	213
《沈阳体育学院学报》	2463	15132	37	1872	166

从总被引频次来看，《北京体育大学学报》的总被引频次最高；通过比较刊发论文数量相近的几种期刊，刊发论文在 2500 篇以上的期刊中《体育学刊》的总被引频次较高；刊发论文在 2000 ~ 2500 篇的期刊中《西安体育学院学报》的总被引频次较高；刊发论文在 2000 篇以下的期刊中《体育科学》的总被引频次较高，甚至高于刊发论文 2000 ~ 2500 篇的期刊。

从 h 指数来看，《北京体育大学学报》的 h 指数最高，其次是《体育科学》。依据 h 指数的含义来进行评价，这两种期刊从被引的质量上来看较好。《北京体育大学学报》的发文量最高，同时最高被引频次为 637，h 指数为 73，是 10 种期刊中最高被引频次最高的期刊。h 指数的大小与其最高被引频次具有相关性，如《体育科学》的最高被引频次为 458，其 h 指数为 62；《体育学刊》的最高被引频次为 544，其 h 指数为 58；《沈阳体育学院学报》的最高被引频次为 166，仅高于《体育与科学》的最高被引频次 159，但其 h 指数是 10 种期刊中最低的，仅为 37。

基于以上几个指标的比较，我们发现《北京体育大学学报》无论哪一个指标，都居于第 1 位，其他 9 种期刊均存在某一指标数值较低的现象。因此，评价一种期刊的发文质量不能单纯用其中的某个指标来评价，要综合几个指标，采用设置权重等方法来科学、客观地评价。

（三）体育学科 10 种 CSSCI 来源期刊刊发文献的关键词比较

表 2 列出了体育学科 10 种 CSSCI 来源期刊（2005—2014 年）刊发的文献

中排名前10位的高频关键词。通过比较发现，“中国”“竞技体育”“体育”“运动员”“运动”这些关键词在多数期刊中出现的频次较高，但也有一些关键词只在某种期刊中出现，如“体育法”和“体育仲裁”只出现在《天津体育学院学报》中，“动物实验”只出现在《体育科学》中，“上海”“陕西”和“辽宁”分别只是出现在了《上海体育学院学报》《西安体育学院学报》和《沈阳体育学院学报》中，表明这几种期刊的研究存在地域性。

表2 体育学科10种CSSCI来源期刊刊发文献的关键词

排名	《体育科学》	《天津体育学院学报》	《上海体育学院学报》	《西安体育学院学报》	《中国体育科技》	《体育学刊》	《北京体育大学学报》	《体育与科学》	《武汉体育学院学报》	《沈阳体育学院学报》
1	(213)中国	(33)竞技体育	(143)中国	(58)竞技体育	(305)中国	(375)学校体育	(144)大学生	(69)体育	(71)体育	(63)大学生
2	(181)动物实验	(31)运动员	(48)竞技体育	(56)现状	(126)优秀运动员	(285)中国	(110)现状	(50)竞技体育	(68)竞技体育	(62)现状
3	(113)体育	(22)运动	(42)上海市	(48)对策	(122)运动员	(160)体育社会学	(109)竞技体育	(38)发展	(67)体育产业	(56)竞技体育
4	(70)运动员	(22)体育	(38)武术	(38)发展	(114)男子	(99)民族传统体育	(95)高校	(31)对策	(66)武术	(51)运动
5	(62)发展	(20)奥运会	(32)高校	(33)体育	(114)女子	(67)体育教学	(86)体育	(30)体育产业	(65)大学生	(45)体育
6	(60)奥运会	(20)中国	(29)体育赛事	(31)运动员	(97)足球	(67)体育文化	(77)对策	(25)奥运会	(52)奥运会	(43)高校
7	(60)运动	(15)大学生	(25)启示	(29)中国	(92)奥运会	(60)大学生	(76)运动员	(23)中国	(52)运动员	(41)对策
8	(55)优秀运动员	(14)足球	(23)体育产业	(29)大学生	(82)现状	(59)体育课程	(75)发展	(21)学校体育	(47)中国	(38)发展
9	(45)武术	(13)体育法	(23)运动员	(27)陕西省	(70)体育	(57)竞技体育	(72)运动	(21)现状	(44)全民健身	(36)辽宁省
10	(44)影响	(13)体育仲裁	(20)特征	(26)学校体育	(66)篮球	(57)运动生物化学	(68)中国	(19)北京奥运会	(38)学校体育	(35)运动员

从这10种CSSCI来源期刊所设的栏目来看，《体育科学》主要依据体育这一一级学科以及交叉学科来设置栏目，刊发研究性和综述性的学术论文，如体育社会学、体育经济学、运动训练学、运动生物力学、运动医学、体育史学等；《天津体育学院学报》的栏目主要围绕专题研究、原创性科研成果、研究综述、新观点、体育科学研究方法、理论与实践等进行设置；《上海体育学院学报》的栏目重视体育教学改革和科学训练的研究，以及体育学术研究的动态，栏目中也体现出交叉学科的研究特点；《西安体育学院学报》重视体育人文社会学、西部体育论坛和运动人体科学等的研究，尤其是民族传统体育的研究；《中国体育科技》设有科研成果、调研报告、专题论文、经验总结、问题探讨等栏目；《体育学刊》注重体育领域的争鸣与探索、交叉学科、训练和竞赛经验交流等的研究；《北京体育大学学报》设有专题论坛、体育人文社会科学、运动人体科学与运动心理学、体育教育学、运动训练学；《体育与科学》设有新论坛、奥林匹克文化研究、体育文史观察、运动竞赛理论与实践、科研报告、学校体育研究等栏目；《武汉体育学院学报》设有体育人文社会学、全民健身、体育产业与市场开发、奥林匹克与北京奥运、运动心理学、运动人体科学、体育教育学、运动训练学、民族传统体育、水上运动等栏目；《沈阳体育学院学报》设有博士论坛、冰雪运动、体育人文社会科学、运动人体科学、运动心理学、体育教学、运动训练、民族传统体育学等栏目。

通过关键词和期刊栏目的比较可知，体育学科的10个CSSCI来源期刊所刊发的学术论文各有侧重，各有自己的特色栏目和主要的研究内容。这在一定程度上促使体育学科向专业化、区域化和国际化的方向发展，为体育学科的发展做出了一定的贡献。

二、体育学科10种CSSCI来源期刊的知识结构分析

（一）关键词共现与研究主题

关键词共现分析，主要是指运用共词分析法从所有文献集中抽取关键词进行的共现分析，运行CiteSpace的结果显示出高频关键词。依据文献计量的理论观点，如果该关键词的共现频次较高，就表明与该关键词相关的内容是一个主要的研究主题。表3中只显示了共现频次排名前20位的关键词。根据这些关键词可以得出，2005—2014年10种CSSCI来源期刊主要包括以下主题：中

国国内的体育问题研究、学校体育教学研究（包括高校、中小学的学校体育）、竞技体育研究（包括战术、技术等）、与运动员相关的问题研究（包括性别、素质和选拔等）、体育产业的相关研究、体育运动项目研究（包括体操、游泳、武术、足球、篮球和田径等）、民族传统体育研究（包括传统武术、散打、太极拳、舞蹈）、大型运动会和比赛研究（包括奥运会、全运会、甲 A、CBA、CUBA 等）、运动训练研究（包括专项训练、一元训练、耐力训练）、体育文化研究（包括校园体育文化、人文奥运、大众体育等）、体育社会学科研究（包括体育经济学、体育心理学、体育管理学、体育法学等）。

表 3　排名前 20 位的体育学科 10 种 CSSCI 来源期刊（2005—2014 年）的高频关键词

序号	高频关键词	频次	序号	高频关键词	频次
1	中国	1167	11	体育教学	322
2	学校体育	661	12	高校	275
3	体育	555	13	优秀运动员	275
4	竞技体育	538	14	民族传统体育	262
5	大学生	494	15	足球	262
6	运动员	475	16	运动训练	259
7	奥运会	388	17	青少年	230
8	运动	330	18	体育文化	214
9	体育产业	326	19	女子	207
10	武术	323	20	体育社会学	205

以上研究主题均是体育学科重要的学术研究领域，备受体育界专家学者的关注，他们对此进行过深入、细致的学术研究，学术成果颇丰，尤其是学科带头人在这些领域的研究中都颇有建树，为我国体育学科的建设和发展做出了突出贡献。

（二）作者共现与学术研究队伍

同样运用共词分析法对作者进行共现分析，与关键词共现分析的区别在于选择的节点不同。这里将作者作为关键节点，运行 CiteSpace 软件显示出高产作者，但由于同名而不属于同一机构的情况较多，因此在表 4 中列出的发文量排名前 20 位的高产作者是结合机构名称进行的排序。在高产作者中，华东师范大学的季浏列第 1 位，华中师范大学的王健列第 2 位。

表4 排名前20位的体育学科10种CSSCI来源期刊（2005—2014年）高产作者

序号	高产作者	论文量/篇	序号	高产作者	论文量/篇
1	季浏（华东师范大学）	141	11	曹建民（北京体育大学）	50
2	王健（华中师范大学）	99	12	曾凡星（北京体育大学）	48
3	胡扬（北京体育大学）	79	13	司虎克（上海体育学院）	47
4	邱丕相（上海体育学院）	66	14	虞重干（上海体育学院）	47
5	张力为（北京体育大学）	64	15	常波（沈阳体育学院）	47
6	陈佩杰（上海体育学院）	63	16	周成林（上海体育学院）	46
7	石岩（山西大学）	62	17	胡小明（华南师范大学）	46
8	孙庆祝（南京师范大学）	59	18	田野（国家体育总局体育科学研究所）	42
9	田雨普（南京师范大学）	59	19	陈元欣（华中师范大学）	42
10	王斌（华中师范大学）	56	20	张林（上海体育学院）	41

每个高产作者的发文情况可以体现以其为核心所形成的学术研究队伍。华东师范大学以季浏为核心的学术研究队伍主要研究体育教学中的问题与解决方案、体育课程及评价、体育教师发展等，季浏教授对体育心理学的研究较早，多集中在2004—2010年、2013年，之后的研究较少；此外，其还涉猎运动员及运动训练的相关问题、运动训练对机体功能的影响、群众体育研究等，构建了我国群众体育管理“强政府与强社会”模式的策略分析、城镇化进程加速背景下提升我国城镇公共体育服务供给能力的策略等。

华中师范大学以王健、王斌等为核心的学术研究队伍主要研究学校体育与体育赛事设施、农村体育、特殊人群体育、俱乐部体育、体育产业延伸、体育心理学、人力资源管理等。其善于运用中外结合研究特征模型与归因训练理论，以体育心理学、体育人类学为中心解释体育现象、时代现象与解决途径。研究的具体内容包括学校体育的研究、体育赛事与体育设施研究、农村体育与特殊人群（残障人）体育研究、俱乐部体育的经营模式研究、体育产业发展趋势与路径研究、运动员及教练员的体育心理研究、体育教师管理及劳资关系的人力资源管理研究。

北京体育大学以胡扬、张力为、曹建民、曾凡星等为核心的学术研究队伍，高产作者较多，涉猎的研究领域较广。研究方向主要有教育心理学、运动心理学、运动分子生物学、低氧训练生化学、运动内分泌学等交叉学科，以及心血管、中药、运动训练、营养干预及运动性贫血等运动对骨骼肌的影响等。研究的具体内容包括：将基因、低氧训练、运动中的分泌与运动机体、运动能力进行结合研究，探究基因与运动、低氧与运动能力、运动分泌与机体性能的相互关系；运动心理学研究、大学生心理印象研究、当代心理学的发展、制胜因素研究等；竞技运动领域的自我损耗与印象管理研究、情绪抑制与表达对运动员自我控制损耗的影响研究、运动领域中的印象管理研究、印象管理对成年女性健身活动的影响研究、中外比较高校教职工心血管疾病危险因素的差异、中药对长期运动训练的影响研究、游泳运动的影响研究、训练强度及合理的训练负荷研究、运动员训练前后有氧能力研究、运动员训练期间的机能指标变化研究、运动性贫血的发生机制及防治方法研究、运动性低血色素模型研究、营养干预对治疗运动性贫血的效果研究、低氧运动对骨骼肌的影响、耐力运动和低氧暴露对骨骼肌的影响、高住低训对骨骼肌的影响、减重期方面的研究、激素对骨骼肌的影响等。

上海体育学院的高产作者有邱丕相、陈佩杰、司虎克、虞重干、周成林、张林等。该学术研究队伍在高产作者中人数最多，涉猎的研究领域也最广。主要研究方向包括中国传统民族体育、武术、生物力学、运动生理生化学、运动康复、体质健康与体能、体育产业、体育赛事研究、俱乐部研究、体育用品专利、体育科技、竞技体育、体育院校、北京奥运等。武术研究具体内容包括武术运动员体能特点及其评价、中华武术的民族文化、新时期武术文化与发展路径、中国传统健身源流与方法、学校体育中的武术专业发展、运动技术的生物力学分析等。运动生理生化学及运动康复研究的具体内容包括机能监测、神经与运动训练、细胞与因子变化对运动的影响、运动与内分泌等。体质健康与体适能研究的具体内容包括青少年体质、体适能评价、青少年肥胖及措施、体力活动等。体育产业研究的具体内容包括体育事业与品牌的发展、体育博彩、体育产业资金与发展模式。体育赛事研究的具体内容包括国内外体育赛事、区域联赛与代表地区赛事发展、体育赛事赞助、体育赛事的政府职能等。俱乐部与后备人才培养研究的具体内容包括体育运动学校人才培养现状与改革、高水平竞技体育后备人才培养现状与发展对策等。此外，其还涉猎群众体育、学校体育思想、体育文化、民间体育、体育教育、体育服务与建设等领域的研究。

山西大学以石岩为核心的学术研究队伍的主要研究方向包括运动心理学与运动训练学。研究的具体内容包括运动心理学（运动员人格与心理训练）、体育社会心理学（球场观众暴力）、运动训练学（射击射箭科学化训练、一般训练学）、风险管理（参赛风险管理、体育风险管理）、体育实验设计与数据处理等。

南京师范大学的高产作者有孙庆祝、田雨普等。该学术研究队伍的主要研究方向包括体育管理与系统工程、体育信息化理论与信息技术、体育课程与教学评价、体育教学训练优化设计与控制、体育预测与决策技术、体育数学模型、体育定性与定量综合集成研究等。体育管理与系统工程研究的具体内容包括我国体育科学系统、全民健身信息分析与决策支持系统、高校在读硕士研究生身心健康评价监测系统等；其他研究还包括奥运会的相关研究、休闲体育、农村体育、体育发展战略、体育人文等。

沈阳体育学院以常波为核心的学术研究队伍的主要研究内容包括运动和药物的干预、滑雪运动、过度运动训练、运动疲劳等。

国家体育总局体育科学研究所以田野为核心的学术研究队伍的主要研究内容包括体育锻炼的影响、运动训练、生理生化的影响、运动机能综合评价系统的研究、外界干预的影响、运动性贫血的影响等。

通过作者共现分析发现，高产作者均是长期坚持在体育学科领域从事学术研究的专家学者，具有极其丰富的学术研究经验，并形成了自己的学术研究根据地，在此基础上带出了具有学术研究潜力的年轻学者、博士研究生或硕士研究生，为体育学科的学术研究注入了新的力量，为体育学科的发展和建设奠定了人力基础。

（三）机构共现与科研合作

机构共现分析，主要是根据 CNKI 的检索和 CiteSpace 的运行结果进行比对，先列出发文量排名前 20 位的机构（见表 5），然后再具体到这些机构的部门进行比较分析。

表 5 中显示的高产机构大致分为 4 大类：①体育院校，如北京体育大学、上海体育学院、沈阳体育学院、武汉体育学院、西安体育学院、天津体育学院等；②师范大学，如华南师范大学、华东师范大学、华中师范大学、北京师范大学等；③综合类院校，如苏州大学、河南大学等；④研究所，如国家体育总局体育科学研究所。这充分表明体育学科学术研究的专业化。从体育学院这一类别来看，有 CSSCI 来源期刊的 6 所体育学院（大学）的发文量排名均在前 7

位，只有华南师范大学的发文量高于天津体育学院，其他5个院校的发文量居前5位。

表5 排名前20位的体育学科10种CSSCI来源期刊（2005—2014年）的高产机构

序号	高产机构	论文量/篇	序号	高产机构	论文量/篇
1	北京体育大学	2351	11	华中师范大学	401
2	上海体育学院	1632	12	国家体育总局体育科学研究所	374
3	沈阳体育学院	1099	13	南京师范大学	373
4	武汉体育学院	884	14	北京师范大学	347
5	西安体育学院	652	15	苏州大学	315
6	华南师范大学	625	16	湖南师范大学	285
7	天津体育学院	496	17	河南大学	277
8	华东师范大学	463	18	成都体育学院	232
9	广州体育学院	420	19	江西师范大学	229
10	首都体育学院	415	20	福建师范大学	228

如果把分析的视角转向大学下设的学院或研究所，在全部的学院或研究所的发文量比较中，华南师范大学体育科学学院居第1位，发文480篇。CSSCI来源期刊《体育学刊》为该学院主办。该学院创建于1999年，现有体育教育、社会体育和运动训练3个本科专业，拥有体育学一级学科博士后科研流动站、博士学位授权点、硕士学位授权点，有5个研究基地或培训中心。

排名第2位的是华东师范大学体育与健康学院，发文319篇，其前身是体育系，创于1951年，2001年获批成立体育与健康学院，是我国设立体育学科硕士点最早的学院之一，设有运动人体科学博士点、体育学一级学科博士授权点和体育学博士后科研流动站。

排名第3~20位的学院或研究所详见表6。

通过科研机构的共现分析，无论是从具有法人资格的科研机构来看，还是具体到学院、科研院所，我们均能总结出，在体育学科的学术研究中位居前列的绝大多数都是从事学术研究或教学研究的第一线的体育学院，只有“国家体育总局体育科学研究所”居于前20位之中，这就充分说明体育学科的发展和建设离不开从事教学和学术研究的高等院校的体育学院（或体育系），以及体育科学研究所等机构，它们对体育学科的学术研究起着带头作用和示范效应。

表 6　体育学科 10 种 CSSCI 来源期刊中发文量排名前 20 位的学院和研究所

序号	高产机构	论文量/篇	序号	高产机构	论文量/篇
1	华南师范大学体育科学学院	480	11	山西大学体育学院	185
2	华东师范大学体育与健康学院	319	12	江西师范大学体育学院	183
3	华中师范大学体育学院	313	13	福建师范大学体育科学学院	182
4	南京师范大学体育科学学院	296	14	辽宁师范大学体育学院	177
5	苏州大学体育学院	261	15	上海体育学院体育教育训练学院	171
6	国家体育总局体育科学研究所	261	16	河南师范大学体育学院	154
7	北京师范大学体育与运动学院	260	17	河南大学体育学院	144
8	上海体育学院运动科学学院	233	18	安徽师范大学体育学院	140
9	湖南师范大学体育学院	222	19	西南大学体育学院	139
10	北京体育大学研究生院	221	20	沈阳体育学院体育教育系	136

（四）研究热点的战略坐标分析

战略坐标分析，主要是运用 CiteSpace 软件生成关键词矩阵，阈值设定为（9，6，10）、（8，6，10）、（8，5，10），运行生成 428 个高频关键词的共现矩阵，然后根据卡龙的聚类划分方法和原则（聚类成员数大于或等于 10）进行聚类划分，划分成 58 个聚类，再分别计算出每个聚类的新颖度指标数值和关注度指标数值，以关注度为横轴、新颖度为纵轴，绘制研究热点的战略坐标图（见图 2）。

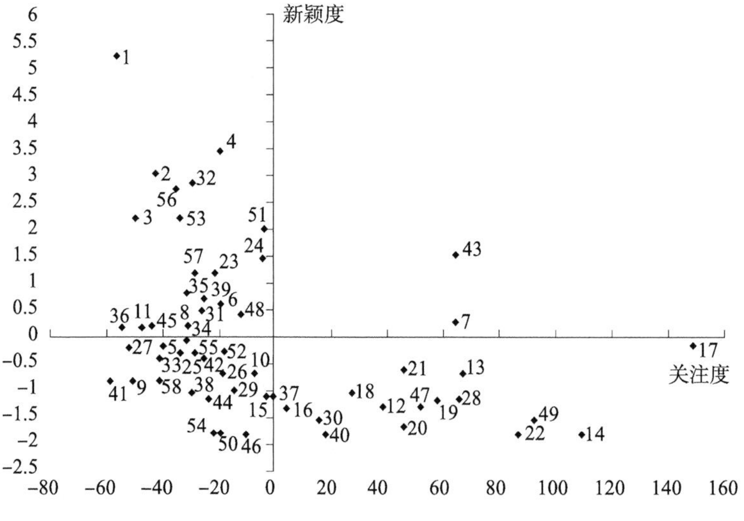

图 2　体育学科 10 种 CSSCI 来源期刊（2005—2014 年）的研究主题战略坐标图

根据战略坐标图的象限分布情况，可以知道体育学科研究主题的新颖度和关注度指标数值，也能获得位于不同象限的研究主题类型。有2个研究主题位于第一象限，分别是“体育强国与全民健康”和“体育与健康”，根据象限坐标含义，这2个研究主题属于国内专家学者关注的核心问题。有20个研究主题位于第二象限，主要有“体育问题研究”“体育科学研究”“体育理论与实践研究”“体育哲学研究”“武术研究”等，这些研究主题属于没有引起更多专家学者关注的，近些年来新涌现出来的研究热点，应该是比较好的学术研究领域。有21个研究主题位于第三象限，主要有“篮球技术研究”“体育研究生教育研究”“体育院校改革与创新研究”“群众体育研究”“体育专业实验研究”“体育心理研究”“体育课程教育研究”等。这些研究主题属于关注度和新颖度都很低的研究内容：一种是以前的研究，目前已经没有更多的人进行研究的内容；另一种是被专家学者忽略的交叉学科领域，这个方面应该能够找到比较有前景的研究热点。有15个研究主题位于第四象限，属于关注度较高、新颖度较低的研究内容。这些研究主题均是体育学科领域基础性和理论性的研究，主要有“传统体育及文化研究”“身体素质及机能研究”“体育人才培养研究”“教练员及运动员行为研究”“体育锻炼与消费研究”“战术及技术研究”等。

本研究以10种CSSCI来源期刊为检索词，构建检索式，获得了2005—2014年的23163条发文数据，对此检索结果首先进行了历年发文量比较，结果显示：①10种期刊均很注重发文质量，这对体育学科的发展起着推动和促进作用，今后体育学科发展得好，10种期刊功不可没；②对10种期刊的被引频次、h指数、最高被引频次、被引文献量等指标进行了比较，结果显示《北京体育大学学报》的这几项指标均较高，显示了10种期刊的社会影响、被引用和转载情况比较乐观，这也是体育学科目前的发展状况不能否认的一个重要因素；③对10种期刊刊发文献的关键词和专栏进行比较，结果显示10种期刊的刊文各有侧重，这有利于体育学科的专业化、区域化和国际化的发展；④对10种期刊的知识结构进行了实证分析，列举了高频关键词、高产作者、高产机构，这是体育学科发展过程中离不开的骨干力量，他们对体育学科发展做出的贡献是有目共睹的。本研究最后运用聚类分析法和战略坐标分析法，显示了各个研究主题的象限结构及其分布，通过10种期刊的研究主题的战略坐标图直观显示了目前体育学科的研究主题结构，同时也能动态预测未来体育学科的发展趋势和研究热点，这将推动体育学科的进一步发展。

三、结论

本文运用文献计量法对体育学科的10种CSSCI来源期刊（2005—2014年）进行了知识结构的分析，首先基于CNKI数据库收录的期刊文献数据进行了比较；然后基于成熟的文献计量法和科学的计量指标，对体育学科的10种来源期刊分别以关键词、作者、机构为关键节点进行共现分析，揭示出近10年来体育学科的研究主题、学术研究队伍及其合作关系；并在此基础上生成矩阵，运用战略坐标分析法揭示近10年来的研究热点及其未来研究趋势。通过文献计量分析，全面、科学、客观展示了体育学科领域的学术研究现状、热点变化和趋势，也全面、客观地阐述了专家学者的学术研究根据地的研究领域和内容，以及国内学术研究机构的研究，同时揭示了体育学科的建设和发展任重道远，还需要知名的专家学者带领年轻一代继续加强体育学科的学术研究，重点研究我们的特色专业，如武术、传统民间体育运动等，也要吸收和借鉴国外体育研究的成功经验，使体育领域的研究走向世界。本研究由于数据量较大，人工进行文献数据标准化，因此难免会有遗漏和疏忽，但这种情况发生的概率极低，不会影响知识网络结构的分析结果。同时也是对文献计量法应用于某一学科的一种新的尝试，期望将此计量方法在所有学科中进行运用和推广，能够直观地给读者展示某一学科的知识结构和相关信息，帮助读者了解一个学科的研究热点。通过研究和运用，也发现文献计量法和相关指标尚需完善和加强，希望志同道合之士献计献策，提出有价值的完善之策。

其他相关社会科学领域

新修辞学视域下国外“修辞人格”研究的动态分析

——基于 CiteSpace 的可视化分析*

一、数据来源及处理

本研究采用的主要分析软件为 CiteSpace 软件，以美国科学情报研究所的网络数据库 Web of Science 为检索平台，以“TS =（RHETORIC OR COMMUNICATON） AND TS =（ETHOS）”为检索式，检索类型为“Article”，时间跨度为：1900—2018❶。经降噪后，获得有效数据 438 条，以下分析结果均基于该有效数据展开。

1. 国外“修辞人格”研究历年发文量

国外“修辞人格”研究搜索时间跨度为 1900—2018 年，发文情况按文献数量可分为两个阶段：萌芽期（1947—2005 年）、攀升期（2006—2018 年）。

西方修辞学一直以来均为研究语言有效运用的学科，“修辞人格”在促进语言运用中有其独特作用，因而在修辞学发展的不同时期，该概念也有所发展。20 世纪，修辞学进入新的发展阶段。关于“新修辞学”的萌芽及高潮，邓志勇（2001）指出，其在 20 世纪 30 年代于欧洲及美国产生并在 60 年代盛行；而温科学（2006）则指出，“新修辞学”起源于 20 世纪 40—50 年代，于 60 年代引起多学科的关注，出现革命性变化；田海龙（2015）提到，西方修辞学在 20 世纪 50—60 年代发展到新修辞学阶段。由此可知，西方修辞学在 20

---

* 李克，经友萍. 新修辞学视域下国外“修辞人格”研究的动态分析：基于 CiteSpace 的可视化分析［J］. 当代修辞学，2020（3）：71 - 85. 有改动。

❶ 本文收录 Web of Science 数据最终日期为 2019 年 6 月 30 日，数据库尚未收录 2019 年该概念全部数据，为保证年度数据完整性，本文收集数据时间截至 2018 年 12 月 31 日。

世纪中叶有所发展，进入新阶段。“修辞人格”研究在这一阶段的发展情况为：1947 年出现第一篇关于该主题的文章，与上述学者提到的“新修辞学”起源时间大致相同；但在 1947—1990 年，该话题在 Web of Science 的发文量为 0，表明在“新修辞学”快速发展的 20 世纪 50—60 年代，国外“修辞人格”研究未有相应发展；而在 1991—2005 年，发文量呈现平稳上升趋势，但上升较为缓慢。由此可见，在“新修辞学”发展初期，“修辞人格”概念研究有所萌芽，但前期发展较为缓慢，萌芽期持续时间较长；在进入 21 世纪后，特别是 2006—2018 年，该概念研究呈现出较快增长趋势，进入攀升期，仅 2016—2018 年这 3 年的发文量超过 2011—2015 年 5 年的发文量，后期发展势头较为强劲。

2. 关键词共现知识图谱分析

在 CiteSpace 中选择“Keyword”选项，设置时间跨度为 1947—2018 年，以 5 年为时间切片，将“Threshold”值调整为（1，2，3）、（1，3，3）、（3，4，4），将与搜索式相同的字隐藏，得到图 1 所示的关键词共现图谱。

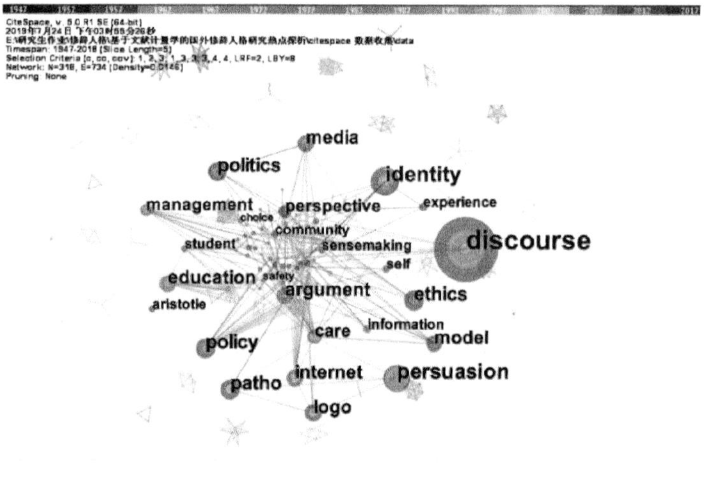

图 1 “修辞人格”研究关键词共现图谱

就关键词频次总体分布而言，根据表 1 可知，国外“修辞人格”研究中的关键词，除搜索式“ethos”“rhetoric”及“communication”（已隐藏）外，频次最高的是“discourse”，频次仅为 38；17 个关键词的频次为 3，10 个关键词的频次为 4。关键词数量较多，但频次较低，说明对于“修辞人格”概念研究内容较为丰富，但集中度较低，国外学者关注的侧重点存在差异。

就研究范围而言，根据图 1 及表 1，与“修辞人格”研究相关的出现频次较高的关键词有“discourse”（话语）、“persuasion”（说服）、“ethics”（道德）、“logo”（道理诉诸）、“patho”（情感诉诸）。在 20 世纪中期以来，作为一种“说服”的人工手段，“修辞人格”与“话语”的有效使用关系紧密，研究的重点仍集中于对其内涵、修辞者美德及伦理等方面的分析，分析时一般与亚里士多德所提的其他传统的两大人工说服手段——道理诉诸、情感诉诸相结合。李红满、王哲（2014）在其文中提到，话语研究一直是当代修辞学普遍关注的核心和热点问题，因而从对话语分析的重视程度而言，对于“修辞人格”的研究符合“新修辞学”的发展趋势。“discourse”这一关键词在“修辞人格”研究中出现频次在所有关键词中居于首位，说明对于该概念的研究尚集中于传统书面、口语语篇的分析。“新修辞学”代表人物之一伯克认为，修辞学除了关注口语和书面语等传统的修辞语篇外，还需关注促销、求爱、社会礼仪、教育等话语，甚至是艺术作品。例如，文学、绘画等，其对修辞学的范围进行了扩大，认为修辞与“象征符号”（symbol）相关，是“利用具有说服效果的象征化符号”在非言语的环境下赋予“意义”的过程；“新修辞学”的另一“战将”理查兹亦认为修辞学的关注重点在于最小的传达意义的符号；修辞学家卡林·坎贝尔在其著作中对修辞学进行了狭义和广义区分，认为广义修辞学扩展了传统狭义修辞学的内涵和外延，是利用象征符号以影响受众行为的学说，其研究对象不仅限于书面或口头语篇，而是可以对人施以影响的象征符号；温科学指出，新修辞学通过对修辞学与认识论关系的讨论使当代修辞学从狭义的劝说研究转向广义的对一切话语的研究。由此，20 世纪新修辞学研究范围扩展为坎贝尔所界定的广义修辞学范畴，而根据“修辞人格”研究中高频词分析，在研究范围上，国外对于该概念的研究尚集中于狭义修辞学的领域，多关注传统书面、口语话语分析，较少关注“新修辞学”所提到的能够传情达意、包罗万象的“象征符号”的研究。

表 1　排名前 50 位的“修辞人格”国外研究关键词共现频次统计

序号	关键词	年份	频次	序号	关键词	年份	频次
1	discourse	2007	38	5	policy	1995	12
2	identity	2010	17	6	patho	2009	12
3	persuasion	2008	17	7	politics	2012	12
4	ethics	2003	13	8	internet	1999	11

续表

序号	关键词	年份	频次	序号	关键词	年份	频次
9	education	2006	11	30	curriculum	1997	4
10	argument	1995	11	31	organization	2014	4
11	model	2013	10	32	history	2006	4
12	logo	2010	10	33	social network	2013	4
13	media	2014	10	34	narrative	2010	3
14	care	1993	9	35	journalism	1998	3
15	perspective	2012	8	36	democracy	2004	3
16	management	2001	8	37	religion	2012	3
17	community	1994	5	38	engagement	2011	3
18	information	2014	5	39	shared decision making	2015	3
19	aristotle	2012	5	40	science fiction	2013	3
20	self	2012	5	41	service	2001	3
21	experience	2017	5	42	safety	2003	3
22	student	2014	5	43	context	2014	3
23	sensemaking	2010	5	44	work	2016	3
24	qualitative research	2013	4	45	culture	2017	3
25	attitude	2017	4	46	choice	1998	3
26	ethnography	2014	4	47	governance	2015	3
27	news	1998	4	48	voice	2014	3
28	system	1998	4	49	justice	2013	3
29	participation	2007	4	50	citizen	2018	3

就研究视角而言，根据表 1 可以归纳出“修辞人格”概念的两大研究视角。首先，是对该概念自身内涵、理论的探索视角，包括“修辞人格”中的身份认同、自我品格、模范及美德的塑造等；其次，将该概念与其他领域相结合进行讨论的跨学科视角，集中于政治、教育教学、医疗健康、人类学、社会学、历史学、新媒体社交、科技等多个学科的交叉融合研究。鞠玉梅在其文中提到，“新修辞学”不仅提出新观点、新方法、新批评，更显现出多学科交叉性及其巨大的、迷人的实用价值；邓志勇亦认为，“新修辞学”不仅运用逻辑学、心理学，而且还运用语言学、人类学、伦理学、社会学等学科的理论。由此，根据 20 世纪中叶至今“修辞人格”关键词共现图谱，该概念所呈现的跨

学科、跨领域特点与“新修辞学”特点相符合。

就修辞的功用而言，虽然传统修辞学所述“说服”在“修辞人格”研究中仍然占据重要位置，关键词“persuasion”的频次居高频词表第 3 位，但“新修辞学”不断被提及的修辞的社会关系的调节功能在该概念研究中也得到了关注。传统的修辞劝说强调的是一种单向的“说服”与“被说服”的关系，而在“新修辞学”中，修辞被定义为解决“误解”（misunderstanding）的一种手段；或是一种在交际双方之间达成“认同”（identification）共识的手段；或是一种邀请受众进入修辞者的世界来促进双方之间相互理解的手段。从关键词共现图谱可知，在“修辞人格”这一概念的研究中，与“persuasion”（说服）频次相同的“identity”（身份），以及“participation”（参与）、“shared decision making”（决策共同制定）均体现了“新修辞学”中交际双方“双向沟通”关系而非传统的“单向”关系。因此，从修辞的功用而言，“修辞人格”的国外研究特点亦符合“新修辞学”的发展趋势。

3. 作者共现知识图谱分析

如图 2 所示，在国外“修辞人格”研究的作者共现图谱中，排第 1 位的 4 位作者发文量为 2，其余作者发文量仅为 1，说明虽然国外有不少学者关注到“修辞人格”这一概念，但关于该概念研究的同一作者的连续发文量较少，对该概念的研究延续性较弱。图 2 中作者之间连线较少，且多为两作者之间连线，可见研究者之间合作不明显，相关话题研究团队尚缺。

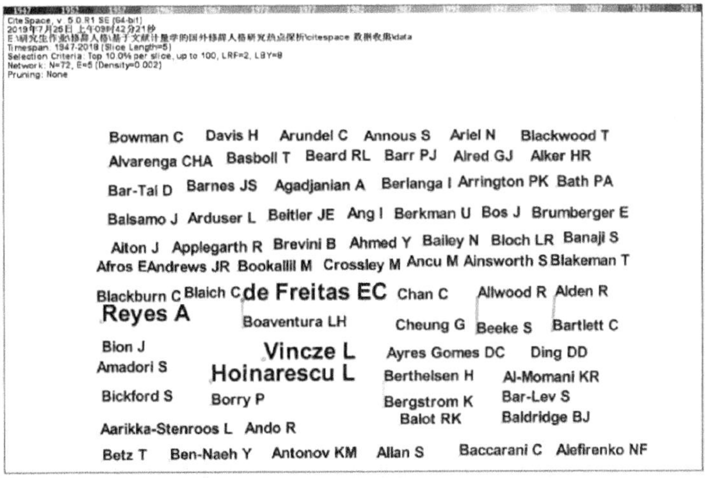

图 2 “修辞人格”研究的作者共现图

4. 机构共现知识图谱分析

如图3所示，高产单位卡迪夫大学、特拉维夫大学、耶路撒冷伯希来大学、北卡罗来纳大学教堂山分校发文量分别为6篇、4篇、3篇、3篇，发文量为2篇的机构有34所，其余机构发文量均为1篇，说明针对该话题的机构发文量不集中，高产单位发文量少，尚未形成该话题的研究重镇。

图3 “修辞人格”研究发文机构共现图谱

从机构间合作关系来看，在图3中可见机构连线较少。机构合作的特点是：机构间两两合作现象较为普遍，3个及以上机构组成的合作团队数量少，仅有1家；地缘合作性强，无跨国合作现象。

二、“修辞人格”领域的研究前沿及趋势分析

为了对“修辞人格”这一概念的研究前沿及趋势有更加清晰的认知，本文将基于CiteSpace所得关键词共现318×318矩阵，对其进行共词聚类及战略坐标分析。

1. 共词聚类及战略坐标概况

根据Callon等提出的共词聚类原则，本文将利用CiteSpace软件所得的共词聚类进行聚类划分。根据所得聚类，以关注度为横轴、新颖度为纵轴建立战略坐标图。

战略坐标图共分为4个象限，横轴为关注度，纵轴为新颖度，对“修辞人格”研究关键词聚类所在象限进行分析，可以透视该领域研究在新修辞学视域下的热点问题及未来研究趋势。从聚类总体分布来看，在49个聚类中，12

个聚类位于第一象限，31 个聚类位于第二象限，5 个聚类位于第三象限，仅有 1 个聚类位于第四象限。大部分聚类均位于第二象限，第三象限及第四象限聚类较少，说明“修辞人格”这一概念虽为修辞学的经典概念之一，但在当下，“新修辞学”研究背景中受关注程度较低，新颖度较高，总体上潜在研究动力较足。

从各聚类分布来看，序号为 2、7、17、32、36、40、43、45、46、47、48、49 的聚类位于第一象限，由此可知，当下对于“修辞人格”的研究中，“描述”“合法”“质量”“伦理学”“因特网”“政府”“范式”“发言权”“统治”“网络”“文化”“决策共享”的受关注程度较高，且新颖度也较高，属于近年来该概念受关注的研究方向，是该领域的核心研究内容。

位于第二象限的有序号为 1、3、4、5、8、9、10、12、13、14、15、18、19、20、21、22、24、25、26、27、28、29、30、31、33、34、35、38、39、41、44 的聚类。由于这些聚类新颖度高，但受关注程度低，因而“助产术”“商务沟通”“刑事审判”“批判态度”“能量”“古罗马修辞学”“非凡领导力”“中国文化”“记忆”“人口”“民主”“欧洲”等话题为该领域新近产生的潜在研究内容，若是受关注程度得到提高，这些研究在将来可能成为核心研究内容。

位于第三象限的有序号为 11、16、23、37、42 的聚类，其关注度低，新颖度也低，说明在“修辞人格”这一概念研究过程中，“组织文化”“文化/民族认同”“沟通技巧”“调节”“数学运算”这些话题已经得不到充分关注，属于边缘话题。

位于第四象限的是聚类 6。在该象限中，聚类受关注度较高，但新颖度低，虽然“科学”这一聚类出现时间较早，但受关注度不减，说明这一研究内容是该领域的基础内容，一直以来都受到较多关注。

2. “修辞人格”战略坐标解读

（1）研究热点分析。

如前所述，位于第一象限的聚类其特点是关注度高且新颖度高，因而其是“修辞人格”概念研究的核心内容、热点问题。根据该象限的关键词聚类特征，可得该概念在“新修辞学”视域下的研究热点。

第一，在“新修辞学”框架下，“修辞人格”概念研究仍关注语言的有效沟通，在通过网络沟通交流日益重要的今天，将这一概念用于有效促进新媒介沟通也成为该领域的研究重点。从20世纪中叶第三次科学技术革命以来，人际沟通交往方式发生了极大的变化，从之前的“面对面”沟通发展至今天的通过“屏幕沟通”，刘亚猛在其文中亦提到，20世纪出现的种种典型修辞形势无一不呼唤着一个其外延扩展程度此前根本无法想象的大众传播。这一强烈需求促使能够克服时空限制的新传播技术不断得到发明和发展。因而在当下，如何在新的沟通交往方式中更好地促进语言的有效传达亦成为“修辞人格”这一西方修辞学的经典概念的研究热点。

第二，关于“修辞人格”研究较多关注该概念在政治领域的应用，研究重点发生转移，受众主体性凸显。关于修辞学在政治领域的使用，亚里士多德强调其劝说作用，并指出“修辞术的定义可以这样下：一种能在任何一个问题上找出可能的说服方式的功能”，因而古典修辞学注重“劝说”。而西方修辞学发展到“新修辞学”阶段，修辞功用发生了变化，由原来的强调“说服”效果到注重伯克修辞学中所提倡的“认同”效果，更强调的是受众的主动性。修辞学的功用变化也对“修辞人格”这一概念的应用产生影响，使得该概念内涵研究出发点从修辞者本身转移至受众需求，受众在修辞话语中的主动作用愈发受到重视。

（2）潜在研究热点分析。

位于第二象限中的聚类所具备的特征为新颖度高，但关注度却较低，属于潜在研究领域；在该象限的聚类若关注度得到提高，将来可能成为该领域的核心研究内容。因此，可从该象限所含聚类特征归纳该概念潜在研究热点特点。

第一，“修辞人格”概念在多领域的实用价值日益显现，在商业、医学、教育等领域被更多地运用。如前所述，“新修辞学”框架下“修辞”的内涵和外延有了进一步的拓展，例如，聚类3“商务沟通”“职业沟通”“技术交流”“工作场所写作”、聚类21“预测”“学校”“教育”、聚类24“慢性病”“健康专家观点”等涵盖商业、教育、医学、科技等众多领域，体现该概念研究趋势的实用性及跨学科性。

第二，“修辞人格”作为西方修辞学的经典概念之一，在“新修辞学”的背景下研究具有对古典修辞学概念进行再阐释趋势。西方古典修辞学体系在西方修辞学史的大部分时间内一直是这门学问的基础，而且现在也基本没有改变，依然是西方修辞学的基础。“新修辞学”继承和发展了古典修辞学，在对“修辞人格”的研究中，亦呈现这一趋势。在第二象限聚类中，如聚类9“古罗马修辞学”“奥古斯都”“元老院”“富于辞藻的”、聚类13“记忆”等都与古典修辞学相关。

三、结论

本文借助 CiteSpace 分析软件，从历年发文量、关键词、作者、机构共现、战略坐标等方面对国外“修辞人格”研究进行可视化分析。分析发现：①就研究总体概况而言，在“新修辞学”视域下，研究这一经典概念的第一篇文章出现时间与“新修辞学”发展初期时间相吻合，但这一概念研究的萌芽期发展缓慢且持续时间长，而攀升期发展迅速且后期势头强劲；关键词聚类多位于第二象限，研究总体新颖度较高，潜在研究动力较足，但受关注程度较低，话题研究延续性较弱，机构、作者间连线少，尚未形成相应的研究机构重镇。②就研究特点而言，首先，“修辞人格”研究文本范围集中于传统话语、语篇研究，较少涉及“新修辞学”所提“对于一切象征符号”的研究；其次，该概念研究视角除传统的概念内涵研究外，亦有与其他学科融合研究，具备“新修辞学”研究跨学科趋势；最后，在修辞功用上，该概念被运用于促进沟通、“共同决策”与解决争端“误解”中，亦与“新修辞学”提倡“认同”特点相契合。③从研究热点及趋势而言，当下该概念研究与时代发展相结合，集中于分析以网络为媒介的有效沟通交流，研究重点为政治语篇分析，受众主体地位凸显。“修辞人格”概念在继承古典修辞学内涵的同时，被赋予时代特色，在医学、教育、环境等领域获得运用，实用价值日益显现。

“修辞人格”是既经典又前沿的概念，在古希腊时期就被提及，在西方修辞学发展的各个时期又与时代特点相结合，焕发其生命力。在学术交流增强的当下，这一概念更具备适应中西方不同文化语言修辞环境的潜力，探究其研究现状、热点、趋势亦可为该概念在我国修辞环境下的研究提供一些启发，如结合“修辞人格”实用价值凸显特点探究在中国式课堂中该概念塑造的作用等可成为继续研究和探讨的课题。当然，由于数据库收录材料、人工收集、统计的有限性，本研究所收集的文章可能无法囊括该概念国外研究的所有文献，因此这方面的研究还需要进一步深化。

思想政治教育领域前沿热点研究可视化分析

——基于2000—2015年CSSCI来源期刊的文献计量*

一、数据库的选择和数据统计

研究选择的文献数据为CSSCI来源期刊，由于不同数据库数据格式的限制，研究机构、期刊、作者、关键词等数据信息来源于CNKI数据库，采用学科领域检索方法，检索时间段为2000—2015年，检索论文来源类别设置为CSSCI，最终检索到有关思想政治教育领域的文献共计25940篇，删除非学术研究文献后，共筛选出有效文献22947篇，检索及更新时间为2016年8月。共引文献和共引作者的数据信息来源于CSSCI数据库，按“中图分类号”对思想政治教育相关的14个分类代码分别进行检索，最终检测到相关文献共计12660篇，同样进行数据剔除后获得有效文献11366篇，检索及更新时间为2016年11月。从发文量年度分布看，国内学者越来越重视思想政治教育各个领域的研究，2000—2007年发文量相对平稳，自2008年以后发文量显著上升。究其原因，从2008年起，思想政治教育领域相关的CSSCI期刊种类增幅不少，2008年仅教育类期刊就增加了8种。2008年以后，发文量一直保持相对稳定。

二、文献的分类排序特征

1. 发文量排名居前的研究机构分析

设置软件参数值，只显示发文数量≥60篇的研究机构，形成按研究机构

---

* 韩巧霞，徐国亮. 思想政治教育领域前沿热点研究可视化分析：基于2000—2015年CSSCI来源期刊的文献计量［J］. 思想政治教育研究，2019，35（3）：36-44. 有改动。

分类统计发文量的知识网络图谱。2000—2015 年思想政治教育领域研究机构共计 398 个，其中发文量最高的是中国人民大学马克思主义学院（264 篇），排名第 2 位和第 3 位的分别是武汉大学马克思主义学院（243 篇）和武汉大学政治与公共管理学院（198 篇），第 4 位是南京师范大学道德教育研究所（195 篇），第 5 位是北京大学马克思主义学院（181 篇）。

2. 刊文量排名居前的学术期刊分析

设置阈值，显示刊文量排名前 50 位的学术期刊名称，并设置参数值只显示刊文量≥80 篇的期刊，形成按期刊种类分类统计刊文量的知识网络图谱。2000—2015 年刊发思想政治教育研究领域论文的学术期刊共计 176 种，其中刊文量最高的是《中国高等教育》（503 篇），第 2 位是《教育理论与实践》（417 篇），第 3 位是《高校理论战线》（281 篇）。刊文量排名居前的还有《中国青年研究》（255 篇）、《求是》（241 篇）、《中国教育学刊》（237 篇）、《思想理论教育》（229 篇）、《上海教育科研》（222 篇）、《教育评论》（203 篇）、《教育研究》（202 篇）。需要指出的是，《思想理论教育》以及排名第 12 位的《思想教育研究》（196 篇）、第 19 位的《思想理论教育导刊》（185 篇）在统计的数据库里初次发文时间均为 2008 年，其统计结果受期刊被确立为 CSSCI 来源期刊以及所载论文被 CNKI 数据库收录的起始时间影响。

3. 发文量排名居前的作者分析

设置阈值，显示发文量排名前 50 位的作者，并设置参数值只显示发文量≥10 篇的作者，形成按作者统计发文量的知识网络图谱。2000—2015 年发表过思想政治教育领域研究论文的作者共计 566 位。其中，发文量最高的作者是张澍军（86 篇），其次是郑永廷（74 篇）和黄蓉生（74 篇）。发文量排名居前的作者还有骆郁廷（73 篇）、孙其昂（71 篇）、王立仁（66 篇）、沈壮海（64 篇）、刘建军（63 篇）、佘双好（59 篇）、王学俭（59 篇）、张耀灿（58 篇）。

三、关键词共词聚类分析及战略坐标图绘制

1. 关键词共现矩阵

CiteSpace 可视化软件的主要功能是对输入的文献数据进行可视化分析和生成矩阵，据此获得关键词共现矩阵，具体步骤如下：①对思想政治教育研究领域的文献数据进行标准化处理，对数据进行基本的梳理和筛选。②对文献的

关键词进行规范化处理，将关键词的同义词或缩写词进行规范，对部分关键词进行大类合并。③对软件参数进行设置，分析内容设置为关键词提取，阈值设定为（13，8，13）、（12，9，13）、（12，9，13）。

运行软件后共获得 411 个高频关键词，生成关键词共现网络知识图谱❶（见图 1），图谱中关键词节点的大小反映其在数据库中出现的相对频次，连线则表示节点间共现关系的强弱，决定关键词间形成聚类的可能。其中，明显可见的“思想政治教育”（6780 次）、“高校学生”（5370 次）、“社会主义核心价值体系”（3408 次）是共现频次最高的 3 个关键词。另外，共现频次居前列的还有“高等教育”“思想政治理论课”“思想政治工作”“思想道德教育”“学校文化”“德育”“公民教育”“马克思主义”等。高频关键词所表示的研究内容反映了 2000—2015 年思想政治教育研究领域的主体内容，构成学科研究领域知识网络的主要路径。

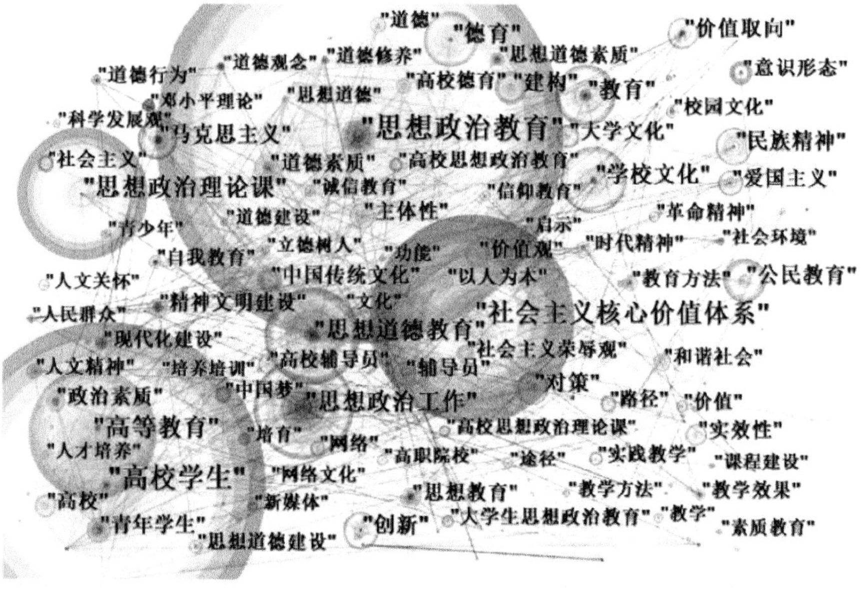

图 1　2000—2015 年思想政治教育研究领域的关键词共现知识图谱

2. 共词聚类分析

在进行聚类分析时，借鉴卡龙等的聚类原则进行聚类划分，通过构造余弦

❶ 可视化视图选择显示共现频次≥200 的关键词，低于此频次的关键词被隐藏。

指数来识别研究的大类和内容，由此将411个关键词划分成50个有效聚类（见表1）。

表1 聚类名称及其成员

聚类号	聚类名称	聚类成员
1	思想政治教育教学工作	教育行政、中青年教师、教学质量（0.649）、培养培训（0.578）、教学效果（0.324）、思想政治理论课（0.284）、学习过程（0.252）、思想政治工作（0.199）、队伍建设（0.148）
2	学生德育	学校德育、有效性、大学生思想政治教育（0.159）、影响因素（0.159）、德育（0.161）
3	思想引领	社会思潮、引领、社会主义核心价值体系（0.268）、机制（0.196）、途径（0.167）、影响（0.144）
4	学科建设	学科建设、30周年纪念、思想政治教育学科（0.215）
5	精神文化活动	时代精神、全国政协会议、爱国主义（0.505）、党的建设（0.308）、现代化建设（0.270）、社会主义荣辱观（0.257）、行为方式（0.252）、精神生活（0.246）、人民群众（0.228）、文化活动（0.204）
6	道德建设	社会道德建设、道德状况、道德失范（0.363）、道德底线（0.278）、思想道德建设（0.236）、精神文明建设（0.220）
7	传播路径培养机制	培育、践行、高校学生（0.190）、民族精神（0.189）、路径（0.171）、长效机制（0.159）、大学精神（0.154）、借鉴（0.149）、规律（0.149）、传播（0.149）
8	法治精神	法治精神、以德治国、全面深化改革（0.256）、法治（0.188）
9	传统精神	革命精神、学雷锋活动、为人民服务（0.299）、中国梦（0.292）、内涵（0.226）、中国传统文化（0.221）、邓小平理论（0.154）
10	公民教育	公民教育、私德、政治教育（0.258）、现代化（0.200）、和谐社会（0.177）、国家认同（0.172）、道德建设（0.171）、教育工作者（0.164）、全球化（0.164）、建构（0.163）
11	问题意识	现状、问题、发展（0.202）、重要性（0.167）、道德人格（0.149）、对策（0.158）、法治教育（0.143）
12	马克思主义理论教育	马克思主义、理论教育、学校文化（0.324）、理论联系实际（0.315）、自我教育（0.294）、大众化（0.280）、政治素质（0.262）、教育方法（0.229）、意识形态（0.222）、政治教育学科（0.190）
13	课程建设	思政课、思想政治理论课教师
14	道德行为规范	道德行为、行为规范、主体性（0.268）、道德意识（0.248）、道德素质（0.238）、思想理论教育（0.176）、育德（0.149）、青年学生（0.143）、信仰教育（0.143）

续表

聚类号	聚类名称	聚类成员
15	社会主义道德	社会主义道德、传统荣辱观、领导干部（0.200）
16	感恩教育	情感教育、感恩教育、感恩（0.298）、路径选择（0.149）
17	工作队伍建设	领导体制、政工队伍、理论灌输（0.309）、西方敌对势力（0.282）、工作对象（0.279）
18	社会主义荣辱观	社会主义、荣辱观、公民道德（0.327）、方法论（0.202）、集体主义（0.182）
19	创新教育	理论学科、创新、网络（0.218）、江泽民（0.199）、高校德育（0.178）、人文精神（0.167）、高等教育（0.156）、思想政治教育（0.149）、思想政治（0.146）
20	历史进程	人类社会、历史进程、“四有”新人（0.163）
21	文化建设	社会主义文化、文化体制改革、百年校庆（0.253）
22	国外经验借鉴	美国、启示、思想政治理论课教学（0.167）
23	思想观念教育	人生价值、价值取向、思想观念（0.231）、教育工作（0.228）、道德修养（0.187）、现实生活（0.184）、工作方法（0.170）
24	时代精神	立德树人、中国特色、大学文化（0.201）、时代化（0.195）、人才培养（0.151）、辅导员培训（0.147）、公共精神（0.140）
25	价值观	市场经济、价值观、道德（0.213）
26	党员干部教育	党的基本路线、党员干部、教学内容（0.267）
27	教育方法	内容、目标、方法（0.178）
28	学校教育	学校教育、校园文化、文化素质（0.243）、养成教育（0.223）、教育理念（0.143）
29	道德教育	人生价值观、大学德育、思想道德教育（0.209）、教育（0.167）
30	大数据	大数据、高校思想政治教育、美育（0.198）
31	未成年人思想道德教育	未成年人、思想道德
32	思想道德修养与法律基础教学	思想道德修养与法律基础、教学方法、实践教学（0.231）、教学改革（0.225）、教学（0.166）
33	辅导员队伍建设	高校辅导员、专业化、职业化（0.179）、职业倦怠（0.155）
34	教育对象	道德观念、教育对象、被教育者（0.175）

续表

聚类号	聚类名称	聚类成员
35	网络思想政治教育	网络道德、青少年、社会化（0.175）、新加坡（0.160）、思想教育（0.154）、隐性教育（0.149）、网络文化（0.144）
36	教育环境	社会环境、价值导向、价值认同（0.167）、和谐发展（0.149）
37	教育载体	马克思主义大众化、载体
38	科学发展观	科学发展观、以人为本
39	形势与政策课程教育	形势政策教育、课程建设、网络德育（0.167）、改革（0.140）
40	新常态	新常态、学校、研究（0.154）
41	服务功能	价值教育、社会服务、教育实践（0.160）
42	诚信教育	诚信教育、社会治理
43	心理健康教育	心理健康、教育模式
44	价值观引导	经济利益多样化、腐朽思想、集体利益（0.148）
45	社会实践	社会实践、育人功能
46	大众文化	大众文化、挑战、微博（0.154）
47	素质教育	人的全面发展、素质教育
48	多元文化	思想道德素质、多元文化、礼仪教育（0.143）
49	文化育人	文化软实力、文化育人
50	中国精神	中国道路、中国精神、民族复兴（0.140）

注：表中排序第一和第二的聚类成员（关键词）是主要关键词，后面关键词中的数字即为该关键词的余弦指数。

3. 战略坐标图的绘制与分析

战略坐标图是以各聚类新颖度和关注度指标数值为依据绘制的二维平面图（见图2），4个象限内各聚类的分布位置反映其所代表领域的研究现状分区及未来的可能发展或变化。其中，新颖度指标反映每个聚类中各关键词成员的平均共现时间与全部关键词平均共现时间的离均差，负值表示该聚类研究起始时间较早，正值表示该聚类研究起始时间较晚；关注度指标反映每个聚类的平均共现频次与全部关键词平均共现频次的离均差，负值表示该聚类研究内容受关注程度较低，正值表示该聚类研究内容受关注程度较高。

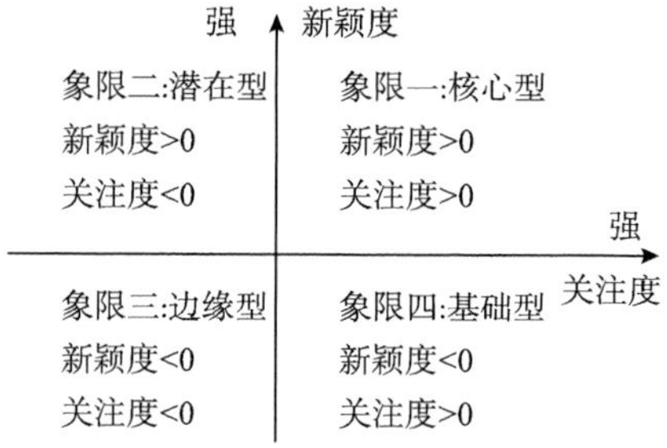

图 2　研究领域聚类战略坐标图

根据 CiteSpace 生成的数据进行关注度和新颖度计算可得出表 2 所列的指标数值，将新颖度（纵轴）和关注度（横轴）绘制成战略坐标图，各聚类的二维坐标决定其在战略坐标的象限位置。50 个聚类中有 2 个聚类分布于第一象限，27 个聚类分布于第二象限，12 个聚类分布于第三象限，9 个聚类分布于第四象限。

表 2　各聚类的关注度和新颖度

聚类号	关注度	新颖度	聚类号	关注度	新颖度
1	286.09	-0.59	18	-74.58	-1.63
2	90.22	-1.83	19	954.09	-3.14
3	447.09	2.14	20	-163.91	-5.36
4	-133.58	4.97	21	-212.91	5.64
5	-39.58	-4.73	22	-111.58	1.97
6	-86.91	1.97	23	-27.58	-6.03
7	462.62	1.47	24	-83.72	4.54
8	-190.08	5.22	25	83.09	-4.03
9	-15.44	1.68	26	-186.58	-6.03
10	10.62	-0.93	27	-152.58	4.30
11	-46.72	0.40	28	-74.38	-4.63
12	146.42	-3.63	29	479.67	-6.03
13	-192.58	7.47	30	-133.58	4.30
14	24.42	-2.70	31	-96.58	-3.53
15	-187.25	-3.36	32	-37.58	1.97
16	-188.83	3.97	33	-96.08	2.22
17	-174.38	-5.63	34	-77.58	-6.03

续表

聚类号	关注度	新颖度	聚类号	关注度	新颖度
35	-81.01	0.83	43	-152.58	3.47
36	-95.33	1.22	44	-218.91	-6.03
37	-151.08	3.97	45	-169.58	5.47
38	0.42	-0.53	46	-162.25	1.64
39	-127.08	1.22	47	-110.58	-4.03
40	-191.58	4.97	48	-67.58	0.97
41	-205.91	5.97	49	-193.58	3.97
42	-117.08	2.97	50	-209.25	7.64

位于第一象限的2个聚类其关注度和新颖度均大于0，处于核心型研究区域，表明2000—2015年该内容在思想政治教育研究领域较为成熟，即属于思想政治教育研究领域的热点和核心内容。具体包括“思想引领”“传播路径”“培养机制”相关内容。

位于第二象限的27个聚类其关注度小于0，而新颖度大于0，处于潜在型研究区域，表明2000—2015年其所代表的内容是思想政治教育研究领域的学术研究热点，但是关注度还不高。这些研究热点或将成为以后研究关注的重点领域，具体包括“学科建设”“道德建设”“法治精神”“传统精神”“问题意识”“课程建设”“感恩教育”“文化建设”“国外经验借鉴”“时代精神”“教育方法”“大数据”“思想道德修养与法律基础教学”“辅导员队伍建设”“网络思想政治教育”“教育环境”“教育载体”“形势与政策课程教育”“新常态”“服务功能”“诚信教育”“心理健康教育”“社会实践”“大众文化”“多元文化”“文化育人”“中国精神”相关内容。

位于第三象限的12个聚类其关注度和新颖度均小于0，处于边缘型研究区域，表明2000—2015年其所代表的内容是思想政治教育研究领域关注程度不高，且在时间上研究较为靠前，近些年研究较少的领域。具体包括“精神文化活动”“社会主义道德”“工作队伍建设”“社会主义荣辱观”“历史进程”“思想观念教育”“党员干部教育”“学校教育”“未成年人思想道德教育”“教育对象”“价值观引导”“素质教育”相关内容。位于边缘型研究区域的聚类其研究状态可分为以下两种情况：一种情况是曾经为研究领域的热门选题，但由于其具有时效性或其他原因，这些聚类最近已经退出学术研究的主流；另一种情况是2000—2015年思想政治教育领域中一直关注度不高，近几年的研究仍相对较少。

位于第四象限的9个聚类其关注度大于0，而新颖度小于0，处于基础型研究区域，表明2000—2015年其所代表的内容虽不是新的研发热点，但受关注度一直较高。具体包括“思想政治教育教学工作”“学生德育”“公民教育”“马克思主义理论教育”“道德行为规范”“创新教育”“价值观”“道德教育”“科学发展观”相关内容。

四、共引作者和共引文献分析

共引作者和共引文献（专著类）的数据来源于CSSCI数据库11366篇有效论文的参考文献部分❶。文献数据库有共引作者2723位，有效共引文献4062条，其中经典作家和著作是思想政治教育研究领域关键文献群体和被引高频文献，充分印证了“马克思主义是整个思想政治教育的指导思想和理论基础”。排除此类经典作家和著作后，统计出2000—2015年思想政治教育研究领域作者被引频次（见表3）。在CSSCI数据库统计中，由于数据格式的限制，被引文献部分集中于专著类的数据呈现（见表4）。

表3　2000—2015年CSSCI论文参考文献（专业作者）被引频次

作者	被引频次	研究领域	作者	被引频次	研究领域
鲁洁	1234	教育基本理论、德育	万俊人	279	伦理学
张耀灿	688	思想政治教育	戚万学	230	教育学、道德教育理论
檀传宝	442	教育基本理论、德育	沈壮海	221	思想政治教育
朱小蔓	430	教育哲学、道德教育哲学	高德胜	215	德育学、生活德育
郑永廷	330	思想政治教育	骆郁廷	132	思想政治教育
罗国杰	302	伦理学	邱伟光	124	思想政治教育

注：排除作者自引。

❶ 部分数据所附参考文献缺失，考虑到数据样本较大，没有对缺失部分进行补充，仅按照呈现部分分析说明结果。

表 4　2000—2015 年 CSSCI 论文参考文献（著作类）被引频次

文献名称	作者	出版时间	文献类别	被引频次
现代思想政治教育学	张耀灿、郑永廷、吴潜涛、骆郁廷等	2001 年	专著	243
德育新论	鲁洁	1994 年	专著	163
普通高校思想政治理论课文献选编	教育部社会科学司	2003—2009 年	文献选编	120
思想政治教育学原理	邱伟光	1999 年	专著	92
冲突与整合：20 世纪西方道德教育理论	戚万学	1995 年	专著	91
德育原理	黄向阳	2000 年	专著	74
思想政治教育学原理	陈万柏	2008 年	专著	61
思想政治教育学原理	陈秉公	2006 年	专著	58
思想政治教育方法论	郑永廷	1999 年	专著	54
思想政治教育有效性研究	沈壮海	2001 年	专著	51
知性德育及其超越：现代德育困境研究	高德胜	2003 年	专著	46
思想政治教育探本：关于其起源及本质的研究	李合亮	2007 年	专著	39
当代世界的思想政治教育	陈立思	1999 年	专著	39

论文被引情况无法呈现，因此在分析 2000—2015 年学科专业文献（论文类）被引频次时选择使用了 CNKI 数据库，进行数据库自带的被引频次统计分析（见表 5）。从结果数据来看，著作类文献涉及学科自身的基础理论研究，是研究的基础，论文类文献涉及学科研究的各个领域，其中 1 篇论文关键词属于边缘型研究区域（第三象限），2 篇论文关键词属于潜在型研究区域（第二象限），其他以《中国公民社会：概念、分类与制度环境》为代表的 9 篇论文均属于基础型研究区域（第四象限）。

表 5　2000—2015 年 CSSCI 论文参考文献（论文类）被引频次

篇名	作者	年/期	刊名	被引频次
中国公民社会：概念、分类与制度环境	俞可平	2006/01	《中国社会科学》	1256
教育的返本归真：德育之根基所在	鲁洁	2001/04	《华东师范大学学报（教育科学版）》	487

续表

篇名	作者	年/期	刊名	被引频次
是“育人”非“制器”：再谈人文教育的基础地位	杨叔子	2001/02	《高等教育研究》	484
关系中的人：当代道德教育的一种人学探寻	鲁洁	2002/01	《教育研究》	412
公民教育：传统德育的历史性转型	李萍 钟明华	2002/10	《教育研究》	389
大学生职业价值观：手段与目的	金盛华 李雪	2005/05	《心理学报》	347
德育理念与德育改革：新世纪德育人性化走向	班华	2002/04	《南京师大学报（社会科学版）》	340
多元社会中学校道德教育：关注学生个体的生命世界	刘慧 朱小蔓	2001/09	《教育研究》	303
微博兴起背景下大学生思想政治教育的挑战与应对	尹晓敏	2011/02	《思想教育研究》	294
从焦虑视角探寻与解读生命教育	王北生 赵云红	2004/02	《中国教育学刊》	260
试析中国当代道德教育内容的基础性构成	叶澜	2001/09	《教育研究》	253
高校校园文化建设漫议	许嘉璐	2004/18	《求是》	246

五、基于文献计量结果的分析

1. 持续关注思想政治教育“元问题”研究

“思想引领”“传播路径”“培养机制”是思想政治教育研究的热点和核心内容，其中，以“思想引领”聚类成员为关键词的 CSSCI 来源期刊共计 2462 篇，以“传播路径”“培养机制”聚类成员为关键词的 CSSCI 来源期刊共计 4633 篇。要持续关注这类基本问题的研究，增强思想政治教育理论研究回应重大理论和现实问题的能力。从被引频次较高的论文文献来看，12 篇引用频次较高的论文有 9 篇论文的关键词属于战略坐标图中基础型研究区域（第四象限），是思想政治教育研究应始终重视的理论基础。

2. 战略坐标图中潜在型区域的研究有待挖掘

“法治精神”“传统精神”“问题意识”“文化建设”“时代精神”“服务功

能”“文化育人”“中国精神”等研究领域都根植于当前中国特色社会主义深厚的实践土壤，思想政治教育研究应旗帜鲜明地聚焦此类中国问题，并结合“国外经验借鉴”的比较研究，推动具有中国风格与中国气派、符合中国需要的思想政治教育理论和实践的发展。网络时代虚拟化与社会化交织，决定了“教育环境”和“教育载体”的复杂与变化，“大数据”“网络思想政治教育”等研究领域推动了传统研究与信息化视角的融合，如何处理好思想政治教育与不断深化的人工智能之间的关系成为需要解决的新问题，“学科建设”“辅导员队伍建设”“诚信教育”“心理健康教育”“社会实践”等研究领域的新颖度也较高，在思想政治教育研究领域并不陌生，但从 CSSCI 来源期刊收录的论文数量来看，关注度还有待提升。

3. 政治教育需要引起研究的足够重视

通过共引作者的数据结果可以看出，被引频次较高的作者中有 5 位作者的研究方向是德育研究领域，另有 2 位作者的研究方向是伦理学领域，德育理论在思想政治教育研究领域的影响颇深。需要注意的是，思想政治教育的政治性是思想政治教育与教育学领域的德育学两个学科之间差异性的显著表征，政治教育相关领域也需要引起学科内研究的足够重视。以关键词频次为例，文献计量数据关键词共现频次中与政治教育相关的居前的是“政治素质”“政治教育”[1]，可见政治教育的研究仍需深入推进，特别是高等教育领域的政治教育研究，在坚持其作为基本立足点的同时，需研究其内涵调整的思路和策略。

4. 跨学科合作度不高，核心作者群尚需凝聚

与相关学科的理论前沿保持对话和沟通，通过严格的筛选与整合吸取其知识养分，才能始终保持思想政治教育的鲜活生命力。在采用学科领域检索方法时，目标文献所属的学科集中于“社会科学类”中“思想政治教育”标签以及“教育理论与教育管理”“初等教育”“中等教育”“高等教育”“职业教育”分标签下的“思想政治教育、德育”“思想政治教育”和“政治思想教育”等标签，研究领域的学科较为集中。从发文作者知识网络图谱来看，研究作者较为分散，聚类效果不明显，与相关学科的合作需进一步加强，应借鉴其他学科知识体系、话语体系及分析工具，拓宽研究视野。

---

[1] 关键词中含“政治”一词的还有“思想政治教育”“思想政治理论课”“思想政治工作”，考虑到思想政治教育学科的原因，没有单独归入政治教育中。

5. 高校以外领域的思想政治教育研究有待加强

从已有的论文研究成果来看，对于高校以外的其他社会领域，如机关、社区、企业、农村等领域的思想政治教育研究涉足的不多。与社会思想政治教育相关度较高的研究聚类有“精神文化活动”“道德建设”“公民教育”“社会主义道德”“思想观念教育”“未成年人思想道德教育”等，这些研究聚类中战略坐标处于边缘型研究区域（第三象限）的有4个，即属于在思想政治教育领域一直关注度不高，近几年仍研究相对较少的领域，可见在社会思想政治教育方面的研究较为薄弱。

六、结论

通过对CSSCI来源期刊文献的分类排序特征、关键词、共引作者和共引文献等方面的文献计量分析，可具体描述思想政治教育研究领域的研究状况、研究热点和新颖度。从分析结果可以看出，关注度较高的聚类有“创新教育”“道德教育”“传播路径”“培养机制”“思想引领”“思想政治教育教学工作”“马克思主义理论教育”等；而新颖度较高的聚类有“中国精神”“课程建设”“服务功能”“文化建设”“社会实践”“法治精神”等，表明这些学术研究领域是目前较新的研究方向。需要特别指出的是，在本研究进行的文献计量分析中，软件本身以及数据库数据收集存在一定的局限，如数据规范化处理过程中阈值的设定，特别是CSSCI和CNKI两种数据库的交替使用，数据库样本量存在一定差别，可能会对分析结果产生影响，需在后续研究中进一步改进。

社会网络在管理学研究中应用的文献计量分析*

一、研究方法及数据来源

本文借助文献计量软件 CiteSpace，运用共词聚类分析法和战略坐标图示法，计量分析社会网络在管理学研究中应用的现状及热点。共词分析方法主要是对同一篇文献中一组词对共同出现的次数进行统计，在此基础上分析该组词对的共现强度和共现关系，反映出这些词之间的联系，进而揭示它们所代表的某一研究领域的结构变化。共词分析法早期主要应用于人工智能领域、科学计量学领域等，近年来还应用于材料领域、图情学领域、经济学领域等。该方法运用词来表征文献的主要内容，通过分析共词关系和强度来揭示该研究领域的热点、前沿和发展趋势。聚类分析是指依据词与词之间的共现强度，把一些共现强度较大的关键词聚集在一起形成一个聚类。本文在聚类算法的使用上，借鉴卡龙构建子簇的方法，即在构建的一个子簇中最多只有 10 个关键词。

在聚类分析的基础上，以关注度为横坐标、新颖度为纵坐标，构建聚类的战略坐标图，用来分析社会网络应用于管理学领域的研究热点的结构及其变化趋势。第一象限的研究领域为“核心型研究领域”，其中聚类的新颖度和关注度均大于 0，表明这些聚类所代表的研究内容受关注度较高，且属于最近几年的研究热点。第二象限的研究领域为“潜在型研究领域”，其中聚类的新颖度大于 0，而关注度小于 0，表明这些聚类所代表的研究内容虽是最近几年的研究热点，但总体的关注度并不高。第三象限的研究领域为“边缘型研究领域”，其中聚类的新颖度和关注度都小于 0，表明聚类所代表的研究内容既不受关注，而且最近几年的研究也较少。第四象限的研究领域为“基础型研究

---

* 周军. 社会网络在管理学研究中应用的文献计量分析［J］. 预测，2018，37（3）：1-6. 有改动。

领域”，其中聚类的关注度大于0，新颖度小于0，表明这些聚类所代表的研究内容备受关注，但不是最近几年的研究热点。本文所统计的数据来源于“ISI Web of Science 核心合集”数据库，检索条件为“TS =（social network）and SU =（Business&Economics）AND 语种：（English）AND 文献类型：（Article），时间跨度 =2005 ~2015”。在手工剔除非社会网络在管理学研究中的应用文献后，最终检索得到1232篇相关文献。

二、社会网络在管理学研究中的应用计量分析

（一）社会网络在管理学研究中的应用趋势

自20世纪70年代，尤其是Tichy等将社会网络分析引入管理学领域之后，从社会网络的视角研究组织与管理问题成为管理学研究中发展最快的领域之一。近年来，随着社会网络理论的不断发展，社会网络分析的应用在美国社会学和管理学界俱成为显学。本文利用著名的文献检索系统——ISI Web of Science，从中统计了自2005年以来社会网络应用于管理学研究中的文献的发展脉络。从1232篇英文学术论文的年度分布情况来看，自2005年以来，国际学者们发表的将社会网络应用到管理学研究中的文献数量总体呈上升趋势。2010年以后，发文量大幅增多（发文量在100篇以上），由此可见从2010年开始社会网络在管理学研究中的应用引起了学者们的广泛关注，从社会网络的视角研究管理学领域的问题成为学者们关注的核心。

（二）发表相关研究最多的国际期刊统计

表1统计了国际上刊发社会网络应用于管理学研究的文献排名前10位的期刊。结果显示，这10种期刊刊发的文献数量占该领域文献总数的36.77%。这意味着，在国际上有相对集中的一些学术期刊关注社会网络在管理学研究中的应用问题。其中，刊发文献最多的是《组织科学》（86篇），该刊由美国运筹学和管理学研究协会主办，主要刊登有关组织的基础性研究文章，内容涵盖组织的程序、结构、技术、性质、能力、形式和运行等各方面。值得一提的是，表1中所列的10种SSCI期刊总体而言具有较高的质量，从影响因子来看，10种期刊的影响因子都大于1.0，其中影响因子大于5.0的有3种（占30%），《管理学会杂志》的影响因子达到6.233，是管理学领域最权威的期

刊。10 种期刊中有 4 种属于管理学领域的顶级期刊，2 种属于管理学领域的一流期刊，这说明国际主流学术界已越来越认可和关注社会网络在管理学研究中的应用。

表 1　2005—2015 年国际上刊发社会网络应用于管理学研究的文献最多的期刊（前 10 名）

序号	期刊英文名称	期刊中文名称	影响因子	文献数/篇	文献占比
1	*Organization Science*	《组织科学》	3. 360	86	6. 981%
2	*Journal of Management*	《管理学报》	6. 051	64	5. 195%
3	*Academy of Management Journal*	《管理学会杂志》	6. 233	54	4. 383%
4	*Industrial Marketing Management*	《工业销售管理》	1. 930	48	3. 896%
5	*Strategic Management Journal*	《战略管理杂志》	3. 380	40	3. 247%
6	*Research Policy*	《研究政策》	3. 470	40	3. 247%
7	*International Small Business Journal*	《国际小企业杂志》	2. 215	35	2. 841%
8	*Management Science*	《管理科学》	2. 741	35	2. 841%
9	*International Journal of Human Resource Management*	《国际人力资源管理杂志》	1. 262	27	2. 192%
10	*Administrative Science Quarterly*	《行政科学季刊》	5. 316	24	1. 948%

从世界范围来看，将社会网络应用到管理学研究中已在许多国家（地区）逐渐兴起。统计显示，美国学者发表的社会网络应用于管理学研究的文献数量占文献总数的 40% 以上，居于首位。值得注意的是，中国大陆学者发表的相关文献数量以 7. 39% 的比例排在第 3 位，中国台湾学者发表的相关文献数量排在第 7 位，这说明中国学者已成为从社会网络视角研究管理学领域问题的重要力量。

（三）社会网络在管理学研究中的应用文献计量分析

对于社会网络应用于管理学领域的研究特征考察，主要借助文献计量软件 CiteSpace，运用共词聚类分析法和战略坐标图示法进行文献计量分析。

1. 关键词提取及频次分析

借助文献计量软件 CiteSpace 对文献进行计量分析，关键在于关键词共现矩阵的生成。运用 CiteSpace 可视化软件生成文献分析矩阵的操作步骤如下：①对所下载的英文文献进行人工标准化，以去除与相关领域无关的文献以及无作者的通讯、会议通知等非学术性检索结果，确保数据属于将社会网络应用到管理学研究中的文献。②对文献数据的关键词进行人工规范化处理，主要是对无关键词的文献进行关键词提取；对已有关键词文献的不规范关键词进行删除，如现状、因素、对策等无明确指向的关键词；对含义不明确的关键词重新提取，如企业、团队、工作、战略等范围过大的关键词；同时对关键词的同义词、缩写词和单复数进行统一和规范，如将“multinational corporation”和“multinational enterprises”统一成“multinational corporation”。③对标准化后的数据利用 CiteSpace 软件中的格式转换插件进行格式转换，以便软件能正常读取数据。④在 CiteSpace 软件界面进行相应的设置，时间切片设为 2005—2015 年，一年作为一个时段；根据本部分的需要将关键词设置为内容；同时设置阈值分别为（2，2，10）、（2，2，10）、（2，2，10）。⑤运行 CiteSpace 软件，在“project”文件夹中生成关键词共现矩阵。

表 2 统计了出现频次排名前 5 位的关键词，并列示了各关键词出现的频次及其首次出现的年份。其中，出现频次最高的关键词是“知识转移”（knowledge transfer），其次是“知识共享”（knowledge sharing），二者都属于知识管理领域，排名第 5 位的“知识创造”（knowledge creation）亦属于该领域。可见，社会网络在知识管理研究领域中应用最频繁。值得注意的是，社会网络在知识管理研究领域中的应用并非近几年才开始，数据显示，2005 年就已经有了应用社会网络方法的文献。此外，“企业绩效”（firm performance）和“中小企业”（SMEs）在社会网络方法的应用研究中出现频次也较高，分别排在第 3 位和第 4 位。然而，管理学中的“营销管理”与“公司治理”等研究领域对社会网络方法的应用较少，尚处于起步阶段。

表 2　2005—2015 年社会网络应用于管理学研究的文献中出现频次最高的关键词

序号	频次	首次出现年份	关键词	
1	64	2005	knowledge transfer	知识转移
2	57	2005	knowledge sharing	知识共享
3	55	2005	firm performance	企业绩效
4	51	2005	SMEs	中小企业
5	45	2005	knowledge creation	知识创造

2. 共词聚类分析

采用聚类分析方法时，借鉴了卡龙等的聚类原则进行聚类划分，基本步骤如下：①在 CiteSpace 软件自动生成的关键词共现矩阵（214 × 214）中应用

MAX 函数查找余弦指数最高的关键词组，将其作为第一个聚类的主题词。在共词网络中，节点表示关键词，节点间的连线表示两点所代表的关键词存在共现关系。连线的强度即共现强度，是由余弦指数加以测度。②将矩阵中的 214 个关键词与该组关键词中的任一余弦指数进行降序排列，由高到低选择前 10 个关键词进行聚类。如果余弦指数大于 0 的关键词少于 10 个，则自动将余弦指数大于 0 的关键词进行聚类；如果余弦指数大于 0 的关键词超过 10 个，则只对余弦指数排序前 10 位的关键词进行聚类，其中的关键词不得重复，且包括作为主题词的一对关键词。③第一个聚类生成后，将已加入聚类的关键词在原矩阵中所在的行和列都删除，以确保每个关键词只出现一次。④反复进行步骤①～③就可以逐一生成不同聚类，直至矩阵中最大的余弦指数等于 0。

按照上述聚类方法和原则，将 214 个高频关键词划分为 36 个聚类。其中有些聚类只有 2 个聚类成员，由于这类聚类不能准确反映该聚类所代表的研究方向和内容，因此将这些聚类删除，最后形成 25 个有效聚类。根据每个聚类所包含的关键词，将每个聚类所涉及的管理学的研究领域概括出来。计量结果显示，社会网络在管理学研究中的应用涉及的研究领域有知识管理、创业管理、战略管理、创新管理、公司治理、营销管理、人力资源管理和组织行为等，其中应用最多的是知识管理、创业管理和创新管理 3 个研究领域。

3. 战略坐标图分析

战略坐标图以关注度为横坐标、新颖度为纵坐标，分 4 个象限。根据各关键词的共现频次，计算每个聚类的平均共现频次，再计算每个聚类的平均共现频次与全部共现的关键词的平均共现频次的离均差，从而得到某一聚类的关注度。关注度数值越大，说明该聚类所代表的研究内容受关注程度越高，反之越低。

战略坐标图如图 1 所示。由图可知，聚类 4 的关注度最高，聚类 1 的新颖度最高；第一象限没有聚类，第二象限有 11 个聚类，第三象限有 3 个聚类，第四象限有 11 个聚类；聚类主要分布在第二象限和第四象限。从战略坐标图各个象限的含义来看，社会网络在管理学中的应用研究还没有聚类处于“核心型研究领域”，意味着没有选题既受关注程度高，又属于最近几年的研究热点。序号为 1、13、17、18、19、20、21、22、23、24、25 的聚类位于第二象限，其关注度小于 0 而新颖度大于 0，表明该聚类代表的研究内容属于 2005—2015 年社会网络应用于管理学研究中新出现的研究热点，虽然受关注的程度还不高，但将来有可能成为核心内容，将其所在的研究领域称为“潜在型研究领域”。在第二象限中聚类1的新颖度最高，属于创业管理研究领域，该聚类主要包括“国际创业”（international entrepreneurship）、“新创企业国际化”（new venture internationalization）、“国际新创企业”（international new venture）3个主题，虽然这3个主题整体看研究的文献较少，受关注程度不高，但是代表着最新的研究趋势和动向，是社会网络方法应用的潜在研究热点。这些潜在研究热点的主要研究对象是中小企业，选取的社会网络主要是企业外部网络。未来研究的重要议题可能包含两个方面。一方面是研究什么样的社会网络关系能够有助于中小企业国际创业与国际化。例如Prashantham和Dhanaraj基于对印度102家软件公司的定量研究，以及对国际新创企业（INV）和大型跨国企业（微软）之间关系的纵向案例研究，发现国际新创企业与大型跨国企业建立关系可以提升国际化能力，而与其他小企业建立关系会削弱其国际化能力。Oparaocha采用多案例研究方法研究瑞典和芬兰的5家国际化中小企业，研究结果表明，制度网络关系对中小企业的国际化进程有积极影响。另一方面是研究社会网络关系如何影响中小企业国际创业与国际化。Monferrer等通过对西班牙国际新创企业的研究，发现基于市场导向的网络关系有助于国际新创企业动态适应能力和吸收能力的提升，进而影响国际新创企业动态创新能力的发展。

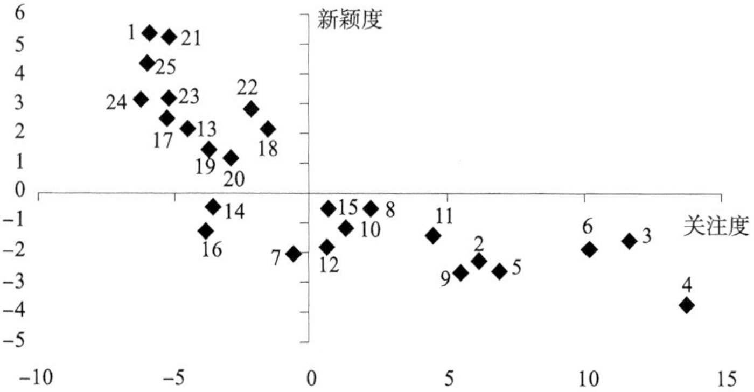

图1　2005—2015年社会网络在管理学研究中的应用战略坐标图

位于第三象限中的聚类包括序号为7、14、16的聚类，涉及的研究主题主要有“信息共享”（information sharing）、“领导力”（leadership）、“个人绩效”（individual performance）、“技术转移”（technology transfer）、“人际公民行为”（interpersonal citizenship behavior）和“组织支持感”（perceived organizational support）等。这些主题关注度和新颖度都小于0，属于被边缘化的研究内容，在过去和现在都很少受到关注。位于第四象限中的序号为2、3、4、5、6、8、9、10、11、12、15的聚类，其关注度大于0，但是新颖度小于0，表明这些聚类所代表的主题属于基础型的研究内容，从新颖度上看不是当前研究的新热点，但是整体上研究该类主题的文献较多。其中，聚类4的关注度最高，属于知识管理研究领域，该聚类主要包括“知识转移”（knowledge transfer）、“知识共享”（knowledge sharing）和“知识创造”（knowledge creation）3个主题，这3个主题长期以来备受关注，在社会网络方法应用方面拥有最多的学术文献，但不是最新出现的研究热点。这些关注度最高的研究议题所涉及的社会网络包括公司内部网络和公司外部网络，并通常从社会资本的角度将社会网络分为结构、认知与关系等不同维度，进而研究不同网络类型下知识转移、知识共享和知识创造的条件。其中，Inkpen和Tsang在《管理评论》中发表的论文是这个领域的重要文献之一。

（四）英文文献中中国大陆学者的研究特点分析

在检索到的1232篇英文文献中，中国大陆学者发表的有91篇，占7.39%。社会网络应用的研究领域比较广泛，涉及知识管理、组织行为、创业管理、创新管理、战略管理、人力资源管理和公司治理等。从研究广度来看，社会网络在管理学中所应用的领域，中国大陆学者均有所涉及；从研究领域分布来看，中国大陆学者在管理学研究中应用社会网络方法的文献主要集中在知识管理、组织行为和创业管理等研究领域，这与国际的分布情况一致；从研究特色来看，中国大陆学者更多的是基于中国社会的关系网络，在中国的社会网络中往往强关系的作用大于弱关系，这与西方国家有着明显的差异，从而使研究多元化。

三、结论

社会网络在知识管理、创业管理、战略管理、创新管理、公司治理、营销管理、人力资源管理和组织行为等多个管理学传统研究领域均有所应用。近10年来社会网络应用于管理学研究中的英文文献数量总体呈上升趋势；从学术期刊上看，刊发相关文献排名前10位的期刊刊文总量占全部文献的36.77%，其中有4种属于管理学领域的顶级期刊，2种属于管理学领域的一流期刊，说明国际主流学术界已经越来越认可和关注社会网络在管理学研究中的应用；从世界范围来看，美国是发表社会网络应用于管理学研究的文献最多的国家，中国学者已成为从社会网络的视角研究管理学领域问题的重要力量。另外，社会网络在“知识转移”“知识共享”和“知识创造”等主题中的应用关注度最高；而其在“国际创业”“新创企业国际化”和“国际新创企业”中的应用新颖度最高。随着全球产业协作不断紧密，不光大企业有能力、有意愿走出国门，中小企业也越来越多地参与到国际产业分工与协作中来，并扮演着越来越重要的角色，中小企业国际创业与国际化是大势所趋。在这个过程中，中小企业通过什么样的社会网络发现海外创业机会，又通过什么样的社会网络在海外开拓业务，这些社会网络发挥作用的机理是什么，这些极具理论与现实意义的问题亟待我们去发现与总结。大多数现有研究着眼于社会网络所能带来的积极效果及其原理，而很少关注社会网络可能带来的负面效应，如虚假信息的传播等。因此，社会网络的负面效应及其治理可能成为学者未来关注的方向。中国学者可以基于中国特色的社会网络关系，形成更为多元化的研究。中国社会的网络类型多种多样，如姻亲、老乡、校友和俱乐部等，这些社会网络关系也很可能对公司组织行为产生显著影响，其研究的必要性与重要性不容忽视。如何对这些丰富而隐蔽的社会关系进行挖掘与测度，如何对这些社会网络在公司管理中所发挥的作用进行分析与研究，将是中国企业管理研究中的关键问题。

我国网络犯罪问题研究的动态分析

——基于近二十年间 CNKI 数据库的文献计量分析*

一、数据库及数据的样本检索获取

（一）样本数据库及样本词的确定

本文选择 CNKI 数据库社会科学 I 辑数据库中的“法理、法史”“宪法”“行政法及地方法制”“民商法”“刑法”“经济法”“诉讼法与司法制度”“国际法”子库（以下简称“法学相关子库”），其中将期刊、博士论文和硕士论文文献数据标记为 A 组，将核心期刊库以及 CSSCI 期刊库文献数据标记为 B 组。

A 组数据主要用于分析网络犯罪研究的概况、核心重点问题、当前研究的热点问题等。选择社会科学 I 辑数据库法学相关子库，不仅能够保证网络犯罪研究数据涵盖刑事法律，同时将可能涉及的其他部门法的内容一并纳入分析范围，并去除不属于研究对象的网络技术类、新闻通讯类、思想政治教育类等方面的内容，再添加博士论文和硕士论文数据库的相关数据，符合全库搜索的基本要求。B 组数据在一定程度上代表着我国学术研究的前沿与重点及难点，主要用于分析我国网络犯罪问题的关键点。A 组数据的全库性检索分析，呈俯瞰式样态，从时间轴线、作者与机构分布、学界共同研究主题、未来学界研究的热点核心问题进行全局性、统领性的考察；而 B 组数据的检索分析走向纵深，呈探井式样态，在数据量不能实现探求未来研究热点的客观前提下，另辟蹊径

* 刘军，王志鹏. 热点与展望：我国网络犯罪问题研究的动态分析——基于近二十年间 CNKI 数据库的文献计量分析 [J]. 新疆大学学报（哲学·人文社会科学版），2018，46（3）：42 - 51. 有改动。

地研究核心期刊文献数据中共同研究的主题，在缩小文献数量数据的同时，进一步发掘核心期刊文献数据的价值。

本文选择“网络犯罪”“计算机犯罪”作为样本检索词，这样设定主要是基于检索内容的完整性、科学性考量。在历史的发展进程中，网络犯罪曾出现过不同的名称，其中之一即“计算机犯罪”。通过检索 CNKI 数据库发现，计算机犯罪的概念出现得更早一些，可以追溯到 1980 年郭纪晴在《国外法学》（现为《中外法学》）上发表的“一种新的犯罪方式——利用电子计算机进行犯罪活动”一文。通说观点认为，计算机犯罪是将计算机视为工具与对象的二重说。而在计算机犯罪发展过程中，用“计算机犯罪”一词已经不足以涵盖需要表达以及展现的含义，网络犯罪的概念应运而生。网络犯罪并非一个确切的罪名，而是一个类罪概念，从广义上讲，凡发生在网络空间、以网络为攻击对象或以网络为工具而实施的犯罪均可认为是网络犯罪。可以说，计算机网络技术的发展以及人们认知水平的不断提高，网络犯罪更新并包含了计算机犯罪这一概念。涉及计算机的犯罪在未来仅仅是网络犯罪的一小部分，各类不同终端连接在一起都可以称之为“网络”，计算机仅仅是其中的一种终端，并随着“虚拟社会”“虚拟空间”的出现，网络犯罪的概念也仅仅是暂时能够涵盖这一类罪的集合。同时检索“网络犯罪”与“计算机犯罪”可以保证研究网络犯罪文献数据的完整性和科学性。

在样本的定位检索上，通过检索篇名、关键词两部分可以精准匹配相关文献，但在讨论网络犯罪领域更为精小范围的问题时，仅检索篇名、关键词不能完全涵盖所需的数据样本，这种情况下，通过检索摘要并进行标准化处理得到的数据可以作为有效补充。

（二）分析样本的选取及主要研究方法

本文所使用的计量软件是 CiteSpace 可视化分析软件，检索式设定为“TI =（网络犯罪 OR 计算机犯罪）OR KY =（网络犯罪 OR 计算机犯罪）OR AB =（网络犯罪 OR 计算机犯罪）”，数据检索起止时间设定为 1998—2017 年，下载时间截至 2018 年 1 月。检索过程中进行了两次标准化处理：第一次是对新闻通讯、访谈等不属于学术论文的数据进行标准化处理；第二次是在摘要检索这一模糊性的检索方式中，对明显不符合分析主题的文献数据进行标准化处理。

通过检索 A 组，共检索下载 1732 条数据，经过标准化处理后获得有效数据1624条；通过检索B组，共检索下载了296条数据，获得有效数据291条。文中的分析基于分别对A组和B组的有效数据进行计量研究而展开。

本文主要采用数据统计、CiteSpace可视化图谱分析、关键词共现分析、关键词聚类分析、战略坐标分析等研究方法。其中，关键词聚类分析与战略坐标分析法主要适用于样本数量较大的数据，借用“外部性视角”来反思网络犯罪未来发展趋势。对于A组的数据分析主要集中在数据统计、CiteSpace可视化图谱分析、关键词聚类分析、战略坐标分析；对于B组的数据分析主要集中在数据统计、CiteSpace可视化图谱分析、关键词共现分析等方面。

二、样本统计分析：文献量、高产作者、高产机构数据

对于网络犯罪研究在定量上的考察，本文主要采用数据统计的方法来展现，共分析了文献数据的总量及变化关系，高产作者、高产机构以及各自之间的相互关系，从而对我国网络犯罪研究学术生产力的格局有一个总览的判断。

（一）文献量的统计与分析

如图1所示，A组与B组文献量在1998—2017年总体上均呈上升趋势，这是因为随着时间推进，计算机信息科技不断更新发展，网络犯罪问题日渐突出，学界对此的关注日益增长。

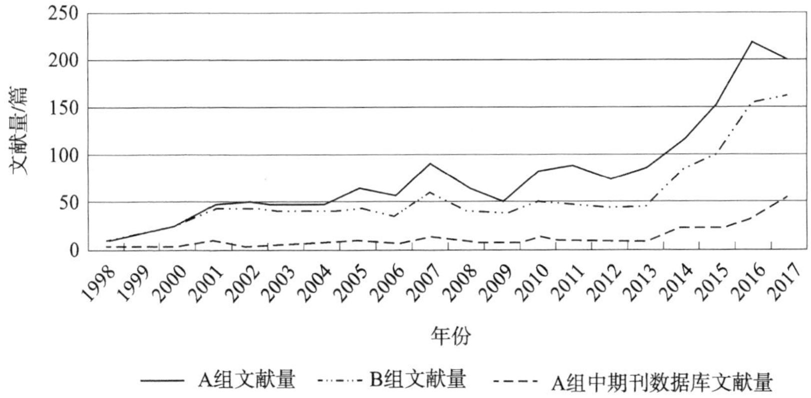

图1 1998—2017年我国网络犯罪问题研究的发文量

在增速上，B组明显缓于A组，B组仅在2013年、2015年起增速有明显变化，2017年达到峰值，没有明显的峰谷值点；而A组在整体上升的过程中，

出现了明显的峰谷值点，2007 年、2016 年是明显的峰值点。2007 年年初，“熊猫烧香”案件[1]的发生，导致相关主题的文献量激增；2015 年 8 月 29 日，《刑法修正案（九）》颁布，同年 11 月 1 日起实施，其中新增的侵害公民个人信息罪、拒不履行信息网络安全管理义务罪、非法利用信息网络罪、帮助信息网络犯罪活动罪等网络犯罪问题引发了学界的关注，次年针对以上各罪的法理、司法适用问题在学术阵地上展开了多角度、全面的论述。由此可以看出，学界对于网络犯罪的研究，尤其是集中的、大范围的研究，仍是在社会个案、立法的推动之下展开的。自 2012 年起，A 组数据量有了明显的抬升，呈迅猛趋势，2016 年达到顶峰。但将期刊数据单列出来看，在期刊研究上，2017 年的研究热潮不减反增，但趋势放缓，网络犯罪问题研究走入深水区。

（二）高产作者与高产机构的统计分析

运行 CiteSpace 软件，对标准化后的 B 组数据进行分析，设置“Time Slicing”为“1998—2017”，以 1 年为一个时间切片，分别点选研究对象为“Author”和“Institution”，阈值设置为（2，2，20）、（2，2，20）、（2，2，20），得出 1998—2017 年我国网络犯罪问题研究的作者图谱（见图 2）与科研机构图谱（见图 3），共显示出 250 位作者、154 个科研机构。按发文量排名取前 12 位高产作者和前 10 个高产科研机构，形成表 1。

图 2　1998—2017 年我国网络犯罪问题研究的作者图谱

---

[1] 参见（2007）仙刑初字第 350 号。

图3　1998—2017 年我国网络犯罪问题研究的科研机构图谱

表1　1998—2017 年网络犯罪问题发文排名前 12 位高产作者和前 10 个高产机构

排名	高产作者及所在机构	发文量/篇	排名	高产机构	发文量/篇
1	于志刚（中国政法大学）	51	1	中国政法大学	66
2	皮勇（武汉大学）	21	2	北京师范大学	34
3	赵秉志（北京师范大学）	15	3	武汉大学	32
4	刘艳红（东南大学）	10	4	北京大学	18
4	郭旨龙（格拉斯哥大学）	10	5	中国人民公安大学	15
6	刘守芬（北京大学）	9	6	华东政法大学	14
6	袁彬（北京师范大学）	9	7	清华大学	13
8	张明楷（清华大学）	8	7	东南大学	13
9	孙道萃（北京师范大学）	7	9	中国人民大学	10
10	黄泽林（重庆邮电大学）	6	10	重庆邮电大学	9
10	姜瀛（大连理工大学）	6			
10	涂龙科（上海社会科学院）	6			

中国政法大学于志刚以发文 51 篇的论文数量排名首位，其高被引文章也与网络犯罪问题研究密切相关，主要有《论网络游戏中虚拟财产的法律性质及其刑法保护》《网络犯罪与中国刑法应对》等；其次是武汉大学皮勇（21 篇），其高被引文章主要有《论网络信用卡诈骗犯罪及其刑事立法》《我国网络犯罪刑法立法研究——兼论我国刑法修正案（七）中的网络犯罪立法》等。

此外，北京师范大学赵秉志、东南大学刘艳红等也排名居前。

1998—2017 年，网络犯罪问题研究发文量排名前 5 位的科研机构是中国政法大学、北京师范大学、武汉大学、北京大学、中国人民公安大学，其他机构主要以综合类院校为主。值得注意的是，表 1 所展示的是一级单位名称，中国政法大学校内各机构均有相当多的学术产出以及合作关系，该校同时也设立了相关的专门机构进行专项研究。同样存在校内研究队伍的还有北京师范大学等。由此可见，中国政法大学、北京师范大学、武汉大学等构成我国网络犯罪问题研究的第一梯队，中国法学会刑法学研究会等学术团体、上海社会科学院法学研究所等科研院所、上海市人民检察院第二分院等实务部门均出现在高产科研机构的前 20 位，这表明，现阶段高等院校、学术团体、科研院所、实务部门均十分关注网络犯罪问题，且均撰文进行学术研讨并发表在期刊上。

值得注意的是，在对 B 组数据进行分析的过程中，我们极少发现作者之间、机构之间的合作关系，高等院校、学术团体、科研院所、实务部门、公司法务部门等机构并未合作产生一定的学术增量，现阶段基本依靠部分高产学者、部分高产机构各自为学术阵地进行研究，缺乏相关的合作关系。

三、研究重点：基于关键词共现及聚类分析

关键词共现分析是一种研究一组关键词在同一文献中共同出现的频次而展现出关键词之间相关性（包含强度）的方法。关键词共现分析得出的数据信息，以点的方式揭示网络犯罪研究领域的结构关系与发展趋势。

（一）关键词共现与研究主题

运行 CiteSpace 软件，对标准化后的 A 组、B 组数据进行了关键词分析。设置“Time Slicing”为“1998—2017”，以 1 年为一个时间切片，点选“keyword”为分析对象，阈值均设置为（2，2，20）、（4，3，20）、（3，3，20），运行生成 1998—2017 年网络犯罪问题研究的关键词共现图谱（见图 4 和图 5），分别生成 687 个和 328 个关键词。

关键词出现的频次高，说明该关键词是一个重要的研究主题。表 2 和表 3 分别选取按频次排名前 20 位和前 22 位的高频关键词。

表 2　1998—2017 年网络犯罪问题 A 组数据排名前 20 位的高频关键词

排名	高频关键词	频次	排名	高频关键词	频次
1	立法完善	167	11	网络诽谤	26
2	电子证据	68	11	帮助行为	26
3	虚拟财产	55	13	信息安全	25
4	非法侵入	48	14	司法解释	23
5	刑法规制	47	14	犯罪对象	23
5	网络安全	47	16	电子数据	22
7	信息系统	35	16	共同犯罪	22
8	刑事管辖权	34	18	网络空间	20
9	犯罪构成	32	19	帮助犯	19
10	证明力	26	19	网络诈骗	19

表 3　1998—2017 年网络犯罪问题 B 组数据排名前 22 位的高频关键词

排名	高频关键词	频次	排名	高频关键词	频次
1	立法完善	57	12	帮助犯	9
2	虚拟财产	23	12	犯罪化	9
3	电子证据	21	12	刑法规制	9
4	网络安全	19	12	网络诈骗	9
5	非法侵入	17	12	大数据	9
6	司法解释	15	17	网络社会	8
6	刑事政策	15	17	网络犯罪公约	8
8	定罪处罚	13	17	刑事管辖	8
8	盗窃	13	17	共同犯罪	8
10	帮助信息网络犯罪活动罪	12	17	网络空间	8
11	信息系统	11	17	法律监督	8

根据以上 A 组、B 组数据得出的结论较为一致，除检索词外，“立法完善”“电子证据”“虚拟财产”“非法侵入”“网络安全”等主题为核心，连接其他高频关键词，搭建了网络犯罪问题研究的主干与核心。如图 4 和图 5 所示，关键词共现图谱有两个突出特点：①关键连接点集中。所有高频关键词基本围绕表 2 和表 3 所列的前 20 个关键词展开，关键词更多涉及网络犯罪的基

础内容，说明我国网络犯罪的研究在范围上集中于网络犯罪的基础性问题，尚未有效纵深。②关键连接点频次突出。A 组数据 522 个高频关键词中，频次在 100 次以上的有 1 个，50 次以上的有 2 个，绝大部分集中在 50 次以下，说明网络犯罪研究的重点突出，但研究范围较广，尚未形成一个体系性的研究脉络。

图 4　1998—2017 年我国网络犯罪研究的关键词共现知识图谱（A 组）

图 5　1998—2017 年我国网络犯罪研究的关键词共现知识图谱（B 组）

（二）聚类分析法

关键词聚类分析是将共现强度较大的关键词通过数据挖掘的方法，借鉴卡龙等构建子簇的原则进行划分，得到不同主题的聚类。具体方法是，将 A 组数据关键词共现分析后生成的矩阵进行标准化处理，得出 444 × 444 的矩阵，设定最大值函数，将矩阵中余弦指数值最大的关键词构成聚类相关主题，通过余弦指数值从大到小的顺序进行聚合，形成聚类（见表4）。每个聚类成员不超过10个，且一般多于2个。通过识别与分析关键词，进行标准化处理后，获得有效聚类43个，归纳聚类的聚类成员特点，概括出聚类名称，聚类名称是所在聚类所研究问题的主要方向。这些聚类综合反映了网络犯罪研究的若干核心问题。

表4　我国网络犯罪问题研究的关键词聚类及其构成成员

聚类号	聚类名称	聚类成员
1	侵犯财产与立法完善	司法解释、侵犯财产、损害后果、刑事案件、虚假信息、刑事政策、立法完善
2	国家安全与网络犯罪	受损程度、国家安全、犯罪类型、刑事立法、网络安全
3	国际金融环境的制度建设	内部制约机制、国际金融环境、制度建设
4	传授犯罪方法罪	黑客技术、从重处罚、传授犯罪方法罪、追究刑事责任、情节严重、金融诈骗、非法侵入法定刑
5	木马程序	“木马程序”入罪化、电子商务立法建议
6	侵犯著作权犯罪	侵犯著作权罪、人类社会产生刑事责任年龄、主要客体、减轻处罚、危害行为、侵犯商业秘密罪、假冒注册商标罪、高科技犯罪、犯罪形态
7	诱惑侦查	诱惑侦查、侦查对象、侦查范围、侦查主体、出庭作证、合法性、人权保障、侦查措施
8	刑事管辖权	不法状态、保护管辖、刑事管辖权、无国界性、犯罪行为、冲突规范
9	犯罪化与人身权利	人身权利、惩治力度、犯罪化、犯罪未完成形态、免除处罚
10	网络侵权	网络侵权、网络立法、上网计算机、信息产业
11	信用卡诈骗	使用权限、中心数据库、信息安全管理、信用卡诈骗、内外勾结、公私财物、侵害对象、单一罪名
12	信息犯罪	信息法律关系、信息主体、信息犯罪
13	公证业务	公证业务、公证机构、公证程序
14	危害国家安全罪与网络犯罪	危害国家安全、意大利香肠术、八十年代、犯罪客体、刑事处罚、计算机诈骗、犯罪对象、犯罪特征
15	涉及虚拟财产的法律适用问题	专业指导、法律适用、作案手法、虚拟财产、虚拟社会、价值认定

续表

聚类号	聚类名称	聚类成员
16	电子证据	记录物、电子证据、最佳证据、可采性、法律地位、收集、证明力、证据收集、信息网络
17	网络舆情	全球传播、信息内容、传统新闻媒体、传统主流媒体、网络舆情
18	网络诈骗	犯罪集团、诈骗行为、首要分子、犯罪数额、网络诈骗
19	国有电信企业与互联网管理	互联网管理、不正当竞争行为、国有电信企业
20	网络犯罪与国家事务	国家事务、分裂国家、法制建设、八届人大、尖端科学技术、国家秘密
21	电子签名与信息安全	电子签名、信息技术、立法、信息安全、法律法规建设、入罪
22	经济犯罪与数字证据	侦查终结、侦查人员、经济犯罪、审查判断、数字证据
23	安全保护系统与安全管理组织	安全保护系统、安全管理组织、犯罪分子、传闻证据规则、个人电脑、危害后果、犯罪行为人、社会危害性、信息系统、公民个人信息
24	治安管理	治安管理、民事纠纷案件、公共秩序、寻衅滋事
25	计算机取证	事件重构、windows 日志、计算机取证
26	破坏计算机信息系统罪	犯罪构成、表现形式、立法模式、破坏计算机信息系统罪、网络盗窃、刑法保护
27	恶意透支的法律界定	恶意透支、析义、法律界定
28	司法管辖权	管辖原则、司法管辖权、价值平衡
29	网络赌博	开设赌场、网络赌博、传统赌博犯罪
30	“熊猫烧香”病毒案	新型犯罪、犯罪形式、人类社会、“熊猫烧香”病毒案
31	金融电子化	金融电子化、计算机安全、金融犯罪、作案手段
32	侵入计算机信息系统	计算机信息系统、侵入、信息科学技术、犯罪未遂
33	网络游戏与非法经营罪	非法经营罪、网络游戏、刑法规制、外挂
34	青少年网络犯罪	刑事判例、青少年网络犯罪、儿童网络立法、儿童网络隐私权
35	网络数据传输与个人信息保护	传统犯罪、网络数据传输、伴随网络、不法行为、个人信息保护、主观方面、法益、信息时代、刑法应对
36	网络诽谤	言论自由、诽谤、网络实名制、网络谣言、网络诽谤、人肉搜索、主观要件

续表

聚类号	聚类名称	聚类成员
37	网络服务提供者的中立帮助行为	网络服务提供者、刑法修正案（九）、寻衅滋事罪、中立的帮助行为、帮助行为正犯化、帮助犯正犯化、信息网络犯罪、片面共犯、中性业务行为、帮助行为
38	P2P 电信网络诈骗	P2P 法律规制、电信网络诈骗
39	快播案与传播淫秽物品牟利罪	不作为、快播案、传播淫秽物品牟利罪
40	网络犯罪类型化	拒不履行信息网络安全管理义务罪、类型化、非法利用信息网络罪、帮助信息网络犯罪活动罪
41	云安全	云安全、云时代、云计算
42	信息网络安全国际合作	保护原则、信息网络安全、法律保护、国际合作、刑事司法协助
43	取证的基础问题	取证、采信规则、法律定位、取证方法、取证技术、存储介质、审查起诉

四、未来展望：基于关键词聚类的战略坐标分析

在共词分析与聚类分析的基础上，使用战略坐标分析进一步分析网络犯罪问题研究的内部联系以及相互影响，研究热点的结构和变化。

战略坐标用可视化的形式来展示关键词共现聚类在平面坐标中的象限位置关系，根据聚类的象限位置及变化，用新颖度和关注度的描述方式，从时间和研究热度两个维度来分析网络犯罪问题研究的未来发展趋势。图 6 所示为我国网络犯罪问题研究的战略坐标分析图。

图 6 中，位于第一象限的有聚类号为 15、21、26、33、36、37、38 的聚类，其新颖度与关注度均大于 0，说明学界对这些问题的研究关注度较高，同时这些问题也较为新颖，是目前我国网络犯罪问题研究的核心内容。具体包括“涉及虚拟财产的法律适用问题”“电子签名与信息安全”“破坏计算机信息系统罪”“网络游戏与非法经营罪”“网络诽谤”“网络服务提供者的中立帮助行为”“P2P 电信网络诈骗”相关主题。

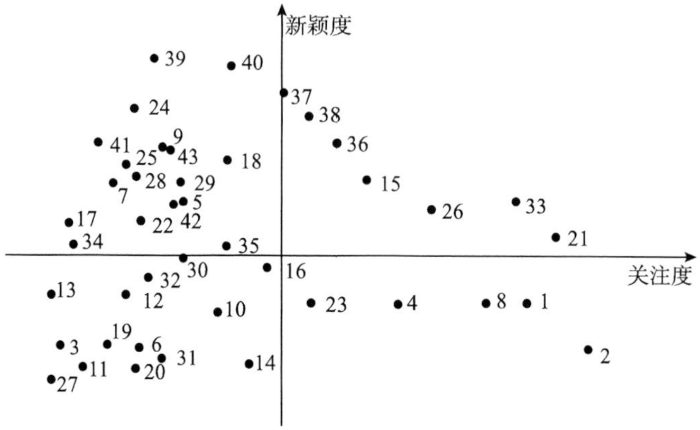

图 6　基于关键词聚类的网络犯罪问题研究战略坐标分析图

位于第二象限的有聚类号为 5、7、9、17、18、22、24、25、28、29、34、35、39、40、41、42、43 的聚类，它们的新颖度大于 0，关注度小于 0，说明这些聚类所代表的研究内容是热点问题，其中一部分内容随着学界研究的不断深入将由第二象限向第一象限移动，尤其是纵坐标数值较大且贴近横坐标正轴的一些聚类，研究将不断成熟。具体包括“木马程序”“诱惑侦查”“犯罪化与人身权利”“网络舆情”“网络诈骗”“经济犯罪与数字证据”“治安管理”“计算机取证”“司法管辖权”“网络赌博”“青少年网络犯罪”“网络数据传输与个人信息保护”“快播案与传播淫秽物品牟利罪”“网络犯罪类型化”“云安全”“信息网络安全国际合作”“取证的基础问题”相关主题。

位于第三象限的有聚类号为 3、6、10、11、12、13、14、16、19、20、27、30、31、32 的聚类，它们的新颖度与关注度都小于 0，说明这些研究领域受关注的程度低，且研究的时间比较靠前。具体包括“国际金融环境的制度建设”“侵犯著作权犯罪”“网络侵权”“信用卡诈骗”“信息犯罪”“公证业务”“危害国家安全罪与网络犯罪”“电子证据”“国有电信企业与互联网管理”“网络犯罪与国家事务”“恶意透支的法律界定”“‘熊猫烧香’病毒案”“金融电子化”“侵入计算机信息系统”相关主题。结合网络犯罪的问题研究主要可以分为以下几个部分：①“一过性”的研究热潮，如立法、个案推动学界的讨论等；②问题研究相对深入、透彻，如网络犯罪的基础理论问题。

位于第四象限的有聚类号为 1、2、4、8、23 的聚类，它们的新颖度小于 0，关注度大于 0，且这些聚类的关注度的数值较高，说明这些研究领域一直以来是学界关注的基础、核心问题，但这些领域自身不是新兴课题，新颖度较低。具体如“侵犯财产与立法完善”“国家安全与网络犯罪”“传授犯罪方法罪”“刑事管辖权”“安全保护系统与安全管理组织”。

五、结论

本文采用文献计量分析法，统计与总结了 1998—2017 年我国网络犯罪问题的研究成果，从宏观上呈现我国网络犯罪的学术发展趋势，基于关键词聚类的战略坐标反映当前的研究核心与未来学界重点。本文以理论研究为基础，以时代发展为导向，以开阔的视野理性反思与评析网络犯罪学术研究现状，可以得出如下结论。

在发文趋势维度上，1998—2017 年文献量总体呈上升趋势，并在个别年份出现明显的研究增长点。这表明学界日益关注不断凸显的网络犯罪问题，在个别年份进行了集中、大范围的研究。

在文献质量维度上，A 组与 B 组的检索数据量反映当前研究成果仍有较大提升空间，文献主题和内容与国内核心期刊的要求还存在一定差距。B 组数据与 A 组数据相比，数量仅是后者的 17.9%。文献内容也呈现出如下特征：理论的更新与突破落后于立法与司法实践，缺少预测信息技术动态演化的网络犯罪前瞻性研究，缺乏对网络空间的技术认识，因而理论研究易转为现象描述等。未来网络犯罪的研究，应突破传统理论与思维的限制，探寻网络犯罪轨迹发展变化的防治对策。

在研究群体与科研机构维度上，虽然各学者与科研机构等主体不断涌现，少数高产作者与高产机构作为主要的学术研究阵地，引领主要的学术研究动向。但统观各研究主体，多表现为独立、单一学科类型的研究，作者之间、机构之间的合作关系尚未形成。完善的网络空间秩序的构建需要更多作者、机构的学术产出，加强高等院校、学术团体、科研院所、实务部门、公司法务部门等机构之间的合作尤为重要。

关注度与新颖度都较为突出的热点主题研究，集中以具体罪名的法理与司法适用问题为线索辐射展开。当前网络犯罪问题的研究核心，包括网络犯罪的刑法基本理论研究、刑事立法完善研究、刑事司法管辖与法律适用研究、技术侦查手段及措施 4 个层面。根据共词聚类分析原则，以关注度和新颖度这一对横纵坐标指标绘制的战略坐标图，其象限分布能够展示网络犯罪这一技术领域在整个时段或者4个分时段的研究领域的方向，一、二、三、四象限分别以可视化的方式直观展现核心、次级、边缘与基础聚类。从图6可以看出，1998—2017年网络犯罪问题的研究趋势变迁，从计算机网络犯罪的非法侵入计算机信息系统罪和破坏计算机信息系统罪两个罪名的研究，转向更具隐蔽性、虚拟性和复杂性特点的网络犯罪的多种具体行为类型的研究，关注度与新颖度不断提高。在对立法完善与司法实践提出更高挑战的当今社会，面对具体犯罪类型的深入研究，研究主题需走向更为纵深，横向范围的拓展上更需关注，学界应不断研习实践中的案例与素材，加强对具体网络犯罪类型的实证研究，在犯罪事实中归纳总结行为特征、入罪量刑标准、案件启动程序等，为司法实践中犯罪行为的认定提供合理有效的对策，为网络空间提供更有效、合理的刑法保护。

纵观网络犯罪的发展与应对策略，未来调控我国不同时期网络发展阶段性犯罪的刑事政策，应采取审慎的立法修正与入罪态度，目的在于控制网络犯罪但不阻碍信息技术的发展。法益保护前置化将网络犯罪刑事处罚的界限沿着犯罪行为实施的时间段向前推置，以更周全地保护法益。在肯定法益保护前置化正当性的同时，也要防止其过度介入网络空间公民的自由领域，同时也不应忽视规定过严过细可能带来的阻碍技术发展等次生危险。因此，法律条文设置应当遵循开放、“宜粗不宜细”的思路，恪守刑法谦抑性原则，传统的归传统，当既有罪名体系无法完全评价现有网络空间危害行为时，采取增设新罪、修改罪状、完善刑罚配置等措施。因此，在全局视角下，具有创新性与前瞻性的网络犯罪问题理论研究显得尤为重要，“世界各国都在建立全新的信息时代法律规则，只有依靠理论研究独有的预测性来指引，未来的法律规则才能实现体系更新”。网络犯罪的理论研究应当体现实践价值意义，一方面促使理论为网络犯罪刑事立法完善提供科学预测与修正建议，另一方面为刑事司法实践的具体实践与适用提供科学严谨的理论指导，总结理论成果并进一步研究，以应对日后网络犯罪问题新的挑战。

中国技术经济研究的动态知识图谱分析*

一、中国技术经济研究文献的统计分析

根据2010年第五版《中国图书馆分类法》查找到两个与技术经济研究领域紧密相关的学科分类代码，分别为F062.4（技术经济学）和F124.3（技术发展与革新），由这两个分类代码以及文章篇名为“技术经济”，用布尔逻辑式“或”组构检索式“F062.4或F124.3或篇名为‘技术经济’”在CNKI数据库中进行检索，将检索时间段设置为1992年1月1日—2016年12月31日，考虑到CNKI数据库收录期刊论文的质量差异，将检索来源类别设置为“核心期刊”和“CSSCI”，最终检索到有关技术经济研究领域的文献共计8194篇，剔除其中的教学改革、无作者的通讯、会议通知和举办报道、杂志的卷首语、书评和书籍介绍等非学术论文类数据，最终获得有效文献共计6918篇。下面将系统地对这些文献进行描述、分析和解读，揭示1992年以来中国技术经济研究的现状、热点和趋势。

（一）发表时间分布

1992年以来中国技术经济研究领域的发文量经历了直线式较快增长—螺旋式缓慢上升—直线式较快增长3个阶段。如图1所示，在1992—1995年的较快增长期，发文量从1992年的48篇直线式上升至1995年的193篇，说明适应于计划经济向市场经济转变的需要，中国技术进步的体制结构也发生变化，众多学者开展了诸如市场经济下的项目评价探索、技术引进的消化吸收再

---

* 吕岩威，刘洋，李平．中国技术经济研究的动态知识图谱分析［J］．科学决策，2017（8）：69－94．有改动。

创新、技术进步与技术创新、高新技术发展及产业化、技术转让与价格支付等方面的研究，因此这一时期的发文量显著增加。在1995—2010年的缓慢上升期，发文量从1995年的193篇螺旋式上升至2010年的244篇，可引进的国外理论越来越少、经济学科门类细化等因素是导致这一时期发文量增长缓慢的重要原因。在2010—2016年的较快增长期，发文量从2010年的244篇直线式上升至2016年的604篇，这主要是由于2008年国际金融危机带来了日趋活跃的全球技术创新与科技革命，中国政府亦提出了一系列促进创新的重大决策部署，在客观上促使学者们紧密结合中国经济现实，在众多领域不断深化拓展。由此可见，中国技术经济研究领域发文量的增长趋势，也在一定程度上体现了学界研究热点与国家政策导向之间的关系。

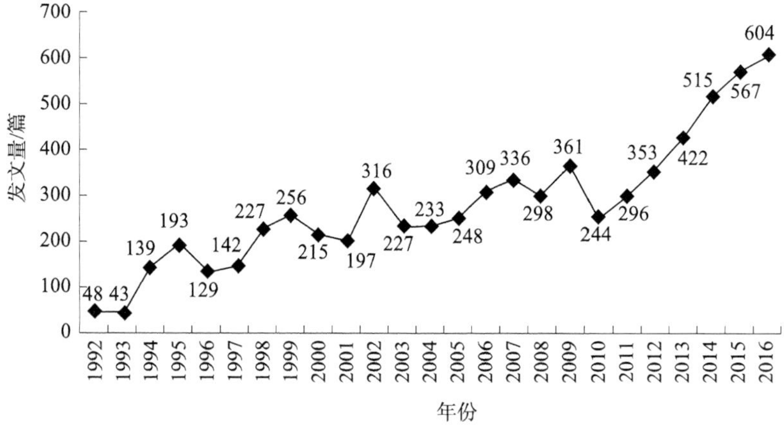

图1 中国技术经济研究领域论文的发表时间分布

（二）刊载期刊分布

1992—2016年，中国技术经济研究领域论文刊载量最多的期刊是《科技进步与对策》，共刊载598篇论文。该刊作为中国科技经济类核心期刊，侧重于推动科技进步和促进科技与经济结合等领域的研究，主要刊载科技管理创新、区域科学发展、产业技术进步、企业创新管理、科技法制与政策、评价与预见等方面的论文。其次是《科技管理研究》，共刊载411篇论文。该刊注重科技管理理论和管理模式的探讨与研究，主要刊载科学学与科技管理学科领域的应用性学术论文，包括自主创新专论、科技发展与政策、科技指标与评价、区域科技进步、高校与研发科技管理、产业科技管理、创新人才管理、知识与知识产权管理、产业集群与创新研究、信息化研究、科技服务管理、公共科技管理、管理理论与方法、科学学研究等内容。论文刊载量排名第3位的期刊是《科学学与科学技术管理》，共刊载225篇论文。该刊是中国创刊最早的关于科学技术管理理论与实践研究方面的综合类科技期刊，主要刊载科学学研究、科学理论与方法、科技战略与政策、创新系统与集成、科技创新与创业、科技人力资源管理等方面的学术论文。论文刊载量排名前10位的期刊还有《中国科技论坛》（222篇）、《科学管理研究》（199篇）、《科学学研究》（182篇）、《农业技术经济》（176篇）、《中国软科学》（139篇）、《数量经济技术经济研究》（137篇）、《科研管理》（137篇）。从期刊分布可以看出，按论文刊载量排在前列的期刊均为典型的技术经济软科学期刊，说明中国技术经济研究内容已从过去研究硬技术经济问题为主的硬技术经济学转变为当前以研究软技术经济问题为主的软技术经济学。

（三）高产作者分布

1992—2016年中国技术经济研究领域发文量最多的作者是山东理工大学李平（26篇），其主要研究方向为国际技术与技术创新，其学术论文被引频次较高的主要有《中国自主创新中研发资本投入产出绩效分析——兼论人力资本和知识产权保护的影响》和《技术扩散中的溢出效应分析》，被引频次分别为278次和202次。其次是华东师范大学王林辉（18篇）和北京工业大学黄鲁成（16篇）。王林辉的主要研究方向为技术进步与经济增长，其被引频次较高的学术论文主要有《资本体现式技术进步、技术合意结构和我国生产率增长来源》和《技术进步偏向性及其要素收入分配效应》，被引频次分别为26次和23次。黄鲁成的主要研究方向为科技与产业创新管理，包括技术未来分析、科技管理、R&D管理、技术创新，其被引频次较高的学术论文主要有《宏观区域创新体系的理论模式研究》和《区域技术创新生态系统的特征》，被引频次分别为204次和90次。发文量在10篇以上的作者还有清华大学陈劲（16篇）、南京工业大学刘和东（15篇）、南京师范大学白俊红（13篇）、华东师范大学董直庆（13篇）、中国科学技术大学刘志迎（12篇）、清华大学吴贵生（12篇）、四川大学顾新（12篇）、清华大学仝允桓（11篇）、大连理工大学刘凤朝（11篇）和中国科学院大学柳卸林（10篇）。

进一步考察上述高产作者在技术经济研究领域学术团队的组建情况，这里借助文献计量软件 CiteSpace，遴选出与上述高产作者在技术经济研究领域合作发文量超过 2 篇的合作者，并以此作为其进入高产作者学术团队的依据。由此得到以下学术团队：北京工业大学黄鲁成、卢文光（3 篇）、吴菲菲（3 篇）组成的学术团队；华东师范大学王林辉和董直庆、东北师范大学袁礼（4 篇）、吉林大学蔡啸（5 篇）组成的学术团队；清华大学陈劲、张所地（3 篇）、胡琳娜（3 篇）组成的学术团队，吴贵生、王毅（4 篇）组成的学术团队和仝允桓、谈毅（6 篇）组成的学术团队；南京师范大学白俊红、卞元超（3 篇）、蒋伏心（3 篇）、李婧（3 篇）组成的学术团队；大连理工大学刘凤朝、孙玉涛（5 篇）组成的学术团队；中国科技促进发展研究中心柳卸林、赵捷（3 篇）组成的学术团队。从高产作者学术团队的组建情况来看，中国技术经济研究处于"局部集中，整体分散"的状态，上述高产作者所组建的学术团队大多是建立在同一个固定机构之上的"机构团队"，而机构之间的合作却非常有限，由某一个学术带头人牵头、不同单位科研人员合作形成的"学者团队"更是极度欠缺[1]，长此以往必将不利于中国技术经济研究的发展。

（四）高产机构分布

考察 1992 年以来中国技术经济研究领域论文高产机构的分布情况，这里首先统计出 1992—2016 年中国技术经济研究领域发文量排名在前 20 位的一级机构，按发文量顺序排列，见表 1。从表中可以看出，发文量最多的科研机构是清华大学（176 篇），其次是浙江大学（122 篇）和中国社会科学院（117 篇），其余发文量较多的科研机构还有华中科技大学（116 篇）、南开大学（113 篇）、南京大学（108 篇）、中国人民大学（108 篇）、西安交通大学（102 篇）、大连理工大学（96 篇）、武汉大学（89 篇）等。其中，发文量排名前 10 位的机构发文数量共计 1147 篇，占所有机构发文数量的 16. 58%。发文量排名前 20 位的机构发文数量共计 1880 篇，占所有机构发文数量的 27. 18%。可见，中国技术经济研究机构较多，但研究机构之间发展并不均衡，科研能力差异较为显著。清华大学是研究技术经济理论最早的学术机构之一，傅家骥教授是中国技术经济学科的主要开拓者和推动者，早在 20 世纪 70—80

[1] 虽然有少数学者同时和多个机构团队有联系，如王林辉、董直庆联合吉林大学、东北师范大学和华东师范大学共同研究，在某种程度上起到了桥梁作用，但这类作者更多是人才流动的结果，而非不同单位所组建的"学者团队"。

年代便建立了以技术经济评价为主要内容的学科体系，并创造性地将技术创新融入中国技术经济学科，引领了中国技术经济学科发展。吴贵生、雷家骕、仝允桓、王毅、高建、陈劲、谢伟等一批著名技术经济学家长期在此任教，使该机构在学术研究领域继续保持国内领先地位。浙江大学是中国技术经济研究领域的研究重镇，其研究以“创新与技术进步”见长，许庆瑞教授开拓了中国技术创新管理新领域，其提出的“二次创新—组合创新—全面创新”技术创新理论体系得到国际创新专家及企业的验证与应用，在技术创新理论研究方面做出了重要探索。吴晓波、魏江、马庆国等一批国内著名技术经济专家在该机构任教，其研究成果在学术界具有较大影响。中国社会科学院是中国技术经济学科重要的开创单位，其研究奠定了中国技术经济学科创立的基础。早在20世纪60年代初，该机构于光远教授首先提出要建立研究技术发展中的经济效果的学科，得到学者们的普遍肯定和响应，“技术经济学”一词，便是由该机构徐寿波教授借鉴苏联部门经济学、投资效果研究中的有关概念提出，最后由于光远教授召集有关专家论证确定的。该机构现有李京文、李平、蔡跃洲、郑世林等一批在技术经济研究领域具有重要影响力和号召力的专家学者，其研究成果不仅产生了重要的学术影响，而且也为国家制定技术经济政策发挥了重要作用。

表1　中国技术经济研究领域论文的高产机构分布（1992—2016年）

科研机构	发文量/篇	科研机构	发文量/篇
清华大学	176	湖南大学	88
浙江大学	122	天津大学	86
中国社会科学院	117	吉林大学	79
华中科技大学	116	北京大学	74
南开大学	113	上海交通大学	74
南京大学	108	重庆大学	71
中国人民大学	108	华南理工大学	69
西安交通大学	102	复旦大学	65
大连理工大学	96	武汉理工大学	65
武汉大学	89	东南大学	62

进一步分析上述科研机构的内部发文情况，这里借助 CiteSpace 软件对发文量排名靠前的二级机构进行分析，得到的知识图谱如图2所示。图谱共有229个节点，50个连接，网络密度为0.0019，图中每个节点代表一个机构，

节点越大表示该机构发表论文篇数越多。节点之间的连线代表机构间的合作关系，连线越粗，表示机构间共同合作发表论文的次数越多。从图中可以看出，清华大学在技术经济研究领域的发文主要来自于清华大学经济管理学院（53篇）和清华大学公共管理学院（21篇）等，浙江大学在技术经济研究领域的发文主要来自于浙江大学管理学院（38篇）和浙江大学经济学院（29篇）等，中国社会科学院在技术经济研究领域的发文主要来自于中国社会科学院数量经济与技术经济研究所（47篇）和中国社会科学院工业经济研究所（17篇）等。从图中亦可以看出，中国技术经济研究机构之间的连线很细，网络密度很小，这再次说明中国技术经济研究机构之间的合作非常有限，机构之间的学术交流有待进一步加强。

图2　中国技术经济研究领域论文的高产机构共现知识图谱（1992—2016年）

二、中国技术经济研究的主要内容及研究专题

（一）主要研究内容

关键词是论文主题的高度概括，对中国技术经济研究领域相关文献关键词

的分析，有助于挖掘该领域的主要研究内容及研究专题。立足于1992—2016年的时间视域，采用Callon等提出的共词分析法对文献中关键词的共现次数进行统计。共词分析法是在共词网络中，以节点表示关键词，节点间的连线表示两点所代表的关键词存在共现关系。连线的强度也就是共现强度，由余弦指数加以测度。

提取出共现频次排名靠前的关键词，生成的知识图谱如图3所示。图谱中共有495个节点，1833条连接，网络密度为0.015，图中每个节点代表一个关键词，节点越大表示该关键词在文献中出现的频次越高，节点之间的连线代表关键词之间共现关系的强弱，连线越粗表示关键词之间共现的强度越大。从图中可以看出，1992—2016年中国技术经济研究文献中关键词共现频次最高的是“技术创新”（1016次），其次是“技术进步”（605次）和“经济增长”（261次）。按关键词共现频次排在前20位的关键词还有“自主创新”（260次）、“技术引进”（209次）、“高新技术产业”（172次）、“r&d投入”（151次）、“技术经济分析”（140次）、“经济发展”（123次）、“科技成果”（121次）、“外商直接投资”（113次）、“区域创新”（95次）、“国家创新体系”（94次）、“创新驱动”（92次）、“技术经济”（84次）、“技术转移”（81

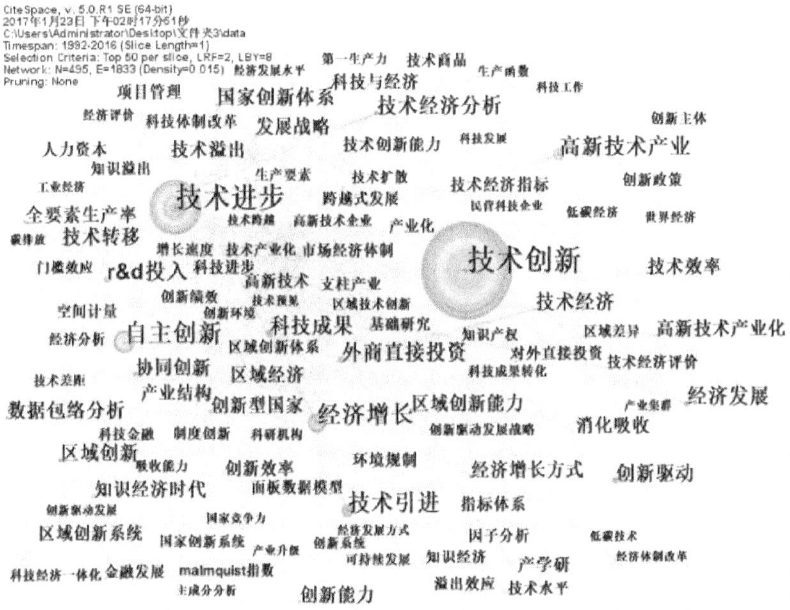

图3 中国技术经济研究领域的关键词共现知识图谱（1992—2016年）

次）、“数据包络分析”（79 次）、“发展战略”（74 次）、“技术溢出”（74 次）、“知识经济时代”（73 次）。这些关键词所表征的研究内容构成 1992—2016 年中国技术经济研究的主体内容，也是中国技术经济研究领域知识网络的主要路径点。

（二）研究内容的分阶段分析

进一步根据发文量的阶段性变化特征，将 1992—2016 年分为 1992—1995 年、1996—2010 年、2011—2016 年 3 个阶段，并分别统计出 3 个阶段共现频次较高的关键词，见表 2。从表中可以看出，学者们在各阶段均较为关注技术创新、技术进步、经济增长等关键词，这些内容是中国技术经济研究的焦点。从表中也不难看出各阶段又各有特色。1992—1995 年，学者们的研究较为关注：“技术引进、消化与应用”领域，包括技术引进、消化吸收、科技成果、高新技术产业、高新技术产业化等该阶段共现频次较高的关键词；“技术经济分析与论证”领域，包括技术经济分析、技术经济指标、技术经济、技术水平等高频次关键词；“体制改革与技术经济化”领域，包括科技体制改革、市场经济体制、科技与经济、科技经济一体化、技术商品、第一生产力、科技兴市等高频次关键词。1996—2010 年，学者们的研究进一步拓展到“自主创新与国家创新体系”领域，包括自主创新、R&D 投入、知识经济时代、国家创新体系、创新型国家、外商直接投资、区域经济、技术转移等高频次关键词，而对“技术引进、消化与应用”领域、“技术经济分析与论证”领域的研究有所减少，对“体制改革与技术经济化”领域的研究则更为少见。2011—2016 年，所形成的研究领域有：“创新驱动与协同创新”领域，包括创新驱动、区域创新、协同创新、区域创新能力、创新能力、发展战略等高频次关键词；“生产率”领域，包括全要素生产率、数据包络分析、技术效率、技术溢出、创新效率、人力资本等高频次关键词；而对“技术引进、消化与应用”领域、“技术经济分析与论证”领域的研究则十分少见。上述演变进程体现了中国技术经济学研究的阶段性特征，即 20 世纪 90 年代以来学者们的研究沿着体制改革与技术经济化—技术经济分析与论证/技术引进消化与应用—自主创新与国家创新体系构建—创新驱动与协同创新/生产率脉络按时代特点和政策导向逐渐展开，这也反映了中国技术经济研究的“偏应用”特征。

表 2 中国技术经济领域研究内容的关键词分阶段统计（1992—2016 年）

排名	时间		
	1992—1995 年	1996—2010 年	2011—2016 年
1	技术进步（58）	技术创新（622）	技术创新（364）
2	技术引进（35）	技术进步（319）	技术进步（226）
3	技术经济分析（34）	自主创新（161）	自主创新（99）
4	高新技术产业（31）	技术引进（152）	经济增长（98）
5	技术创新（30）	经济增长（149）	创新驱动（92）
6	科技成果（30）	高新技术产业（125）	区域创新（72）
7	经济发展（29）	技术经济分析（99）	协同创新（72）
8	技术经济（20）	科技成果（91）	外商直接投资（65）
9	科技与经济（19）	r&d 投入（77）	r&d 投入（62）
10	经济增长（14）	知识经济时代（73）	区域创新能力（57）
11	科技体制改革（13）	国家创新体系（67）	创新能力（52）
12	科技经济一体化（13）	经济增长方式（62）	全要素生产率（52）
13	第一生产力（12）	经济发展（59）	数据包络分析（51）
14	技术商品（12）	高新技术产业化（53）	技术效率（48）
15	技术经济指标（11）	创新型国家（51）	技术溢出（45）
16	市场经济体制（11）	外商直接投资（48）	环境规制（37）
17	高新技术产业化（11）	技术经济（47）	创新效率（36）
18	消化吸收（10）	区域经济（44）	发展战略（33）
19	科技兴市（10）	消化吸收（42）	人力资本（29）
20	技术水平（10）	技术转移（41）	经济发展（29）

（三）主要研究专题

尽管前文已识别出中国技术经济研究文献中出现频次较高的关键词，并将其视为主要的研究内容，但只根据高频关键词个体无法识别出中国技术经济的研究专题及其所涵盖内容。因此，进一步借鉴 Callon 等构建子簇的方法，通过聚类分析对高频关键词进行归类，进而概括出 20 世纪 90 年代以来中国技术经济研究的研究专题。这里通过定量化计算将 495 个关键词划分为 39 个聚类，其中有 16 个聚类只有 2 个关键词，考虑到 2 个关键词构成的聚类难以准确反映研究内容，所以不将其作为分析对象，最后形成 23 个有效的聚类专题（见表 3）。

表3　中国技术经济研究领域的聚类及构成（1992—2016年）

聚类号	聚类名称	关注度	新颖度	关键词构成
1	农业技术经济分析	-10.85	-7.41	剩余劳动力、农产品商品率、农业产值、农村产业结构、农村工业、技术经济政策、农业生产、技术经济分析
2	技术经济效益分析	-26.73	-8.03	盈利率、技术经济效益、产出水平
3	对外直接投资、逆向技术溢出与创新能力	20.97	8.07	逆向技术溢出、对外直接投资、外商直接投资、知识产权保护、创新能力、技术溢出、吸收能力
4	区域创新评价	18.97	5.77	聚类分析、主成分分析、因子分析、创新型城市、区域科技创新、指标体系、创新效率、面板数据模型、数据包络分析、自主创新
5	生产要素与经济增长	13.65	-4.91	生产函数、产出弹性、持续增长、增长速度、生产要素、规模经济、经济增长、国内生产总值
6	二板市场与技术产业化	-6.16	-1.32	二板市场、风险投资机制、创业服务中心、技术产业化、高新技术产业化、高新技术产业发展、科技成果
7	技术预见与发展规划	-11.56	3.63	技术预见、技术路线图、产学研创新、德尔菲法、发展战略、可持续发展
8	体制改革与科技发展	-0.63	-4.93	科技体制改革、科研机构、经济发展、科技经济一体化、支柱产业、研究与发展、科技与经济、经济体制改革、科技发展、技术消化吸收
9	高新技术产业化与政府行为创新	83.47	-0.93	高新技术、产业化、高科技、专利技术、政府行为、制度创新、信息技术、风险投资、技术创新、科学技术
10	国家创新体系与国家竞争力	8.02	-0.28	人力资源、基础研究、国家创新体系、原始性创新 r&d 投入、科研成果、国家战略、国家竞争力
11	技术贸易与国际竞争力	-6.89	-5.03	技术贸易、技术商品、科技工作、加速经济发展、技术转移、国际竞争力

续表

聚类号	聚类名称	关注度	新颖度	关键词构成
12	技术创新管理	-6.13	-3.53	技术创新工作、技术创新机制、技术创新项目、引进技术消化、技术创新工程、知识创新能力
13	科技园区与技术出口	-23.73	-1.81	民营科技企业、高新技术开发区、高新技术发展、技术出口、战略地位、经济全球化、科技产业发展、开发园区
14	技术进步与全要素生产率	92.27	11.30	技术进步、规模效率、malmquist 指数、技术效率、全要素生产率
15	技术改造与企业技术进步	-24.48	-3.53	企业技术进步、产品结构、新技术推广、技术改造
16	技术差距与技术追赶	-14.98	6.72	技术追赶、技术能力、技术差距、溢出效应
17	知识产权、技术标准与协同创新	0.77	8.13	知识产权、技术标准、跨国公司、国际贸易、创新型国家、协同创新
18	产业升级与科技金融支持	-18.73	12.63	科技金融、创业风险投资、产业升级
19	环境规制、产业技术结构与碳排放	-15.93	2.97	内动力、产业结构、传统产业改造、产业创新、经济发展水平、科技工业园区、技术结构、碳排放、环境规制
20	产业集群、区域创新及技术创新扩散	2.07	3.57	区域创新体系、产业集群、技术扩散、创新扩散、区域创新
21	技术创新与路径依赖	-22.39	4.30	创新系统、路径依赖、技术系统
22	产业政策、创新政策与科技产业发展	-17.06	2.97	产业政策、科技产业发展、创新政策
23	知识溢出与创新的空间分析	2.44	11.63	空间计量、创新绩效、知识溢出、区域差异、创新驱动、创新生态系统

三、中国技术经济研究专题的分布特征、研究热点与研究方向

（一）研究专题的分布特征

通过对关键词的归类，已概括出中国技术经济研究领域的 23 个专题，为考察这些研究专题的分布特征、研究热点与研究方向，这里借鉴沈君、罗润东

的做法，进一步构建关注度指数和新颖度指数进行分析。所谓关注度指数，是指计算每个研究专题的平均共现频次与全部共现的关键词的平均共现频次离均差，其值越大说明该研究专题的受关注程度越高，反之越低。

新颖度指数是计算每个研究专题的平均共现时长与全部共现的关键词的平均共现时长的离均差，其值越大说明该研究专题的新颖程度越高，反之越低。

各研究专题的关注度和新颖度见表3，并据此绘制战略坐标图（见图4）。在图4中，横坐标代表关注度，纵坐标代表新颖度，将23个聚类划分到4个象限，其中有6个聚类位于第一象限，6个聚类位于第二象限，8个聚类位于第三象限，3个聚类位于第四象限。

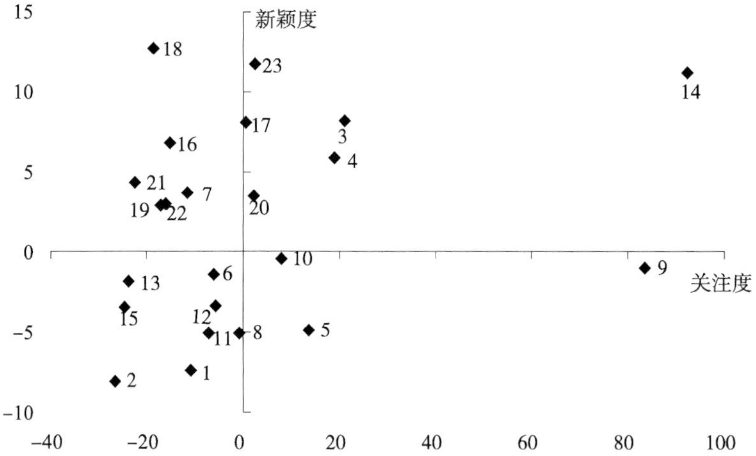

图4　中国技术经济研究专题的战略坐标图（1992—2016年）

位于第一象限的有聚类3、聚类4、聚类14、聚类17、聚类20、聚类23。这6个聚类的关注度和新颖度均大于0，表明这些聚类所代表的内容是1992—2016年中国技术经济研究领域相对成熟、相对新颖的研究内容，即属于当前中国技术经济研究的核心内容，称之为核心型研究领域。

位于第二象限的有聚类7、聚类16、聚类18、聚类19、聚类21、聚类22。这6个聚类的关注度小于0，而新颖度大于0，表明这些聚类所代表的研究内容是1992—2016年中国技术经济研究领域新出现的学术研究热点，但并没有受到人们的广泛关注，这些学术研究热点或将会是中国技术经济研究领域未来关注的重要课题，称之为潜在型研究领域。

位于第三象限的有聚类1、聚类2、聚类6、聚类8、聚类11、聚类12、聚类13、聚类15。这8个聚类的关注度和新颖度都小于0，表明这些聚类所代表的内容是1992—2016年较早时期出现的研究热点，但目前受关注程度不高，已经退出了学术研究的主流，称之为边缘型研究领域。

位于第四象限的有聚类5、聚类9、聚类10。这3个聚类的关注度大于0，而新颖度小于0，表明这些聚类所代表的研究内容是中国技术经济研究领域的基础性研究内容。这些聚类的构成成员多是1992—2016年较早时期出现的研究主题，且多年来一直备受关注，但从新颖度角度看不是近年新出现的研究专题，称之为基础型研究领域。

（二）研究热点和研究方向

结合表3中关注度和新颖度的指标含义，以及图4中战略坐标图的象限位置含义，可以清楚地看出目前具有较大关注度或较高新颖度的研究领域。图4显示，聚类14“技术进步与全要素生产率”的受关注程度最高。技术进步是经济增长的动因和决定性因素，是经济增长的源泉之一，而生产率分析是探求经济增长源泉的主要工具，同时也是确定经济增长质量的主要方法，因此这一研究专题对中国经济增长所具有的独特解释能力是其被学者们高度关注的重要原因。另一个受关注程度较高的研究专题为聚类9“高新技术产业化与政府行为创新”。发展高新技术产业是当今世界经济发展的主旋律，各国政府都采取各种措施，积极推动高新技术产业化的进程，发展高新技术及其产业化离不开政府行为，因此如何对政府行为进行创新，更好地推动高新技术产业化发展，这一研究专题也是学术界关注的热点。

按照新颖度指数进行分析，探讨中国技术经济研究方向。从图4可知，聚类18“产业升级与科技金融支持”的新颖度最高。实施创新驱动战略，推动中国产业升级，需要大力发展科技金融，建立健全风险投资体系，实现技术创新和金融创新“双轮驱动”，因此如何将科技产业与金融产业结合及推动创业风险投资发展，是当前学术界较为新颖的研究方向。新颖度指数排在第2位的研究专题为聚类23“知识溢出与创新的空间分析”。中国区域创新活动已经呈现出较强的空间聚集趋势，区域创新能力差距日渐扩大，而通过促进知识溢出提高区域创新效率及绩效是实现区域创新收敛的有效途径之一，因此对知识溢出与创新的空间分析是当前学术界另一个较为新颖的研究方向。

四、结论

本文借助文献计量软件 CiteSpace，采用共词分析、聚类分析和战略坐标分析等多种定量分析方法，统计了 1992—2016 年中国技术经济研究领域论文的发表时间、刊载期刊、高产作者与高产机构的分布情况，探讨了中国技术经济研究的主要内容、研究专题、研究热点及研究方向。研究结果发现：关注度较高的是“技术进步与全要素生产率”“高新技术产业化与政府行为创新”等，说明这些问题是中国技术经济研究领域学者们讨论和研究的热点，而新颖度较高的是“产业升级与科技金融支持”“知识溢出与创新的空间分析”等，显示出这些问题是中国目前比较新颖、有待开拓的研究领域。此外，本文还进一步对中国技术经济研究进行展望，指出其未来研究趋势，希望本文的研究能够为该领域研究者提供有价值的参考借鉴。需要说明的是，本文尽管已尽可能避免了以往学者在文献述评上的主观性偏差，但仍存在一定的局限性：一是研究样本是中文期刊上的技术经济研究成果，没有囊括英文期刊上的相关论文，因此无法反映国外研究状况；二是考虑到研究成果的代表性，仅选取了与技术经济最紧密相关的两个学科分类代码的中文文献进行研究，即 F062.4（技术经济学）和 F124.3（技术发展与革新），但这两个学科分类代码并不能涵盖技术经济研究的全部内容，从而必然会导致一些重要研究成果在检索数据时被遗漏；三是阈值设置的主观因素仍可能对研究结果产生微弱影响。这些问题将在后续研究中进一步改进。

主要参考文献

[1] 高继平，丁堃，滕立，等. 专利—论文混合共被引网络下的知识流动探析 [J]. 科学学研究，2011，29 (8)：1184-1189.

[2] 韩红旗，安小米，朱东华，等. 专利技术术语共现的战略图分析方法 [J]. 计算机应用研究，2011 (2)：576-579.

[3] CHEN C. CiteSpace Ⅱ：Detecting and visualizing emerging trends and transient patterns in scientific literature [J]. Journal of the American Society for Information Science and Technology，2006，57 (3)：359-377.

[4] HE Q. Knowledge Discovery Through Co-Word Analysis [J]. Library Trends，1999，48 (1)：133-159.

[5] CALLON M，COURTIAL J P，TURNER W A，et al. From Translations to Problematic Networks：An Introduction to Co-word Analysis [J]. Social Science Information，1983，22 (2)：191-235.

[6] CALLON M，LAW J，RIP A. Mapping the Dynamics of Science and Technology：Sociology of Science in the Real World [M]. London：Macmillan，1986.

[7] KOSTOFF R N，EBERHART H J，TOOTHMAN D R，et al. Database tomography for technical intelligence：Comparative roadmaps of the research impact assessment literature and the Journal of the American Chemical Society [J]. Scientometrics，1997，40 (1)：103-138.

[8] COURTIAL J P，CALLON M，SIGOGNEAU M. Is Indexing Trustworthy - Classification of Articles Through Co-word Analysis [J]. Journal of Information Science，1984，9 (2)：47-56.

[9] COURTIAL J P，LAW J. A Co-word study of artificial intelligence [J]. Social Studies of Science，1989，19 (2)：301-311.

[10] COURTIAL J P. A Co-word analysis of scientometrics [J]. Scientometrics，1994，31 (3)：251-260.

[11] 郝韦霞，滕立，陈悦，等. 基于共词分析的中国能源材料领域主题研究 [J]. 情报

杂志，2011（6）：70－75.

[12] 杨颖．国际图情学领域研究热点的引文战略坐标分析［J］．情报杂志，2011（3）：65－68.

[13] 高继平，丁堃．专利研究文献的可视化分析［J］．情报杂志，2009，28（7）：12－16.

[14] 崔雷，杨颖，王孝宁．重点学科发展战略情报研究（二）：共词战略坐标［J］．情报理论与实践，2009（7）：29－31.

[15] LAW J，BAUIN S，COURTIAL J P，et al. Policy and the mapping of scientific change：A Co-word analysis of research into environmental acidification［J］．Scientometrics，1988，14（3）：251－264.